読む教室

金光 祐治

目次

オリエンテーション

オリエンテーションとは、ものごとの方向づけ・方針のことです。ここでは、本書の方針（編集意図）を示そうと思います。この『読む教室』は、中学生を主な対象にした国語の問題集です。ただ、既存の問題集と少し違うのは、本書が「教室」と銘打っているところです。教室というからには、生徒がいなければなりません。この本の読者は〝生徒〟でいてほしいのです。どんな生徒でもいい。熟読する模範生でなくったってかまいません。気が向いたときにだけやってくる、サボりがちの生徒も大歓迎。中学校は義務教育だから、基本的に留年はありません。ですからこの本を手にしただけで、（目を通さなくても）卒業できます。逆にいえば卒業しても、いつでも、どこにいても、読むことで生徒になれるのです。まだ中学生でない人も、昔、中学生だった人も、今、現役の先生だって〝生徒〟になれるのです。この教室はチャイムで授業が始まるのではなく、生徒（読者）がチャイムを鳴らすことで授業が始まります。もちろん飲食もスマホも自由だし、ベッドの上で寝そべっていてもいいのです。この教室は場所を限りません。自室の時もあるし、図書室の片隅かもしれません。通学の電車の中かもしれないし、公園のベンチかもしれない。この教室の授業は50分と決まっているわけではありません。その時々で一時間以上続けるかもしれないし、10分で終わりにしてもいいのです。要するにだれもが、好きな時に、好きな場所で、好きなだけ読めば授業になるように編集したつもりです。その内容ですが、テーマ（ジャンル）別に次の9つに分けました。

1　漢字	6　随筆
2　文法	7　小説
3　詩	8　古典
4　説明文・論説文	9　その他
5　評論文	

このように分けた理由は、順番にこだわらず必要に応じてどこからでも読める構成にしたかったからです。また、問題に対する【解答】は、カンニングができないように次以降のページに収めるように編集してあります。なおこの9つの内容は、取り立てて入試の新傾向に準拠した問題が主というわけではありません。本書の内容は、私の過去のテスト

問題や37年間の教員生活で蓄積した資料の一部を新たに編集したものが中心です。私は授業を行うにあたって、必ず自前のノート（実際はルーズリーフ）を持参しました。私は外出の際スマホを忘れると、なぜかそわそわしてしまいますが、同様に授業の時にこのノートがないと、落ち着いて授業ができなかったものでした。ノートは毎年新しくするわけではありませんが、教科書の改訂やクラスの実態などに伴い、新しいページは増えていきました。「資料」というのは、そのノートのことです。私はしばしばノートの大切さを生徒にも伝えました。特に三年生には、ノートこそ受験突破のパスポートだとまで言いました。ノートをしっかりまとめていけば、それが作者自身の、世界に一冊しかない、値段のつけられない貴重な参考書になるからです。

中学校では「家庭学習ノート」とか「自主学習ノート」、「1ページ学習」などという名前で、授業とは別に学習ノートをもたせることが多いです。この問題集には解答用紙がありませんので、そうしたノートなどに答えを書いていくとよいでしょう。

『読む教室』を進めるにあたり、順番にこだわる必要はないと書きましたが、このオリエンテーションだけは、はじめに読んでください。というのも、中学校での国語の学習を始める際に、最初に知っておくべきいくつかのポイントを伝えたいからなのです。もし手元にノートがあれば、なければそのへんにあるメモ用紙かチラシの裏面か新聞紙のスペースに、利き手じゃないほうの手で自分の名前を書いてみてください。そして次に利き手で自分の名前を書いてみてください。これで何がわかるかというと、当たり前のことですが、利き手のほうが上手に書けるということがわかります。それだけじゃない。きっと利き手のほうが書くスピードも速いし、筆圧も強いし、コンパクトに書けたのではないでしょうか。特別な練習などしていないはずなのに、なぜ利き手のほうがうまく書けるのか、考えたことがありますか。当たり前すぎて答えにくいですが、その答えは普段使っているからです。そう考えると、国語だって普段使っていることばです。つまり「利き手＝国語」なのです。だから、誰でも国語の上達が期待できます。たしかに字にも個性や癖といった個人差があるように、国語にもジャンルによって得手不得手《えてふえて》はあるでしょう。しかし普段使っていることばなのだから、時間をかければきっとわかるはずです。（そうはいっても、テストは時間が限られていますが……。）

数学や理科といった理数系の学問は、答えが一つというのが基本です。コンビニで買い物をしたとき、人によっておつりが違えば大問題になるからです。それでは次の質問に、君ならどう答えますか。千五百円を持ってコンビニで二百円のサンドイッチを買ったら、おつりはいくら？　数式による裏付けから「１５００円－２００円＝１３００円」――こう答える人は多いと思います。これが数学的思考。ところが国語的思考だと、必ずしも答えが一つとは限りません。なぜなら二百円のサンドイッチを買う時、レジで千五百円出す人はいないからです。千円札を出せばおつりは八百円だし、五百円玉を出せばおつりは三百円です。そして百円玉を二つ出せばおつりはありません。もう一つ、国語的思考で次の問題を考えてみましょう。電線にすずめが五羽止まっていて、鉄砲で一羽打ち落としたら残りは何羽？「５－１＝４」を頭から消してください。鉄砲で一羽を撃った時の発砲音で残りの四羽は飛び去るだろうし、一発の銃弾で二羽仕留める可能性だってあるかもしれません。国語では「５－１＝０」もあれば「５－１＝３」だってあり得るのです。また理科のテストで「氷が溶けると（　）になる」という問題で、北国の小学生が「(春)」と書いて不正解になったという、有名なエピソードもあります。理科では「×」でも、答えが一つとは限らない国語なら「◎」です。

答えが一つとは限らないから国語が苦手という人もいます。白黒はっきりしないから、自分の答えに自信が持てない……。たしかに入試問題などは答えありきで成り立っていますから、点数がとれないと困ります。でも○か×かは結果に過ぎません。(入試では結果が全てなのですが、)長い目で見たとき、本当に大切なのはその答えに至った過程だということに気づくでしょう。問題に取り組む真摯な姿勢。その姿勢が続く限り、国語の力はきっと身につくはずです。それを信じて、さあ、それではそろそろ『読む教室』、自分で始業のチャイムを鳴らしてみましょう。

テーマ別研究❶

漢　字

漢字はおよそ三五〇〇年前、中国の殷《いん》王朝で生まれました。当時の文字は甲骨文字と呼ばれます。この漢字をカスタマイズし、漢字仮名交じり文を発明したことは、わが国にとって画期的なことでした（【3】参照）。

「こうかなこうかがこうかからこうかした。」――ひらがなだけでは読みづらいし、わかりにくい。「高価な硬貨が高架から降下した。」――こう書くと効果的です。漢字仮名交じりの表記に慣れきっている私たちは、ひらがなだけだと意味さえ取り違えてしまう場合もあります。「きみのかおなんかいもみたい。」――「君の顔何回も見たい。」、「君の顔なんか芋みたい。」――漢字のありがたさがとてもよくわかります。

入試に出やすい漢字というのは、ある程度決まっています。私の勤務した千葉県では、書き問題で「穀類」（平成7年）、「穀倉」（平成14年）、「穀物」（令和2年後期）と、「穀」の漢字が過去3回出題されました。また、「築く・囲む・届く・預ける・険しい」などの書き問題は、平成の時代だけで2回出題されました。入試によく出る漢字の本は、書店に行けば簡単に入手できるし、インターネットを開けば無料でダウンロードしてプリントアウトできるサイトもあります。だから、これ以上の頻出漢字の紹介は控えます。そのかわりに、読めない熟語が出題されても、あきらめず正解を導き出す方法を教えましょう。

すべての漢字の9割以上は形声文字といわれています。形声文字とは、意味と音《おん》を表す漢字のことです。例えば、「晴」は「日」が意味、「青」が音（読みは「セイ」）を表します。同様に「姉」は「女」が意味、「市」が音（読みは「シ」）。また、「花」は「クサカンムリ」が意味で、「化」が音（読みは「カ」）です。漢字の9割以上が形声文字ということは、漢字の読み方がわからない時、漢字の「音」を表す部分が読めれば、90％以上の確率で正解が導けるのです。

一般には漢字の部首の部分が意味を表すので、もし読み方のわからない漢字が出てきたら、部首でない部分をそのまま読めば、正解になる可能性が高いのです。そしてそのとき、部首でない部分の読み方をある程度予想してみることが大切になってきます。

「低徊」という漢字の読みがわからない場合を例にしましょう。はじめに意味を表すであろう部首（イ）でない部分、つまり「氏」と「回」に注目します。まず「氏」のつく漢字を考えてみると、「高低」の「低」や「抵抗」の「抵」が思いつくので、おそらく「彽」の読みは「テイ」ではないかと予想します。次に「回」ですが、これは「一回二回」や「回送」、「回転」など「カイ」と読む可能性が高いので、「彽徊」は「テイカイ」と読むのではないかと予想するのです。（実際それで正解。意味は「立ち去りがたい様子で行ったり来たりすること」。）「彳」（ぎょうにんべん）が意味を示唆しているのもわかるでしょう。

漢字検定一級に出てきそうな「靉靆」の読みも予測してみましょう。これもまず意味を表すであろう部首（雲）を無視し、部首以外の部分に着目します。「愛」は、「愛犬」や「熱愛」の「愛」が思いつくから、「アイ」と読みそうです。次の「逮」の漢字はそれほどたくさん思い浮かびませんが、「逮捕」があるから「タイ」と読んでおきましょう。そこで「靉靆」の読みは「アイタイ」ではないかと予想できます。（実際これも正解。意味は「雲がたなびく様子」。）

以上述べてきたことを参考に、難読漢字の読みに挑戦してみましょう。

【1】次の漢字のよみがなを答えなさい。また、そう読んだ根拠も書きなさい。

①濃霧（濃くたちこめた霧）
②神祠（神を祭るほこら）
③鞭撻（ムチ打って強く励ますこと）
④鮟鱇（魚の名前）
⑤綺靡（派手な美しさ）
⑥蝌蚪（おたまじゃくしの別名）
⑦愁悶（嘆き苦しむこと）
⑧宸襟（天子の心）
⑨纐纈（人の名前）
⑩貔貅（伝説上の猛獣の名前）

これまで説明してきたように、部首を除いた漢字の部分を読むことで、難しい漢字の読みを予想していきます。①は天気予報で聞く「濃霧注意報」や「濃霧の影響で交通機関に影響が……」といった情報で耳にしたことがあるかもしれません。意味を表す部首、つまり「氵（さんずい）」と「雨（あめかんむり）」を除くと、「農業」「農協」の「農」と「事務」、「雑務」の「務」が残ります。②の場合も「ネ」と「示」を除くと、「申告」「具申」の「申」、「司会」「司書」の「司」が残り、「申司」となります。③は、「撻」の読みを迷うかもしれません。「扌（てへん）」を除くと「達」が残りますが、これは「友達」、「公達」のように「ダチ」と読む場合と「速達」、「発達」のように「タツ」と読む場合があります。こんな時は、さらに他の読み方を考えてみましょう。「達者」、「達成」の「タッ」がそうですが、「達」が下にある場合、そうは読みません。ここでは、「達」の主たる読み方である「タツ」をあてはめるようにします。④は魚の名前が大ヒント。肝を食べたり鍋に入れたりします。⑤は「糸」と「麻」を除いて考えてみてください。⑥はむしへんを取ると、「理科」の「科」と「北斗」の「斗」になります。⑦は意味から「心」が部首だとわかりそう。残った「秋門」を音読みしてみましょう。⑧は主に「宸襟を悩ます」、「宸襟を安《やす》んじる」といった形で用いられ、天子の心を意味します。「天子」とは、日本や中国などでの君主の称号です。「宀（うかんむり）」と「ネ（ころもへん）」を除いた「辰禁」の読みを考えて。ウィキペディアによると、⑨は「日本人の姓の一つ。岐阜県発祥の姓で、岐阜県南部から愛知県尾張地方に多い。」とありました。人名なので別称もあるようです。また、「交告」という簡略化した姓もありました。⑩の「貔貅」という猛獣は、お金を食べるが肛門がないことから、蓄財のお守りになるとの伝説があります。一説によると、「貔」が雄で、「貅」が雌であるとされます。また、「貔貅」は一般に勇ましい兵卒のたとえとしても用いられるようです。

【解答】

①のうむ（農務）
②しんし（申司）
③べんたつ（便達）
④あんこう（安康）
⑤きひ（奇非）
⑥かと（科斗）
⑦しゅうもん（秋門）
⑧しんきん（辰禁）
⑨こうけつ（絞結）
⑩ひきゅう（比休）

【2】次の文章を読んで、あとの問いに答えなさい。

漢字の成り立ちは六種類です。一つ目は①象形文字です。象形文字は物の形をかたどって字形としたものです。漢字を構成する基本の要素として、部首になるものが多いのが特徴です。二つ目は［②］文字です。これはことがらや数など、抽象的なものを記号化し、字形としたものです。形として表しにくいものを、点や線を使って文字にしたのです。三つ目は③会意文字です。会意文字は、二字以上の漢字を組み合わせ、その意味を表した字形です。四つ目は形声文字です。形声文字は漢字と漢字を結合し、一方を意味、もう一方を音とした字形です。漢字と漢字の結合ですから、会意文字と重なるところがあります。私たちが使用する漢字のほとんどは、この形声文字です。形声文字は基本的に、部首が意味を表し、音の部分が読みを表します。このため、④見たこともないような漢字でも、その読み方を予想することができるのです。

以上の四つに「転注（文字）」と「⑤仮借（文字）」が加わるのですが、この二つは漢字の成り立ちというより、「漢字の用法」と考えたほうがよいかもしれません。転注（文字）は、たとえば「楽」が転じて「楽」＝「たのしい」という意味にしたり、「悪」が転じて「悪」＝「にくむ」という意味にするなどです。転注の際、多くは音が変化します。仮借（文字）は、ある漢字を、その漢字の意味とは関係なく音だけを借りてあてる用法です。そのため「あて字」とよばれる場合もあります。新聞などで、「⑥巴里」、「⑦印度」といった漢字を目にしたことがあると思います。このような用法が「仮借」の例です。
以上の六種類を、漢字の原理上の分類として ⑧ といいます。

問一 「①象形文字」について、次の象形文字が表す漢字を答えなさい。

ア 
イ 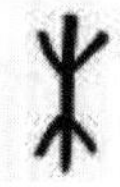
ウ 
エ 
オ 

問二 ② にあてはまることばを漢字二字で書きなさい。

問三 「③会意文字」について、次の会意文字が表す漢字を答えなさい。

ア 竹＋合
イ 口＋鳥
ウ 人＋言
エ 分＋貝
オ 音＋心

問四 ――線④とありますが、次のア～オの漢字の読みを考えて答えなさい。

ア 紅鉛（べにおしろい）
イ 鉸鏈（ちょうつがい）
ウ 劾訴（罪を告げること）
エ 閭閈（村里の門のこと）
オ 霹靂（とても激しいかみなり）

問五 「⑤仮借」「⑥巴里」、「⑦印度」のよみがなを書きなさい。

問六 ⑧ にあてはまることばを漢字二字で答えなさい。

漢字の成り立ちについては、中学校の教科書では豆知識のような扱いですが、生徒には歓迎されます。中一のオリエンテーションで、中学校の教科の専門性を伝えるとき、私はよく「一画の漢字は、先生なら誰でも知っている。でも、一番画数の多い漢字は、国語の先生じゃないとわからないよ。」と言いました。最近では漢字をクイズにしたテレビ番組が多く、小学生でも漢字の知識は豊富です。

ホントかどうか、ネット上で786画の漢字っぽいものを見つけたが、これはもはや〝図〟ですね。漢字文化資料館の「漢字Q＆A」によると、いわゆる「JIS漢字」で最も画数が多いのは、「驫」（読みは「ヒョウ」で、意味は「多くの馬」）と「鸞」（読みは「ラン」、鳥の一種を表す漢字）で、どちらも30画です。『大漢和辞典』では、「龍」の字を4つ並べた漢字（読みは「テツ」、意味は「口数が多い」）が64画で最も画数が多い。しかし上には上がいるもので、国字の中には、「雲」を3つと「龍」を3つ書いて、84画を数える漢字があります（東京堂出版『国字の字典』より）。この漢字は、以前姓名に使われたようで、「たいと（だいと）」と読むようですが、確かなことはわかっていません。こんな漢字が書ければ、〝先生すごい‼〟となるのでしょうが、書けなくても伝えるだけでビックリする中学一年生はたくさんいると思います。

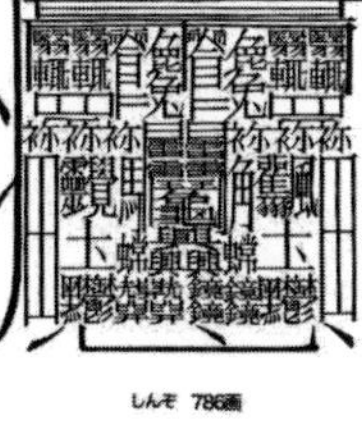

しんそ 786画

「さんずいの漢字」で年度当初の授業をスタートしたことがありました。小学生で習う「さんずいの漢字」は約50。〝先生VS○組のみんな〟で勝負します。ルールは簡単。教科書を見てもいいから「漢字が出なくなったらみんなの負け」——一人一回は発表できるので、一通り指名できたら手を上げさせます。自分にはもう発表できる漢字がなくなっても、先生との勝負には負けたくないから、クラスメイトを応援する生徒が出てきたりして活気づきます。あらかじめこちらには、130近い「さんずいの漢字」の用意があるので、ちょっとやそっとじゃ負けません。クラスが負けそうになったら、こちらから少しヒントを出します。パントマイムで伝えたり、クラスの誰かにこっそり教

えて尻文字で答えさせたりすると大いに盛り上がります。50分の授業があっという間に過ぎていきました。

問一は、漢字クイズのようなもの。他の象形文字も漢和辞典に載っているから、自分で調べてみるのもよいでしょう。問二は、絵で表現しにくい物事の状態を点や線の組み合わせで表した漢字のことです。「二や三、上や下、中や立」などが該当します。また「指示」と書かないように気をつけて。問三も、いろんな問題が作れます。友だち同士で問題を出し合うと楽しい時間が過ごせるかもしれません。問四は【1】の延長問題として、もう一度取り組んでみてください。数をこなせばコツがつかめます。問五の⑥⑦はあて字の読み。こればっかりは、知らないとさっぱり読めません。他に「羅馬《ローマ》」、「波斯《ペルシャ》」、「伯林《ベルリン》」などがあります。問六は読み問題として定期テストにもよく出題されます。「六種類」がヒントです。

【解答】

問一　ア＝目　イ＝木　ウ＝魚　エ＝亀　オ＝虫
問二　指事
問三　ア＝答　イ＝鳴　ウ＝信　エ＝貧　オ＝意
問四　ア　こうえん（工臼）　イ　こうれん（交連）　ウ　がいてい（亥氏）　エ　ろかん（呂干）
　　　オ　へきれき（辟歴）
問五　⑤＝かしゃ　⑥＝パリ　⑦＝インド
問六　六書《りくしょ》

【3】次の文章を読んで、あとの問いに答えなさい。

①ははははじょうぶだ。
スキーできそう。↓スキーで来そう。↓スキー出来そう。↓スキーで競う。

漢字は、一字一字が意味をもっている。言いかえれば、一つの漢字は、一つの語（あるいは一つの語を構成する部分）に対応している。そのため、仮名だけよりも②漢字仮名交じり文のほうが語の切れ目がはっきりしているので、速く読むことができるし、それだけ速く文の意味を理解することもできるのである。

漢字が日本に初めて伝わった時期は明らかではないが、おそらく五世紀以前に朝鮮を経由して伝来したものと思われる。固有の文字というものがなかったわが国に、漢字が輸入された当初は、漢字はすべて字音で読み、また、漢文（当時の中国語の文章）を書く場合にだけ使ったことであろう。漢字は、本来、中国語を書き表す文字であるが、中国語と日本語は、その音節の構造からいっても、文法上からみても、③全く異なった言語である。だから、そのような中国語の文字を、日本語の表記に取り入れることは、決して容易ではなかったはずである。しかし、上代の日本人は、中国語を固有の国語（和語）に訳すことを試みたり、漢字の音を利用したりして、ついに、④漢字で日本語を書き表す方法を発明した。たとえば、「はな」という和語を表記するために、中国語の「花」という文字を当てたり、あるいは漢字の音訓を利用して「波奈」「波名」と書いたりする方法である。日本最古の歌集である『 ⑤ 』の歌は、この方法によって「*春過而 夏来良之白妙能 衣乾有 天之香来山」のように漢字で書かれているので、このような表記法をのちに「万葉仮名」と呼ぶようになった。そして、こうした工夫の積み重ねが、平安時代に至って、平仮名・片仮名という表音文字を成立させる土台にもなったのである。

明治時代以来、日本語は漢字仮名交じり文で書き表すのが一般的になった。この漢字仮名交じり文では、⑥実質的意味を表す部分に漢字が多く使われ、語形変化を表す部分や助詞および助動詞の類《たぐい》を書くために仮名が多く使われてきた。これは、表意文字である A と、表音文字である B との特色を巧みに生かした表記法で、これも

⑦日本語の特色の一つである。しかし、漢字仮名交じり文は、漢字が多すぎても少なすぎても読みにくいものである。漢字をどの程度交えるのがもっとも効果的な書き方であるかは、日本語表記の今後の課題といえるだろう。

斎賀秀夫「日本語の特色」

＊春過ぎて 夏来たるらし 白妙《しろたえ》の 衣《ころも》乾《ほ》したり 天《あま》の香具山《かぐやま》（持統《じとう》天皇）

問一 ――線①の文を漢字仮名交じりの文にしなさい。ただし、漢字は四つ使うものとする。

問二 「②漢字仮名交じり文」の長所を二つ、文中から十字以上二十字以内で書き抜きなさい。

問三 「③全く異なった言語」である観点を二つ、文中から三字以上五字以内で抜き出しなさい。

問四 ――線④とありますが、上代の日本人が発明した方法を何といいますか。文中より四字で書き抜きなさい。

問五 ⑤ の中に入る書物を漢字で答えなさい。

問六 ――線⑥について、次の《例文》を参考に、あとの問いに答えなさい。

《例文》「きしゃのきしゃがきしゃできしゃした。」

Ⅰ 実質的意味をもつと思われる部分を漢字で四つ書きなさい。

Ⅱ 語形変化を表す部分の仮名を二つ書きなさい。

問七 文章中の A ・ B にはいる適切な語句を本文中から漢字二字でさがして書きなさい。

作者の斎賀秀夫は、著名な国語学者です。漢字に関する著書も多く、この文章は、かつて中学校の教科書にも載っていました。令和４年に97歳で亡くなりました。

問一は、漢字を四つ使うというところがポイント。そのうちの一つは二字の熟語です。問二・問三は、字数制限のある書き抜き問題。「書き抜き」、「抜き出し」問題は、一字一句問題文から書き取ること。問四は、仮名の発明以前に使われていた表記のことです。問五の「日本最古の歌集」とは三大和歌集の一つ、『万葉集』のことです（【32】【54】参照）。問六の《例文》を漢字仮名交じり文で書くと、「貴社の記者が汽車で帰社した。」となります。Ⅰにある「実質的意味」とは、ここでは二字の熟語のことです。またⅡの「語形変化を表す部分」は、語尾が変化する部分のことなので、この場合、動詞および助動詞の語尾を答えましょう。問七は、漢字仮名交じり文の表記を「表意文字（意味を表す）」と「表音文字（発音を表す）」とに分けて「漢字」で答えます。

【解答】

問一　母は歯は丈夫だ。
問二　速く読むことができる。（11字）
　速く文の意味を理解することもできる。（18字）
問三　音節の構造　文法上
問四　万葉仮名
問五　万葉集
問六　Ⅰ＝貴社　記者　汽車　帰社
　Ⅱ＝し　た
問七　A＝漢字　B＝仮名

その漢字が音読みなのか、それとも訓読みなのか、その見分け方は発音にあります。つまり、聞いて意味がわかれば訓読みで、わからなければ音読みです。これが大原則。たとえば「首」という漢字の場合、「くび」という読みは発音を聞くと意味がわかりますが、「しゅ」の読みでは、発音を聞いても意味がわかりません。だから「くび」が訓読みで、「しゅ」が音読みということになります。ところが、全ての漢字がこのとおりにいかないから困ってしまいます。「駅」という漢字は、「えき」と読んで意味がわからない人は、まずいないでしょう。しかし「えき」は音読みなのです。ちなみに「駅」の訓読みは「うまや」で、この方が意味がわかりにくいから音読みではないかと思ってしまいませんか。こういう場合、「ひらがな三字以上の読みは訓読みになる」という原則を知っていると、混乱は減ります。

もう一つ、音読みか訓読みかの判断基準に、「ん」で終わるのが音読み、送りがなのあるのが訓読みというのがあります。「寒」（かん）、「戦」（せん）、「見」（けん）は音読み、「寒い」、「戦う」、「見る」は訓読みです。しかしこれにも例外があって、「四」（よん）は「ん」で終わるけど、訓読みです。また「接する」、「感じる」のように、サ行変格活用の動詞の送りがなは、音読みの漢字にも付くので注意が必要です。もし入試問題にこのような例外を出題する高校があるとすれば、それはほめられたことではありません。

漢字の最後は趣向を変えてクイズ形式の問題を二つ。題して「隠れた漢字をさがせ」。

【4】左の漢字の表を、下の《条件》にしたがって消していくと、ある漢字が浮かび上がります。その漢字一字を答えなさい。

区温蚊亜州無正兵赤光川段伝行案禁新真呂宮老部岡賃蝿穴陣苦
針牛啓害愛優治帯魚不再喰犬第科歌叔通青千強着退卵取同堂滋
乙子鈴谷紙角池計壁球風押圧持間魔鮨大幼席器歩暇中雲伝電雨
味升神野葉粋元花当低会毎名制兄世印埋宇痛舞点緑階礼仏鳥留
岩多五林音美道日足九七柱木耳爪国体技骨杉核三土月指幸湾高
我戦手二四膝九首理社英爪火数杉十背一水肩美目九三月念得王
黒寿核朴瞳日六足八腹社技家額耳国三土数桃二理村顔十浅某岸
回議音機紫羽中西村二金藤石双下万口札三条傘百科九朽止婦尺
決議日腰大兄願前国技四庭缶野宮黒材水腕敵羊谷信楠一心太健
壁色数机高建尾暑三社体女祭兆牛方五金土奥人春絵胸英武仁逆
識甲様棺北君酸穴理月八由草丸団詩眼六杓電参山満火板回斬船
野業保体我打扇塩頭梅土優力刀拳鯛杯鼻美学教小台腕七鈴代妹
糖配桃水狂鉱完埋五杖英絶副酒形誌火枕髪準可王環国六娘小永
工寒口柊車空免食社家校県原留史葉舌三美根条傘科歯手次旧山
上戸栓英中恥缶愛尻音頭銀市言物門格首桜蛇苦渕倉木数客人差
俺官四社日梅美三九植日股理体技家十水権柑音二杉首尻安含紅
審青胸数三棚胸八枯杉喉理英五土金脇二棉社音脚柑棺髪窓痔痛
窓恋金二音棒技家校国耳英数三棟八十頭理眼木一唇社七中大解
氏本玉光代温灯動夏婿坂億器解津総会升竹山半新盤魔無女布何
川助釣好先辛先勉殿空回井壇原黒銀票物従針品袋島長粕価君随
芯制約市路生支物画爆鉱旦笠圧快華多太戸藻興羽似場費具来値
湖乃文第野呼田絵破呼之名香煮喪阿離真巣欲差蛾志麻賞願馬老

《条件》

① 曜日を示す漢字
② 教科を表す漢字
③ 木（きへん）の漢字
④ 体の一部を表す漢字
⑤ 数字の一～十までの漢字

【解答】（最後の行を読むと⁉）

区温蚊亜州無正兵赤光川段伝行案禁新真呂宮老部岡賃蝿穴陣苦
針牛啓害愛優治帯魚不再喰犬第科歌叔通青千強着退卵取同堂滋
乙子鈴谷紙角池計壁球風押圧持間魔鮨大幼席器歩暇中雲伝電雨
味升神野葉粋元花当低会毎名制兄世印埋宇痛舞点緑階礼仏鳥留
岩多　　　　　　　　　　　　　　　　　　　　　　　　幸湾高
我戦　　　　　　　　　　　　　　　　　　　　　　　　念得王
黒寿　　　　　　　　　　　　　　　　　　　　　　　　浅某岸
回議　紫羽中西　　藤石双下万　　条傘百科　　止婦尺
決議　大兄願前　　庭缶野宮黒　　敵羊谷信　　心太健
壁色　高建尾暑　　女祭兆牛方　　奥人春絵　　武仁逆
識甲　北君酸穴　　由草丸団詩　　電参山満　　回斬船
野業　我打扇塩　　優力刀拳鯛　　学教小台　　鈴代妹
糖配　狂鉱完埋　　絶副酒形誌　　準可王環　　娘小永
工寒　車空免食　　県原留史葉　　根条傘科　　次旧山
上戸　中恥缶愛　　銀市言物門　　蛇苦渕倉　　客人差
俺官　　　　　　　　　　　　　　　　　　　　　　　　安含紅
審青　　　　　　　　　　　　　　　　　　　　　　　　窓痔痛
窓恋　　　　　　　　　　　　　　　　　　　　　　　　中大解
氏本玉光代温灯動夏婿坂億器解津総会升竹山半新盤魔無女布何
川助釣好先辛先勉殿空回井壇原黒銀票物従針品袋島長粕価君随
芯制約市路生支物画爆鉱旦笠圧快華多太戸藻興羽似場費具来値
湖乃文第野呼田絵破呼之名香煮喪阿離真巣欲差蛾志麻賞願馬老

【5】 左の漢字の表を、下の《条件》にしたがって消していくと、ある漢字が浮かび上がります。その漢字一字を答えなさい。

差阿館次緒佐賀志低句象週柱駄余丼奈感時肩野詩身惰預根卯
陸明旗焼牛黒町者夏栓皿邦回冷初古員寺族苺題得冊反命搾預
数床省斎泥与乾美副鶏祖鈴投豆舟墜岳桑六士青育呪厄涯屯身
郷局群畝汁五貧拷漆宙渓緑治客士懐欧冗沸芝公均瓶八内人出
机腹努務温十豚壇万添濃淡友宇窓釣亡蒸霧薄怒馬恩洋済黄訓
恵塗婆踊宝双寿望渦筒鈍丼気氏淡丈家紫蘭泉先米生浪宮丁鳥
尽量到逃藤干奇扱互介兼劣唐滝霊籍了赤逐赴託商吉又四乏図
右岸沼害千日白口落第上戸源黒反富築潜片窓箔芝迎緑蓄匹眼
数絶化川策沈天浜花安酒守氏千流黒井緑二凶中四能渋丸大裸
歴長等七筆洋冠区紺月雪清山窯青人寒営淡力黄九梅刀節済秋
話顔館書笑一図愛仁派所氷救乙油溶白察民風必業合紅答液巣
置乗博快荷筆危鳥激川凹鮭亜苦赤拳子才黒雲発修通万十湖出
散位来遅水英言礼干沈算工究八笛慢狂弔四筆電有数仁芽六寺
積樹痛班五入姉弟小橙浮欠刈万青出曲輪火紫止幸鼻乙銀億感
本肩貝玉王下冬髪他選号凸乳用虫着尾額妙漢林象壁七濁朱飢
娘看熱生順総淳冒峠暖彼押汗白三湾沿女千漫方牛写四漬更異
報属将産後弓温大六犬私州夕火緑口紫紺犬橙淡土引二面腕徒
理県値有滴億九学猛胴兼含丈丹黄霊浜添凡渡方茶手及奥尋射
泉収縮工百消元森林粘自国赤薬箱占刑削食光老電芸管下品早
変皿底延土緑医側気協式街一心太倉受和喜桂差希海女容沿羽
材灯球物秋粉足鏡利前兄春点幾院唐間歩付典場姉長青草新妙
古野門代野孤他絵歯破矢居途言迂観路出酢志都仮願針魔市庫

《条件》
① 一文字で色を表す漢字
② かんむりのついた漢字
③ 氵（さんずい）の漢字
④ 画数が四画までの漢字
⑤ 漢数字

【解答】（一番下の行を左から読むと!?）

差阿館次緒佐賀志低句象週柱駄余丼奈感時肩野詩身惰預根卯
陸明旗焼　　町者夏栓皿邦回冷初古員寺族　題得冊　命搾預
数床省斎　　乾美副鶏祖鈴投豆舟墜岳桑　　　育呪　　　身
郷局群畝　　貧拷　　　　　　　懐欧　　　　均瓶　　　出
机腹努務　　豚壇　　　　　　　釣　　　　怒馬恩　　　訓
恵塗婆踊　　寿望　　鈍丼気　　　　　　泉先米生　　　鳥
尽量到逃　　奇扱　　兼劣唐　　　　　逐赴託商吉　　　図
右岸　　　　　　　　　　　　　　　　　　　　迎　　　眼
数絶　　　　　　　　　　　　　　　　　　　　能　　　裸
歴長　　　　　　　　　　　　　　　　　　　　梅　　　秋
話顔館書　　図愛　　所氷救　　　　　　風必業合　　　巣
置乗博快　　危鳥　　凹鮭亜　　拳　　　　発修通　　　出
散位来遅　　言礼　　　　　　　慢狂　　　　有数　　　寺
積樹痛班　　姉弟　　　　　　　出曲輪　　　幸鼻　　　感
本肩貝玉　　冬髪他選号凸乳用虫着尾額妙　林象壁　　　飢
娘看熱生順総　冒峠暖彼押　　　　　　　　　　　　　更異
報属将産後　　　　　私州　　　　　　　　　　　　面腕徒
理県値有　　　　猛胴兼含　　　　　　　　　　　　奥尋射
泉収縮　　　　森林粘自国　　　占刑削食光老　　　　品早
変皿底延　　医側気協式街　　　倉受和喜桂差希　　　　羽
材灯球物秋粉足鏡利前兄春点幾院唐間歩付典場姉長　　新妙
古野門代野孤他絵歯破矢居途言迂観路出酢志都仮願針魔市庫

テーマ別研究❷

文　法

文法は「文の法律」です。平たく言うと、「ことばのきまり」です。法律もきまりも、守らなければハチャメチャになります。でも、文法を破っても、逮捕されたり罰金を払ったりすることはありません。逮捕されたり罰金を払ったりするのは、悪いことをしたときです。文法違反は悪いことではなく、おかしなことなのです。そのおかしなことも、みんなが使えばおかしくなくなります。法律が価値観の多様化や社会の変化などによって、少しずつ改変されていくように、文法もまた変化します。とはいうものの、文法上おかしなことを言ったとき、相手が傷ついたとしたら、これは問題です。片思いの人にフラれて落ち込んだ友だちを慰めようと、「人間は顔じゃない。心だよ。」と言うべきところを、「人間の顔じゃない。」と言ってしまったら、友だちはもう立ち直れなくなってしまいます。こんな事故は、助詞の特性を知っていれば起きない悲劇（喜劇）です。

文法違反で相手とトラブルになるケースは、枚挙に暇《いとま》がない。メールでのやりとり。A子「B子、明日ショッピングに行こうよ」、B子「いいね。C子も誘おうよ」、A子「C子、なんで来るかなー」。――A子は、C子の交通手段をつぶやいたのに、これを見たC子は、「理由もないのに、来なくていいじゃん」と受け取ってしまいました。これはよく知られたエピソード。漫才師てんや・わんやの十八番《おはこ》を思い出します。

文法の理解が、思わぬ幸運を招くことがあるかもしれません。好きな人を映画に誘うとき、「一緒に映画でも見に行かない？」と言うか、「一緒に映画でも見に行こう！」と言うか。この二択なら、あなたはどちらをとりますか？ もちろんこれに正解などありません。正解はないけれど、前者は相手に答えを委《ゆだ》ねる感覚が強く、後者はこちらが主導権を握っているように思わせることができます。相手の性格やこれまでの人間関係、直近の心理状態などを考慮して、少しでも可能性の高い誘い方を選択してほしいものです。

それでは文法に関する問題を見ていきましょう。

【6】次の文章を読んで、あとの問いに答えなさい。

①オツベルときたらたいしたもんだ。稲こき機械の六台も据えつけて、のんのんのんのんのんのんと、おおそろしない音をたてて②やっている。

十六人の百姓どもが、顔をまるっきり真っ赤にして足で踏んで機械を回し、小山のように積まれた稲をかたっぱしから③こいていく。わらはどんどん後ろの方へ投げられて、また新しい山になる。そこらは、もみやわらから立った細かなちりで、変にぼうっと黄色になり、まるで砂漠の煙のようだ。その薄暗い仕事場を、Aオツベルは、大きな琥珀《こはく》のBパイプをくわえ、吹き殻をわらに落とさないよう、目を細くして気をつけながら、両手を背中に組み合わせて、ぶらぶら行ったり来たりする。

小屋はずいぶん頑丈で、学校ぐらいもあるのだが、なにせ新式稲こき機械が、六台もそろって回ってるから、のんのんのんのんふるうのだ。中に入るとそのために、すっかり腹がすくほどだ。

そして実際オツベルは、そいつで上手に腹を減らし、昼飯時には、六寸ぐらいのCビフテキだの、雑巾《ぞうきん》ほどあるDオムレツの、ほくほくしたのを食べるのだ。

とにかく、そうして、のんのんのんのんやっていた。

宮沢賢治『オツベルと象』

問一　この文章は、いくつの形式段落で構成されていますか。

問二　――線①を文節および単語に区切りなさい。

問三　――線②と同じ文節相互の関係を次から一つ選び、記号で答えなさい。

ア　大空高くトビが飛びます。

イ　八百屋で瓜を売ります。

ウ　シャープペンの芯が死んでいます。
エ　南郷どんの好物は天丼とカツ丼です。

問四　「③こいていく」の主語を抜き出しなさい。

問五　文中A～Dのカタカナの名詞のうち、分類の異なるものを一つ選び、記号で答えなさい。

宮沢賢治の作品は、出典以外にも「注文の多い料理店」、「銀河鉄道の夜」といった散文の他に、「雨ニモマケズ」、「やまなし」などの詩も教科書で紹介されたことがあります。表現の豊かさと内容のおもしろさが、小中学生に受け入れられるからでしょう。

問一の形式段落の数は一マス分下がって文が始まるから、数え間違いのない限り大丈夫。問二の文節に区切る問題は、間に「ネ」や「サ」を入れる方法が一般的です。そうすると、「ねんねのネが寝言でおねだり。」の文節の間に「ネ」を入れさせて、早口言葉で言わせる先生がいたりする。「すもももももももものうち。」や「うらにわにはにわ、にわにはにわにわとりがいる。」もそうですが、文節には区切れるのに、うまく言えなくて教室が和んだりしたものです。単語に区切る問題は、中学一年生には難問です。「きたら」および「もんだ」を区切る際、助動詞の存在を知っておく必要があるからです。特に「(き)たら」は過去の助動詞「た」の仮定形ですが、「私ったらドジね。(副助詞)」、「もっと速く走れったら。(終助詞)」といった用法もあります。これらはおそらく助動詞「た」からの転用だと考えられますので、ここではあまり深入りしません。問三の「やって」と「いる」は、補助の関係。アは主語と述語の関係で、イは修飾語・被修飾語の関係です。エは並立の関係です。問四の主語を答える問題は、しっかり文節まで意識すること。問五は固有名詞か普通名詞かで判断します。ちなみに固有名詞は、「ただ一つしかないものの名前を表す単語」です。具体的には人名・地名・国名・書名・曲名・建造物名、他に団体名・チーム名・年号や企業名およびその商品名なども該当します。ところが、この固有名詞と普通名詞の判断がはっきりととらえられない場合があります。「太陽」が好例で、「太陽」といえば地球を照らす「あの星」だとはっきりわかる設定であれば普通名詞だし、恒星や衛星などがたくさんある中での「太陽」は、他の恒星や衛星などとを区別する名称となるので固有名詞になります。はっきりしないものは他にもあります。「十六人の百姓ども」の十六人や一年一組などは数詞ですが、一年A組の「A組」や宝塚歌劇団の「花組・月組」などは普通名詞なのです。数を示していないから当然だと思うなかれ。働きは「一組」と同じなのだから。

【解答】

問一　5つ
問二　文節＝オツベルと｜きたら｜たいした｜もんだ。
　　　単語＝オツベル｜と｜き｜たら｜たいした｜もん｜だ。
問三　ウ
問四　百姓どもが
問五　A

【7】次の文章を読んで、あとの問いに答えなさい。

日本語文法の最大の特徴は、述語が文末にくることで[A]ある。文[a]はその最後にあらわれる述語によって、ある程度まとまった意味を表す。この文末[b]の述語に対する主語は、日本語の場合、あらわれないこともあるし、あらわれても述語の近く[c]にあるとは限らない。むしろ、主語[d]と述語との間に相当の隔たりの[B]あることのほうが、普通とさえいえる。

この留学生は、アメリカの[C]ある宣教師が半年の休暇でアメリカへ帰ることになったのをきっかけに、日本の子どもたちをアメリカへ留学させようと思い立って連れて行くことになった、東京都のある高校二年生、①A君ら四人です。

これは、ラジオのニュースで実際に流れた原稿で[D]あるが、主語と述語との間に、多くのことばがはさまれている。このように、主語と述語との照応の乱れを引き起こすことがある。もしわかりやすい文章を意識するのなら、［　　　　　　　　］。

中学国文法　中学校国語教育研究会編より

問一　文中A～Dの「ある」のうち、一つだけ品詞の違うものがあります。その記号を答えなさい。

問二　文中のa～dの助詞のうち、一つだけ種類の違う助詞があります。その記号を答えなさい。

問三　――線①に対する主部はどれですか。適当なものを次から一つ選び、記号で答えなさい。

ア　この留学生は

イ　ある宣教師が

ウ　日本の子どもたちを

エ　ある高校二年生

問四　この文章の［　　］に入れる適当なことばを、次のア～エから一つ選び、記号で答えなさい。

ア　文を短くし、述語を早く出すことが望ましい

イ　文を長くし、述語を途中で出すことが望ましい

ウ　文を長くし、述語をかくすようにすることが望ましい

エ　文を短くし、主語を出さないようにすることが望ましい

日本語は文末が大切な言語です。「私はペンを持ってい」――この不十分な日本語は、たとえば英語なら、あっという間に解決されます。後述しますが、ここでは助動詞が特徴を発揮します。

I have a pen.	私はペンを持ってい　る。
I don't have a pen.	ない。
I had a pen.	た。
I didn't have a pen.	なかった。
I want to have a pen.	たい。
I can have a pen.	られる。

悪文となる原因の一つは、問題文にもあるように、主語と述語の間に多くの言葉をはさみ込むからです。「私の勤務している中学校でも、毎年近くの施設を訪問し、お年寄りや障害者との交流を重ね、福祉の心を育てていますが、この行事を計画するのに困るのは、日程調整の問題です。」――一文に多くの情報を詰め込むと、伝えたい情報がかすんでしまうことがあります。無理せず文を分け、「私の勤務している中学校でも、毎年近くの施設を訪問します。そこでお年寄りや障害者との交流を重ね、福祉の心を育てています。この行事を計画するのに困るのは、日程調整の問題です。」――この方がわかりやすいし、すっきりすると思いませんか。

「私は泣きながら逃げる弟を追いかけた。」――一文が長くなくても読点の有無や位置で、意味が大きく変わってくることがあります。この文だと、泣いているのが「私」なのか、「弟」なのか、はっきりしません。――「私は、泣きながら逃げる弟を追いかけた。」とすれば、泣いているのは「弟」。「私は泣きながら、逃げる弟を追いかけた。」だと、「私」が泣いていることになります。作文では読者を泣かさないように、あいまいな表現は避けましょう。

問一は動詞か連体詞かを見分ける問題。A、Dの「ある」は補助動詞ですが、「品詞」でいうなら動詞です。中学校の授業では、補助動詞は動詞に含めます。ちなみに入試によく出る連体詞には覚え方があって、「ただのぬがなる」が語尾にくることになっています。

た・オツベルときたらたいしたもんだ。
だ・とんだ災難に遭った。
の・この日は妹の誕生日だ。幼かったあの頃が懐かしい。
ぬ・友だちからあらぬ疑いをかけられた。
が・わが国は民主国家である。
な・大きな湖のほとりに小さな村がある。
る・あらゆる人々が来たる時代を待っている。

※ が連体詞

問二は、格助詞か副助詞かを問う問題。助詞および助動詞については【11】〜【14】を参考にしてください。問三は、主部を指摘する問題。一文が長くてわかりづらいが、「A君ら四人」は、「東京の高校二年生」であり、「ある宣教師」のおかげで「アメリカ」へ「行くことになった」「留学生」です。問四は作文の際、肝に銘じるべきポイントでもあります。作文のポイントとは「一文を短く」書くことです（【62】参照）。

【解答】

問一 C　問二 a　問三 ア　問四 ア

ウィキペディアの「連体詞」を見ると、その数はおよそ50ほどあり、中には文語的表現の形容詞の連体形も含まれていました（「悪しき前例」、「あるまじき行為」など）。しかし「悪しき」の「き」は、過去を表す助動詞としては現在使われておりません。最近テレビでも「〜と思いきや……」といったフレーズをよく聞きますが、文法上は他人から見聞きしたことは「けり」を使い、直接経験したことに「き」を使います。まあ、連語として、もはや許容されていると言ってしまえばそれまでですが、このように文法には、おかしな使い方が多々あるのです。しかしみんなが使うことで文法上の誤りは誤りではなくなります。

若い外国人ＡＬＴ（Assistant Language Teacher）とベテラン国語教師との会話。

ＡＬ「センセー、ニホンゴニハ〝やはり〟ト〝やっぱり〟ガアリマスガ、ドチラヲツカ（ッ）タホウガイイデスカ？」

教師「んー、それはー、〝やはり〟……〝やっぱり〟だな。」

教室にて、ある日の先生と生徒のやりとり。

先生「おい、ちょっと、あれとってくれ。」
生徒「あれって、これですか？」
先生「ちがうよ。それだよ。」
生徒「どれですか？」
先生「あれ？　なんだっけ？」

【８】次の文章を読んで、あとの問いに答えなさい。

１「ことば」といえば、だれしも、ただ口で言い、耳で聞く、意味のある音声であると考えている。が、日常われわれが話したり聞いたりしていることばを、あるがままに、心をとめて観察してみると、①それは、音声を主軸とした、きわめて複雑な構造をもった働きである。

２たとえば、「はい」というような、簡単明瞭なことばにしても、このことばによって行われる通じ合いは、その時その時によっていろいろ微妙な違いがある。同じ「はい」でも、語気・語勢によって、通じ合う意味が違ってくる。しぶしぶ言うと、注1不承不承《ふしょうぶしょう》な肯定になる。そうかといって、あまりはっきり強く言うと、叱っているような調子になり、時によると、否定以上の否定にさえなる。が、ことばの働きを複雑にしているのは、そういう語気・語勢だけではない。［②］、友だちから旅行に誘われた場合、Aは、ひざを乗り出し、目を輝かせて「うん、行こう。」と言い、Bは、顔も向けないで「うん、行こう。」と気のない返事をしたとする。この場合、ことばは同じ「うん、行こう。」でも、AとBとでは語気や語勢が違うほかに、知らない間にそれに伴っている目つき・顔つきのような表情も違えば、それを言う態度も違う。それによって、通じ合うことばは、すっかりといっていいほど違ってくる。

3 これは少し特殊な場合であるが、芥川龍之介の小説『注2手巾《ハンケチ》』に、ひとりの母親が、注3愛児の注4旧師を訪ねてその愛児の死を報じるところがある。母親は、日常のことを話すような平静さで、口もとにはほほえみさえ浮かべて話している。［③］、その旧師が、足もとに落としたものを拾おうとして、ふと見ると、テーブルの下の母親のひざの上では、両手でしっかり握られたハンケチが、絶えず震えている。作者はそれを、「婦人は顔でこそ笑っていたが、実はさっきから、全身で泣いていたのである。」と書いている。この場合、婦人の最も深い真実は、耳で聞き取られた音声としてのことばよりも、目で見取られ、からだで受け取られた④身体的な動きによって、婦人の意識を超えて、いっそう深く通じたのである。

4 このように、われわれのことばは、耳に聞く音声を主軸とし、これに、目に訴える身体的な表情や身ぶりや行動が、切り離すことのできない関係をもって結びついている、複雑な構造をもった働きであることが認められる。こうしたことばの構造を、自分のことばの中にも、人のことばの中にも、しっかりとつかむことは、ことばの問題を考える上にも、また、われわれ自身のことばを改善する上にも、⑤大事な土台である。

西尾 実「ことばの生活」

注1不承不承＝しかたなしに、いやいやながら。注2手巾＝ハンケチのこと。注3愛児＝とてもかわいがっていた自分の子ども。注4旧師＝恩師。この場合、愛児の担任だった先生。

問一　——線①「それ」がさしている部分を文章中から抜き出しなさい。

問二　文章中の[②]・[③]のそれぞれに入ることばとして最も適当なものを、次のア〜オから一つずつ選び、記号で答えなさい。

ア　また　　イ　だから　　ウ　あるいは　　エ　たとえば　　オ　ところが

問三　——線④「身体的な動き」とは、どのようなことをさしていますか。文章中から二十五字で抜き出して、最後に「〜こと」をつけた場合、抜き出す最初の四字を答えなさい。

問四　——線⑤「大事な土台」とありますが、筆者の考えに最も近いものを選び、記号で答えなさい。

ア　ことばが複雑なのは、一つのことばでも多くの意味をもっているからである。
イ　ことばは耳で聞く音声以外にも、表情や行動と結びつくので、十分な注意が必要である。
ウ　最近ではメールなどでも意志が通じ合うので、人間関係はかなりシンプルになってきた。
エ　ことばの構造は複雑であるから、相手の発言をそのまま受け取るのではなく、疑ってかかるべきだ。

問五　この文章の組み立てを表した図として最も適当なものを、次のア〜エから選び、記号で答えなさい。

ア
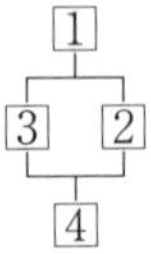

イ
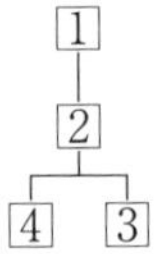

ウ
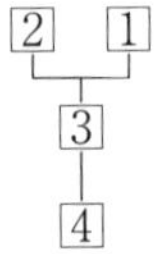

エ
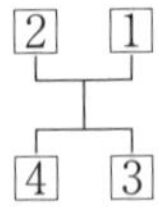

　ことばを超えた「ことば」があります。私が市原市で勤務していたときの話です。特別支援学校との交流会で、普段耳にしたことのない奇声が飛び込んできました。声の主は、支援学校の女の子でした。車椅子に座り、すぐ横には先生がついていいます。首を大きく前後に振るので、車椅子も揺れています。私には暴れているようにしか見えなかったのですが、これは、彼女の喜びの表現だったのです。ことばは耳に届く音声だけでなく、「目に訴える身体的な表情や身ぶ

りや行動」を伴って、思いがけない力を発揮するのです。
入学式と卒業式での呼名《こめい》も、単なる返事を超えています。同じ「はい」でも中身に大きな違いがあるのです。入学式の「はい」は、これから中学生として三年間、勉強や運動、その他いろんなことをがんばろうという決意の「はい」です。卒業式の「はい」は、これまでの成長を振り返り、先生や友だち、後輩や家族に対する感謝の「はい」ではないでしょうか。中三にもなると、なかなか素直に大きな返事をしなくなるのはわかります。でも、たったひと言、大きな声で「はい！」と発するだけで、担任や親を思わず涙ぐませるほどの力があることを、これから卒業する人は知ってほしいと思います。

問一の指示語の問題は、「抜き出し」の場合、文中から見つけることになります。問二は、適語を補充する問題。接続詞や副詞、連体詞が中心です。②は直後が「友だちから旅行に誘われた場合」とあるので例示であることがわかります。③には「ほほえみ」と涙（「全身で泣いていた」）をつなげることば（逆接）が入ります。問三は、母親の悲しみを表現している部分を見つけてください。字数が決まっているので、それをヒントにしましょう。問四は、本文の主題をとらえる問題。④に注目します。問五は、形式段落から文章の構成を図式化する問題。例示が二つある（「たとえば〜」と「特殊な場合であるが〜」）ことをおさえましょう。また④は「このように」で始まり、文章全体をまとめています。

【解答】

問一　ことば　問二　②＝エ　③＝オ　問三　両手でし　問四　イ　問五　ア

【9】次の文法に関する文章を読んで、あとの問いに答えなさい。

活用のない自立語を体言というのに対し、活用がある自立語を用言という。「活用がある」とは、語尾が変化することをいう。では、「語尾が変化する」のはどんなときかというと、それは、意味が変化するときである。「走る」を例にすると、

走らない（①）
走らせる（使役）
走らされる（受け身）
走りたい（②）
走りそうだ（③）
走るそうだ（④）
走るだろう（推量）
走れば（仮定）
走ろう（意志・勧誘）
走った（過去）

のように、語尾の変化で意味に違いが生じるのである。

用言に属する品詞は、動詞・形容詞・形容動詞の三つである。この中で、形容動詞だけが終止形と連体形が異なる。このことは、動詞と形容詞の終止形と連体形を区別する上で大いに役立つ。

走ると汗が出る。
走るので汗が出る。
右の「走る」の活用形がわかるだろうか。「走る」に続く助詞が、格助詞だったら連体形、接続助詞だったら終止形だと即答できればいいけれど、接続助詞には品詞によって接続する活用形が変わってくるものがあるので、不安になるかもしれない。こんなとき、「走る」の代わりに適当な形容動詞をあてはめてみるとよい。たとえば、
正直だと汗が出る。↓終止形
正直なので汗が出る。↓連体形
このように形容動詞の連体形は、判断の難しい動詞と形容詞の終止形と連体形の識別に欠かせない。

問一　次の文章中の――線の活用の種類と活用形を答えなさい。

よく①見ると六本の足のうち四本は全く②動かなくなっており、残りの二本も動く、というよりむしろ痙攣《けいれん》していたのである。二本の触角は、もう死んだ虫のように③ぐったりしていた。私は非常に心配になった。あお向けのまま衰弱しきったこの虫に向かって、私は息を④吹きかけた。弱った昆虫がそうされることで、一時的であれ、動きが活発になることを私は知っていたのである。だが、今回に限ってこいつは快方に⑤向かわなかった。もう二度と私に向かって⑥飛んでくることもないだろう。
（拙作『G』）

問二　[①]〜[④]にあてはまることばを次から選び、記号で答えなさい。
ア　伝聞　イ　否定　ウ　様態　エ　可能　オ　希望

問三　【9】の文章を参考に、次のA〜Eの――線の活用形を答えなさい。
A　顔が赤いからきっと熱がある。

B　友だちにもっと笑うように言われた。
C　苦しいため、息を吐く。
D　写真を見るとすぐにわかる。
E　今日はどうしてこんなに暑いの。

ここでいろいろな動詞のはたらきや種類について、少しふれておきます。まずは音便現象についてです。

五段活用の動詞の連用形に、過去を表す「た（だ）」や接続を表す「て（で）」が続くとき、発音が変化します。これを音便現象といいます。つまり、該当のかながイ音にならないのです。ただし、サ行五段の動詞を除きます。（「話す」→「話した」、「転がす」→「転がした」）。

次は自動詞と他動詞について。

・人が集まる。 ・おかずが残る。 ・手紙が届く。	・人を集める。 ・おかずを残す。 ・手紙を届ける。

上のグループを自動詞といい、下のグループを他動詞といいます。自動詞は、自然とそうなる感じが強く、主語に付いて文を作ります。（～が＋自動詞）。他動詞は、他者が手を加えてそうなる感じが強く、主語におよぼす文を作ります。（～を＋他動詞）。ただし、すべての動詞がこの二つのどちらかに属するというわけではなく、「吹く」（風が吹く。笛を吹く。）や「休む」（A君が休む。学校を休む。）のように、自動詞にも他動詞にもなる動詞があります。

三番目は可能動詞について。

五段活用の動詞は、語尾に「～る」をつけて、「～できる」という可能の意味を含んだ動詞を作ることができます。「書く」→「書ける」、「消す」→「消せる」などです。可能動詞の特徴は、必ず下一段活用の動詞になることと命令形が存在しないことです。四番目は補助動詞（形式動詞）について。補助動詞とは、その動詞本来の意味を失って、補助的な役割をする動詞のことです。「本をカバンにしまう。」――この「しまう」は、「入れる」とか「かたづける」といった本来の意味をもっています。「本が破れてしまう。」――この「しまう」は、本が破れたからかたづけるのではなく、「破れてしまう」で一つの意味を表しており、「しまう」は「破れる」を補助しているに過ぎません。つまり、本来の意味を失った「補助動詞」なのです。補助動詞は、「～て（で）＋補助動詞」のパターンになり、漢字で書かないきまりになっています。

最後は複合動詞について。複合動詞とは、二語以上の自立語で構成された動詞をいいます。「見渡す・食べ尽くす」といった「動詞＋動詞」の他に、「努力する・ハッスルする」など「名詞＋動詞」、「若返る・正直ぶる」など「形容詞・形容動詞＋動詞」、「はっきりする・ウキウキする」のように「副詞＋動詞」の複合動詞もあります。

問一は、動詞の活用の基本。面倒ですが、活用の種類と活用形はパターン化して覚えてしまえばあとが楽です。問二の中では、アの伝聞とウの様態がまぎらわしいかもしれません。伝聞は活用語の終止形に付き、人から聞いたことを表現します。様態は活用語の連用形に付き、自分の判断で感じたり思ったりしたことを表現します。（詳細は助動詞【13】）を参照）。問三は、これまで説明してきたように、――線の動詞・形容詞に適当な形容動詞をあてはめて判断するとよいでしょう。

【解答】

問一　①＝上一段活用・終止形　②＝五段活用・未然形　③＝サ行変格活用・連用形
④＝下一段活用・連用形　⑤＝五段活用・未然形　⑥＝カ行変格活用・連体形

問二　①＝イ　②＝オ　③＝ウ　④＝ア

問三　A＝終止形　B＝連体形　C＝連体形　D＝終止形　E＝連体形

【10】次の文法に関する文章を読んで、あとの問いに答えなさい。

連体詞はもともと、①他の品詞から転成してできたものがほとんどです。しかし、元の品詞が何であろうと、それだけで［②］を作り、活用することがなければ、それはすべて連体詞です。

副詞の一番の特徴は、ほとんどが［③］になるということです。主語にも独立語にもなれません。単独では述語にもなれません。④例外的に連体修飾語になることがあるだけです。活用がないというところは連体詞と同じです。

接続詞については、次の文で説明します。

京都と奈良は古都です。

京都および奈良は古都です。

右の二つの文は、内容としては全く同じです。ところが「と」と「および」は文法的に違いがあります。「と」は、「京都」に付いて［⑤］を作っています。一方「および」は、「京都」「奈良」という二つの単語の間で上下のことばをつないでいます。つまり、独立した接続の文節になっているのです。したがって、「と」は［⑥］で、「および」は［⑦］なのです。

感動詞は独立語です。独立語はそれだけで［⑧］なることがよくあります。また文頭にくることも多いです。この二つが感動詞の大きな特徴です。

問一　――線①とありますが、次のア～ウの線の連体詞のもとの品詞名を答えなさい。

ア　家の裏に大きな桜の木がある。

イ　来たる六月六日は体育祭だ。

ウ　その人が犯人です。

問二　空らん②・③・⑤・⑥・⑦・⑧にあてはまることばを、次の《語群》から選び、記号で答えなさい。

《語群》

ア　単語	イ　連用修飾語	ウ　述語	エ　文	オ　連体修飾語
カ　文節	キ　助詞	ク　接続詞	ケ　感動詞	コ　助動詞

問三　――線④の例として、あてはまるものを一つ選びなさい。

ア　さらに詳しく調べなさい。

イ　この店はいわゆるコスパがいい。

ウ　ずっと昔、ここには小さな家が建っていた。

エ　いよいよ待ちに待った修学旅行がやってきた。

連体詞・副詞・接続詞・感動詞は、自立語で活用がなく、主語になれないという点で共通しています（《品詞分類表》参照）。連体詞はその名のごとく、連体修飾語になります。例外はありません。副詞を「連用詞」と呼べない理由は、文章中にもあるように、「例外的に連体修飾語になる」からです。（問三の他に「もっと右に寄る。」、「だいぶ前に聞いたことがある。」など）。

体言以外にも「もう少し寝ていたい。」の「もう」は、「少し」（副詞）を修飾しています。レアケースですが、直接助動詞にかかることもあります。「君もいよいよ高校生だね。」、「はい、いよいよです。」――この「いよいよ」は、「高校生」が省略されたため、「です（助動詞）」を修飾した形になっています。

接続詞は、①順接、②逆接、③並立、④選択、⑤補足、⑥転換の六種類が一般的で、感動詞は、①感動、②呼びかけ、③応答、④あいさつ、⑤かけ声の五種類が主です。

《品詞分類表》

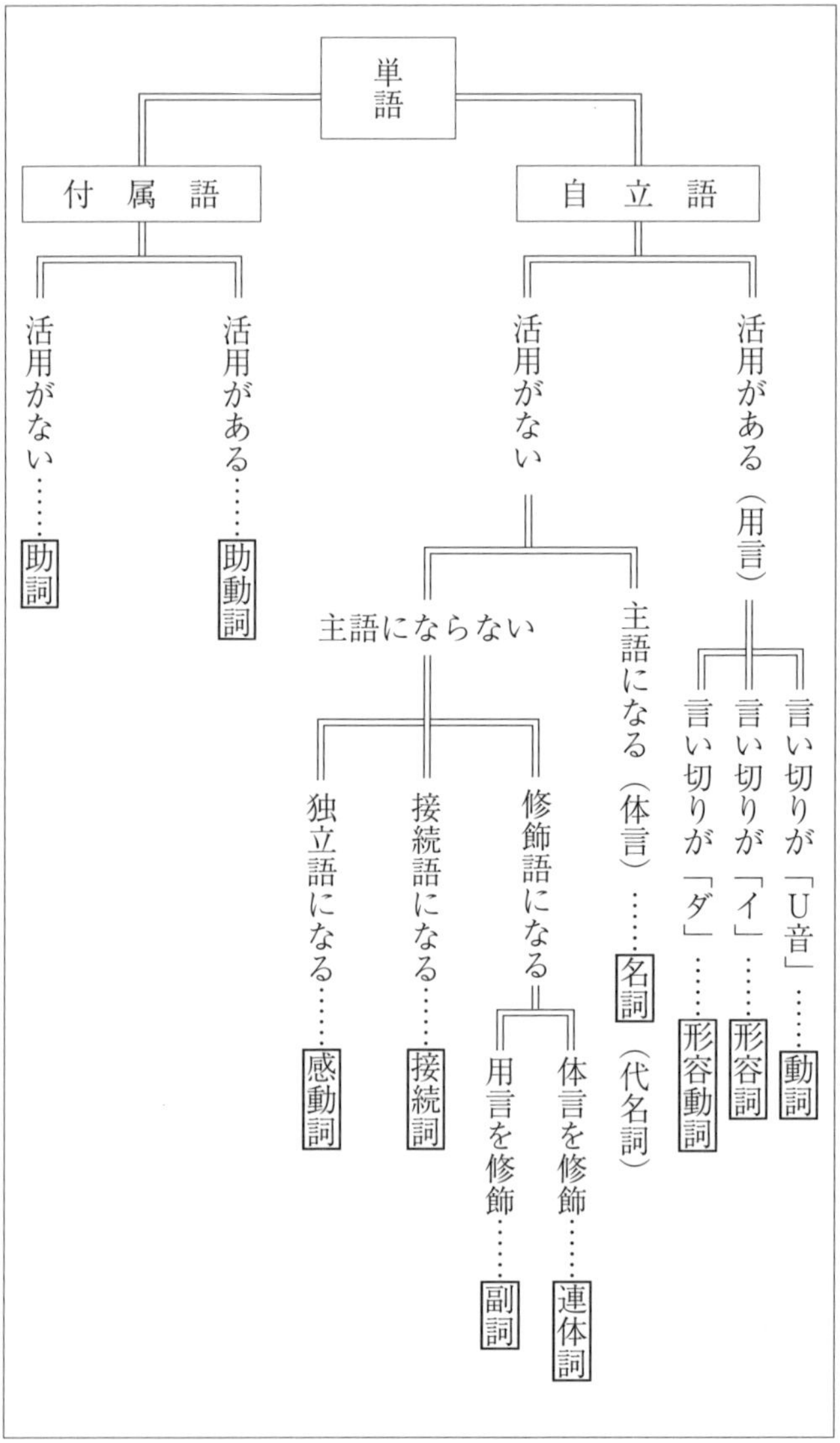

日本語の中で最も短い自立語は、当然一語です。「亜」「胃」「鵜」「絵」「尾」、「蚊」「木」「句」「毛」「子」……これらはすべて一語の名詞です。名詞以外にも一語の自立語があります。「見慣れた長い鼻より、見慣れない短い鼻の方が滑稽《こっけい》に見えるといえば、それまでである。が、そこにはまだ何かあるらしい。」（芥川龍之介『鼻』）、「鼠《ねずみ》の場合と、そう変わらないものだったに相違ない。で、またそれが今来たらどうかと思って見て、……」（志賀直哉『城の崎《き》にて』）には接続詞。「そりゃ嘘《うそ》をつくのもようござんしょうさ、ね、義理が悪いとか、……」（夏目漱石『吾輩は猫である』）、「あ、こんな顔だったのか、思い出した、というような喜びさえない。」（太宰治『人間失格』）には感動詞が使われています。

世界で最も短い手紙のやりとりが残っています。『レ・ミゼラブル（あゝ無情）』の著者として有名なヴィクトル・ユーゴーが、本の売れ行きを心配し、出版社あてに「?」だけ書いて送ったところ、編集者がただ「!」（売れ行きは順調）とだけ書いて返信したのです。たった一語でも奥が深い!

問一は、似たような意味で言い換えてみます。アは「大きい桜の木」、イは「体育祭（の日）が来る」、ウは「それが犯人（の動機）だ」。問二は、用語を答える問題。②は連体詞が作るものを選びます。③は副詞の一番の働きを答えます。⑤は自立語+付属語=「?」。⑥と⑦は品詞名を答えます。問三は、体言を修飾する例外的な副詞を答えてください。アは「詳しく」にかかる通常の副詞。イの「いわゆる」は連体詞。「ただのぬがなる」が語尾にきています（【7】参照）。ウの副詞「ずっと」は名詞「昔」を修飾しています。エの「いよいよ」は「やってきた」にかかって連用修飾語の働きをしています。

【解答】

問一　ア＝形容詞　イ＝動詞　ウ＝名詞（代名詞）
問二　②＝オ　③＝イ　⑤＝カ　⑥＝キ　⑦＝ク　⑧＝エ
問三　ウ

中学校で習う助詞は全部で4種類あります。格助詞（10）、接続助詞（14）、副助詞（19）、終助詞（12）です。括弧の数字はテストや入試にも出そうなそれぞれの助詞の数です。全部で55もあって覚えるのは大変ですが、覚え方を紹介しますので、参考にしてください。

【11】次の文章中にある[A]〜[D]にあてはまるひらがな一字（助詞）を答えなさい。（ひらがな一字は重複する場合があります。）

米洗ふ《う》 前□ほたるが 二つ三つ

これは、ある有名な俳諧師の俳句である。この句の□には、どのようなひらがな一字を入れたらよいだろうか。

米洗ふ 前[A]ほたるが 二つ三つ

[A]を入れると、「米をといでいる前にほたるが二、三匹いる」ということになって、ほたるの飛びかっている様子は表現されない。ほたるは動いておらず、静止している。解釈のしかたによっては、「ほたるがただいるだけ」で、死んでいてもかまわない。そうなるのは「前[A]」の[A]という助詞のためである。では□に他の助詞を入れてみよう。

米洗ふ 前[B]ほたるが 二つ三つ

こうなると、「米をといでいると、どこからともなくほたるが飛んできた」ということになる。ほたるの動きは表されるようになった。だが、Bは場所を示す助詞でもある。そうすると、「米洗ふ前」が飛んできたほたるの終点である。飛んできたほたるはどうなるのか？　そしてどこへ行くのか？　それらについては語られていない。ほたるは「飛んでくる」だけであって、「飛んでいく」ことを伝えていないのである。それはBという助詞のためである。

米洗ふ　前Cほたるが　二つ三つ

この句では、米をといでいる前をほたるが二、三匹、どこからともなくやってきて、またどこかへ去っていったという情景、あるいは米をといでいる場所を、ほたるが二、三匹行ったり来たりしているという情景が思い浮かんでくる。

ほたるの動きがもっともよく表されているのは「前D」である。このように助詞の使い方一つで、場面がすっかり変わってしまうことを考えると、たったひらがな一字でも、助詞の大切さがわかるだろう。

鷺書房「中学国文法」を参考にしました。

次の短文の□にひらがな一字を入れ、異なる文を五つ完成させてください。（下は解答例の一部です。）

A氏□一味□殺した。

↓

①A氏の一味を殺した。
②A氏は一味を殺した。
③A氏と一味を殺した。
④A氏も一味を殺した。
⑤A氏が一味を殺した。
⑥A氏の一味が殺した。
⑦A氏は一味も殺した。
⑧A氏と一味が殺した。
⑨A氏も一味も殺した。
⑩A氏の一味で殺した。

かなり物騒な例文ですが、問題文にあるように、「たったひらがな一字」の違いで意味が大きく変わります。この文では「A氏」が被害者になったり（①③⑨）加害者になったり（②④⑤⑦⑧）、また加害者の場合、主犯（②⑤⑦⑧）にも従犯（④⑥⑩）にもなります。（⑥と⑩の表現はとてもあいまいで、この事件にA氏がどう関わっているかは、今後の捜査を待たねばなりません。）

助詞の特徴の一つは、付属語で活用がない点です。したがって、助詞だけでは意味がわかりません。また、語尾も変化しません。だから、（それだけで意味のわかる）自立語に付いて文節を作ります。そして、助詞の真骨頂は、「微妙な意味合いを残す」ところにあります。

次の情報から、一番勉強した人物を答えてください。

> 太郎は、「三時間勉強した」と言った。
> 次郎は、「三時間も勉強した」と言った。
> 花子は、「三時間しか勉強しなかった」と言った。

答えは明白で、三人とも勉強時間は「三時間」です。だから、「一番勉強した人物」は答えられないはずです。しかし、質問を「普段一番勉強していそうな人物を答えなさい」に変えると、一人の人物が浮かんできます。あるいは「普段一番勉強していなさそうな人物を答えなさい」にしても特定の人物が見えてきます。普段一番勉強していそうな人物は「花子」であり、していなさそうな人物は「次郎」ではないでしょうか。そして「太郎」の普段の勉強時間は〝なぞ〟です。会ったこともない人物の、普段の勉強時間がなんとなくわかってしまうのは、そこに助詞があるからです。「微妙な意味合いを残す」とは、こういうことなのです。

問題文にある「ほたるの話」は有名で、ウェブサイトにも多数アップされています。また、三十年くらい前の中学校の教科書にも載っていました。

□にあてはまる助詞の候補はすべて格助詞です。格助詞は普通、体言（名詞・代名詞）に付いて、下のことばへの関係を示します。「普通」といったのは例外があって、「安いのがほしい。」（形容詞に接続）や「静かなのを好む。」（形容動詞に接続）のように、活用語の連体形に付くこともあるからです。格助詞は次の10しかありません。

格助詞の覚え方

を・に・より・と・の・が・へ・や・から・で
（鬼より殿が部屋から出）

これには覚え方があって、意味は「鬼より殿様の方が偉いんだから、何かあったときは、まず殿様から先に逃げなさい」ということ。

米洗ふ 前にほたるが 二つ三つ

格助詞「に」は場所を表す他に、時間・相手・結果・目的・対象の意味合いを残します。多くの意味をカバーする分、広く浅くの傾向が強いです。

米洗ふ 前でほたるが 二つ三つ

格助詞「で」も付く名詞によって、場所・時間・手段・原因と四つの意味あります。「前に」より「前で」の方が「ほたるの動きは表されるようにな」りました。

米洗ふ 前をほたるが 二つ三つ

この句が「ほたる」の動きをより明確化させるのは、格助詞「を」が場所の他に起点を表すからです。起点とは、これから行動を起こすスタート場所のことです。自分または「米洗う」人の「前」（場所）にいる「ほたる」は、その場所を起点として飛び交う様子をイメージさせます。

米洗ふ 前へほたるが 二つ三つ

格助詞「へ」は方向を表します。この句だと、「前」の方に「ほたる」が二、三匹集まってくるような情景が思い浮かびます。

米洗ふ 前[の]ほたるが 二つ三つ

格助詞「の」が入ると、これまでいた「ほたる」が二、三匹、これからアクションを起こしそうな雰囲気になります。ただ無風流な感じと「ほたる」の動きの不明確さは否めません。

【解答】

[A]＝に　[B]＝で　[C]＝を　[D]＝を

【12】次の文法（助詞）に関する問題に答えなさい。

①次の文中の□に、適当な格助詞を入れなさい。

A　先生□生徒□文法□教える。

B　牛乳□チーズ□作る。

C　トム□部屋□は外国のおもちゃ□ある。

D　自動車□□電車□ほうが速く走れる。

②次の文中の□に、適当な接続助詞を入れなさい。

A　空が晴れ□、心も明るい。

B　お金はあります□、財布を忘れました。

C　弟が病気な□□、欠席の連絡をした。

D　森の中は静かだ□□□不気味である。

③次の文中の□に、適当な副助詞を入れなさい。

A　私が釣った魚は一メートル□あった。

B　犬□□恩□知っている。

C　珍しそうに小判ザメ□□□見ている。

D　スルメ□かめばかむ□□味が出る。

④次の文中の□に、適当な終助詞を入れなさい。

A　いちいち文句を言う□。

B　リカちゃんはいます□。

C　それが□、うまくいかないんだよ。

D　そんなこと言った□□□。

⑤次の各文の――線の助詞の種類を答えなさい。

A　スマホがないと落ち着かない。

B　あまりのうれしさから気を失う。

C　夏休みこそ思い切り遊ぼう。

D　合格できるかどうか不安がある。

E　合格できるか。どうも不安だ。

F　悪いと知りつつうそを言う。

G　四十度近い暑さで集中できなかった。

接続助詞は、必ず活用語（用言・助動詞）に付き、前後の関係を示します。活用する語に付くので、それぞれの接続助詞が何形に付くかを知っておくと便利です。接続助詞にも覚え方があって、入試対策としては、次の14で大丈夫。またその14の接続助詞は、接続の意味から原則として4つのパターンに分類されます。（他に補助の関係を作ることもあります。）

1順接　2逆接　3連接　4並立

接続助詞の覚え方

が・し・と・ても・けれど・のに・から・たり・ながら・て・ので・つつ・なら・ば（かやろーの歌）

（餓死とても けれど野にから 足りながら手の出筒なら バカヤローの歌）

歌の意味→「腹がへって餓死しそうになったとしても、けれど、だからといって野山から（食い物を）あさったり、（人からものを）足してもらったりしながら、手を筒のように伸ばすなら空しいだけじゃないか。このバカ！」

副助詞は、4つの助詞の中で一番つかみどころのない、やっかいな助詞です。格助詞は原則として体言に付き、接続助詞は必ず活用語に付くことを述べました。終助詞はその名のとおり、文の終わりに付くことが多いです。ところが副助詞は、体言、用言、付属語に関係なく、いろんな語に付き、さまざまな意味を添えます。つまり、これといった接続の法則が見当たりません。だからここで、入試に出そうな19の副助詞は覚えてしまいましょう。

副助詞の覚え方

でも・きり・こそ・は・か・なり・ほど・くらい・だって・なら・しか・など・さえ・まで・も・だけ・ずつ・ばかり・やら

（でも霧こそは、かなりほど暗い。だって奈良鹿などさえまでも、竹筒《たけづつ》ばかりやらー）

こじつけ解釈→それでも霧が出たら、あたりはかなりほど暗くなる。（その証拠に）だって奈良の鹿などさえまでもが（近くがよく見えなくなるので）、竹の筒ばかり食っている。（「やる」には、「口にする」の意味もあります。）

終助詞は読んで字のごとく、終わりにあって話し手の気持ちや態度を表します。文の終わりにあることが多いですが、呼びかけや倒置などで、文中にくることもあります。また、方言を含めるとかなりの数に達しますが、ここでは入試に出そうな12の終助詞に絞ります。

終助詞の覚え方

とも・よ・の・かしら・さ・ぞ・や・か・ね・な・い・わ

（智代のかしら。さぞや金ないわ。）

無理矢理の意味→智代（『智代アフター』）のゲームが発売されても、お金がないから（買って）遊べない。

①〜④の答えは一つとは限らないものがあります。ただ、各助詞の数には限りがあるので、文意に合った助詞を選ぶこと。①の格助詞は、すべて体言（名詞）に付いています。②のAは順接の意味ですが、「知っていて知らん顔する。（逆接）」、「夏涼しくて冬暖かい。（並立）」、「鳥が飛んでいる。（補助）」と多彩です。Dは「けれども」と四字になることもあります。③のAとCは、助詞がなくても意味はほぼ通じますが、副助詞の存在が微妙な意味合いを添えています。④のBは、少なくても答えが三つあります。Dは主に女性が使います。⑤は四つの助詞の覚え方をマスターしてしまえば、難しくないと思います。ただAの「と」とBの「から」は、格助詞にも接続助詞にも両方あるので要注意で

す。Aは活用語（動詞）に付いているから接続助詞、Bは体言（名詞）に付いているから格助詞。Cは体言に付いていますが、格助詞ではありません。DとEの「か」は、文中にあるか文末にあるかで判断できます。Fの接続助詞「つつ」は逆接ですが、「うしろを振り返りつつ歩いた。」のように連接にもなります。Gの「で」は格助詞の他に、接続助詞「て」の濁ったもの、形容動詞の語尾、助動詞にもありますが、ここは名詞（「暑さ」）に付いた格助詞です。

【解答】

①A＝が・に・を　B＝と（や）・で／で・を　C＝の・に・が　D＝より・の
②A＝て　B＝が　C＝ので　D＝けれど
③A＝は（も）　B＝でも・は（なら・も）　C＝ばかり　D＝は・ほど
④A＝な　B＝か（ね・よ）　C＝な（ね・さ・よ）　D＝かしら
⑤A＝接続助詞　B＝格助詞　C＝副助詞　D＝副助詞　E＝終助詞　F＝接続助詞　G＝格助詞

【13】次の文章を読んで、あとの問いに答えなさい。

助動詞は付属語である。付属語だからそれだけで文節を作ることはできない。また、文節のはじめにくることもない。その意味では助詞も同じである。しかし、付属語でありながら活用があるもの、それが助動詞である。

彼はラーメンを食べる。

これが昨日のできごとだとしたら、どう表現するだろう。つまり過去を表すには、

彼はラーメンを［①］。

となる。また、希望を表すには、

彼はラーメンを［②］。

と書けばよい。助動詞は、「動詞を助ける」と書くが、

これはペンです。

のように、[③]に付くものもある。このように過去を表したり、希望や丁寧な表現を使ったりする場合、助動詞が用いられる。

日本語は[④]が重要な言語であり、その[④]に助動詞は多く使われる。助詞が微妙な意味を添えたりするのに対し、助動詞は最終的に文の意味を決定する。

弟が私のスマホをのぞいた。

この文の意味を変えずに、「私は」を主語にするにはどうすればよいだろう。そんなときは受け身の助動詞を使って、

「私は[⑤]。」

と書けばよい。日本語では「スマホ」を主語にするより、「私」を主語にする方が相手には理解されやすい。

助動詞の中でも「⑥ぬ」や「⑦まい」は、使われることが比較的少ない。逆に丁寧を表す「です」や「[⑧]」、推定や様態、伝聞を表す「ようです」や「そうです」などは、話し言葉の中でよく使われる。

このように助動詞には様々な意味が含まれる。適切に使わないと、相手に意図が伝わらないこともあるので、注意しなければならない。

問一　[①]および[②]に適切なことばを入れなさい。

問二　[③]にあてはまることばをア〜エ、[④]にあてはまることばをオ〜キから選びなさい。

ア　名詞　イ　代名詞　ウ　助詞　エ　助動詞　オ　文頭　カ　文中　キ　文末

問三　文中の[⑤]をうめなさい。

問四　助動詞「⑥ぬ」および「⑦まい」の意味を次から一つ選び、それぞれ記号で答えなさい。

ア　可能　イ　使役　ウ　打ち消し　エ　完了　オ　存続　カ　たとえ　キ　打ち消しの意思

問五 ⑧ にあてはまる助動詞を答えなさい。

問六 次の例文の「れる」と同じ意味で使われているものを一つ選び、記号で答えなさい。

「そう言われると、確かに思い当たるふしがある。」

ア 先生が話されることをメモする。

イ 冬の雨にうたれて風邪をひいた。

ウ 老後の生活が案じられてならない。

エ 賞味期限が過ぎても食べられるものもある。

助動詞も助詞と同じで付属語です。両者の違いは問題文にもあるように、活用の有無で判断できますが、助動詞にも特殊な活用があって面倒です。「微妙な意味合いを残す」助詞に対して、助動詞は、「最終的に文の意味を決定」します。これも問題文にありますが、「助動詞には様々な意味が含まれる」ので、「適切に使わないと、相手に意図が伝わりにくいことがあります。いくつか例を紹介しましょう。

明日は雨が降るようだ。（推定）

明日は雨が降るらしい。（推定）

この二つの文は、ともに推定を表します。推定とは、何らかの根拠があって、「多分そうなるだろう」と予想することです。両者の違いは、予想する判断基準が自分にあるか、自分以外にあるかの違いです。「ようだ」は、自分が直接見聞きしたこと、感じたことなどから〝主観的に〟予想するときに使います。「らしい」は、たとえば天気予報などで雨模様を知ったときに使います。

公園で遊んでいるのは弟らしい。（名詞「弟」＋助動詞「らしい」）

私はもっと人間らしい生き方をしたい。（形容詞「人間らしい」）

名詞＋助動詞「らしい」と形容詞を作る接尾語「らしい」の見分け方は二つあります。一つは、「名詞」と「らしい」の間に「である」を入れてみます。もし、意味が変わらなければ助動詞で、意味が変われば形容詞の接尾語ということになります。もう一つは該当することばの直前に「どうも（どうやら）」か「いかにも（実に）」を入れてみます。それで、「どうも（どうやら）」が入れば助動詞で、「いかにも（実に）」が入れば形容詞の接尾語です。

ずっと向こうに（どうやら）病院らしい建物が見える。→「らしい」は助動詞。

ピノコは（いかにも）医者らしい口調でラルゴに語り始めた。→「らしい」は形容詞の接尾語。

明日は雨が降るそうだ。（伝聞）

明日は雨が降りそうだ。（様態）

「そうだ」には伝聞と様態があります。「雨が降るそうだ」は、人から聞いたり天気予報で確認したりしたことなどを伝えたいときに使います。「雨が降りそうだ」は、空模様を見て自分で（恐らく他の人でも）、そのように判断できるときに使います。

助動詞の活用の型は、終止形が「ウ段」になる動詞型（「せる・させる・れる・られる・たがる」）、終止形が「い」になる形容詞型（「ない・まい・たい・らしい」）、終止形が「だ」になる形容動詞型（「そうだ・ようだ」）、この3つのパターンにあてはまらない特殊型（「ぬ（ん）・う・よう・です・ます」）に分類できます。助動詞の活用は用言の活用ほど重要ではありませんが、知っておくと単語に区切る問題に出くわした時、助けになります。たとえば「もうこれっきりしかありません。」は、「ありません」の区切り方に十分注意が必要です。答えは「もう｜これ｜っきり｜しか｜あり｜ませ｜ん。」となります。

問一は空らん補充。①は過去を表す述語、②は希望を表す述語を書けばよいのですが、原則として「たい」は自分の希望、「たがる」は自分以外の希望に使います。例外として、「私って、おしるこを食べたがる（食べたくなる）人なの。」や「もし君がこの本を読みたいなら、貸そう。」、「親は子どもに勉強させたいらしい。」があります。問二も適語補充。④は空らんが二つあるので、共通することばを選びます。問三のような書き換え問題は、文法の問題ではよく見かけます。ここでは受け身を使うので、「れる」か「られる」を使います。問四は助動詞の意味を問う問題。後掲資料の《付記》「主な助動詞の活用例」を参考にしてください。なお、ウとキの「打ち消し」は「否定」と表現されている場合もあります。エとオの違いは、エの完了が「それが終わった、または終わったらすぐ」という意味で、存続は「その状態がずっと続いていること」です。問五は丁寧を表す助動詞を答えます。問六の助動詞「れる」には、①受け身（「先生に名前を呼ばれる。」）、②自発（「故郷の山がしのばれる。」）、③可能（「生で米は食べられない。」）、④尊敬（「家にお客様が来られる。」）の意味があります。例文の「れる」は受け身です。

【解答】

問一　①＝食べた　②＝食べたがる
問二　③＝ア　④＝キ
問三　弟にスマホをのぞかれた
問四　⑥＝ウ　⑦＝キ
問五　ます
問六　イ

【14】次の文章を読んで、あとの問いに答えなさい。

助動詞「せる」「させる」は使役の意味を表します。使役とは、人（人以外の場合もある）を使って何かをやらせることです。

日直に教室の戸締まりを確認させる。

実力テストの追試験を受けさせる。

一見すると右の二文は、どちらも「させる」が付いたように思われます。特に「確認させる」の助動詞の部分は、「せる」なのか「させる」なのか、まぎらわしいケースです。

もし、「させる」だとすると、「させる」が「確認」という名詞に付いていることになります。しかし、使役の助動詞は動詞の未然形につく助動詞ですから、これは正しくありません。この場合は、「確認さ」が「確認する」という動詞の未然形であると考えるべきです。つまり、「確認さ」＋「せる」となるわけです。同様に考えれば、「受ける」の未然形「受け」に「させる」が付いていることがわかります。

どんな動詞に「せる」が付くのか、またどんな動詞に「させる」が付くのかは、その動詞の活用の種類によって決まります。あらためて右の例文を見ると、「せる」が付いている動詞「確認する」は、サ行変格活用（サ変）の動詞です。一方、「させる」が付いている動詞「受ける」は、下一段活用の動詞です。他の活用の種類も見ていきましょう。

親に入試の結果を①知らせる。（「知ら」＋「せる」）。

劇でピエロを②演じさせる。（「演じ」＋「させる」）。

チョークを③持ってこさせる。（「持ってこ」＋「させる」）。

このように、「せる」は［①］およびサ変の動詞の未然形に付き、「させる」は［②］・下一段活用・［③］の動詞の未然形に付きます。

使役の助動詞を使って、使役でない文に書き換える問題は、入試でもしばしば見られます。その際、注意すべき点は、使役でない文の述語が自動詞である場合、使役の文に変えることで、もとの文の主語が「〜を」の形の修飾語になる点です。これに対して、使役でない文の述語が他動詞である場合は、使役の文に変えることで、もとの文の主語が「〜に」の形の修飾語になる点をおさえておきましょう。

今述べた注意点をふまえて、次の④と⑤の各文を、主語を「母が」に置き換えて、使役の助動詞「せる・させる」を用いた文に書き換えなさい。
④妹が買い物に行く。
⑤弟が窓を閉める。

問一　文中[①]～[③]にあてはまる動詞の活用の種類を次から一つ選び、記号で答えなさい。

ア　五段活用（五段）
イ　上一段活用（上一）
ウ　カ行変格活用（カ変）

問二　最後の形式段落にある問題（④・⑤）に答えなさい。

「せる・させる」に特化した文章問題。助動詞「れる・られる」のように意味が四つもないので、出題頻度はさほど高くありません。しかし、どんなときに「せる」になり、どんなときに「させる」になるかは、知っておくと便利です。

問一は「知る」、「演じる」、「持ってくる」の活用の種類を答える問題。識別の方法を確認しておきましょう。動詞を未然形（～ない）にしたとき、「ない」のすぐ上が「a音＋ない」なら五段活用の動詞、「i音＋ない」は上一段活用、「e音＋ない」なら下一段活用の動詞です。「～ない」に関係なく、「する」および「～する」となる動詞はサ行変格活用（サ変）です。ただし、「刷る」や「擦る」、「こする」「ミスる」などはラ行五段活用の動詞です。ですから「する」があったらサ変だと安易に決めつけないように。「食べる」や「述べる」が下一段活用の動詞だからといって、「～べる」＝下一段活用の動詞というのも誤りです。「滑る」や「しゃべる」はラ行五段、ちなみに「シャベル」は名詞（笑）。また、「～ない」に関係なく、「来る（くる）」とその複合語はカ行変格活用（カ変）の動詞です。もちろん「くる」にも例外があって「くくる」や「めくる」は、やはりラ行五段活用の動詞です。このラ行五段活用の動詞というのは、とても使用範囲が広く、「ググる」「ディスる」「バズる」といった、いわゆる〝若者言葉〟は基本的にラ行五段の動詞になります。問二は、使役の文に書き換える比較的頻度の高い問題です。コツさえつかめば、それほど難しくないですが、まぎらわしい場合もあるので気をつけましょう。「罪人が囚人服を着る。」と「病人が寝間着を着る。」を書き換えるとしたら、「罪人に囚人服を着させる。」と「病人に寝間着《ねまき》を着せる。」が一般的だと思います。この違いは、主体に「着る」ことを強要するか、主体の「着る」動作を補助するかで違ってきます。つまり前者は使役の助動詞を使い、後者はそれだけで使役を表す他動詞を使うことで意味が変わってくるのです。もちろん「罪人に囚人服を着せる。」も状況によってはおかしくないと感じる場合もあるでしょう。ですからこうした文法問題は、入試などには不向きです。

【解答】

問一　①＝ア　②＝イ（ウ）　③＝ウ（イ）
問二　④＝妹を買い物に行かせる。
　　　⑤＝弟に窓を閉めさせる。

《付記》「主な助動詞の活用例」

No.	意味	助動詞	接続	例文
1	受け身	れる られる	五段・サ変の未然形 その他の未然形	この仕事は君に任せられない。
2	自発			五十年も前のことが思い出される。
3	可能			小学生でも答えられる問題だ。
4	尊敬			校長先生が話されたことを思い出す。
5	使役	せる させる	五段・サ変の未然形 その他の未然形	最後までしっかり責任をもたせろ。 後輩に部室を掃除させる。

6	希望	たい たがる	動詞・助動詞の連用形	あの店のラーメンが食べたくなった。 彼はあの日のことを話したがっていた。
7	断定	だ	名詞 活用語＋「の（ん）」 ※1	これが梅で、あれが桜だ。 信じられているから走るのだ。
8	推定	らしい	※2	彼は海外で元気に過ごしているらしい。
9	不確かな断定	ようだ	活用語の連体形 体言＋の	どこかで君を見たような気がする。
10	たとえ			あの頃はまるで夢のようだった。
11	例示			先輩のように振る舞いたい。
12	様態	そうだ	※3 用言・助動詞の終止形	お化けでも出てきそうな夜。
13	伝聞			A君部活やめるそうだよ。
14	打ち消し	ない ぬ（ん）	活用語の未然形	睡眠をとらないと健康を害する。 生徒の前では決して涙は見せません。
15	意志	う よう	活用語の未然形 ※4	夕食の前に風呂に入ろうと思う。
16	推量			もうすぐ日が暮れるでしょう。
17	勧誘			そろそろ始めようか。
18	打ち消しの推量	まい	五段は終止形 その他は未然形	あろうことかあるまいことか。
19	打ち消しの意志			人に迷惑をかけまいと思っている。
20	過去	た（だ）	活用語の連用形 ※5	明日晴れたら、ドライブに行こう。
21	完了			宿題は今終わったところだ。
22	存続			店頭に並んだ商品を見る。
23	確認			君の誕生日は今日だったよね。
24	丁寧	です ます	※6 活用語の連用形	時間は過ぎてしまうものなのです。 その件については私から話しましょう。

※1＝「だ」の未然形（「だろ」）と仮定形（「なら」）は、直接活用語の連体形に付く。（君が行く（の）なら私も行こう。）
接続の例外がある。（君の言うことは正しい。しかしだ、それが全てではない。→接続詞に付くケース）

※2＝動詞・形容詞・一部の助動詞の終止形のほか、形容動詞の語幹、体言、一部の助詞にも接続する。
（あの落とし物は君のらしいよ。→格助詞に付くケース）
※3＝動詞の連用形および形容詞・形容動詞の語幹に接続する。
（正直そうな人柄。→形容動詞の語幹に付くケース）
※4＝五段以外の動詞に「よう」が付く。形容詞・形容動詞には「よう」が付かない。
※5＝難しいことをいえば、ナ行・バ行・マ行の五段動詞の撥音便するものとガ行五段動詞のイ音便のあとに付く「た」が「だ」に変化するのだが、普通は考えなくても変化させられるので気にする必要はない。（読む→読んだ・飛ぶ→飛んだ・泳ぐ→泳いだ）
※6＝体言・特定の助詞・形容動詞の語幹・用言の連体形＋「の」に付く。接続の例外がある。（40ページ参照）

【15】次の文章を読んで、あとの問いに答えなさい。

昔から A東北方言は「汚い言葉」「下等な言葉」「教養のない言葉」「洗練されてない言葉」「どんくさい言葉」「下品な言葉」「①田舎者が使う言葉」「②卑しい言葉」「悪い言葉」だと思われてきました。あらたまった③公の場で使ってはいけない言葉だと思われてきました。

方言のことで、私には思い出す過去があります。私は山形県生まれで、山形県育ちです。私が山形県の田舎から出てきて、初めて神奈川県川崎市の日吉小学校へ新採用教師として勤務したときのことです。当時の教頭先生から「東北弁は、汚い言葉だ。あなたが教室の中で東北弁を話すと、子どもたちがそれを覚えしまう。すると、子どもたちがそれをおもしろがって使うようになる。だから教室では、東北弁を使って授業をしないように。」というご指摘を受けました。

新卒で勤務したばかりの(1)新米教師であった私は、その場で教頭先生に直接、「東北弁は決して汚い言葉ではありません！」と申し上げることはできませんでした。しかし、新旧職員が集まる歓送迎会で、私は着任あいさつの際、次のように申し上げました。

「方言は、各地方の人たちの生活の知恵や④魂が入り込んでいる文化的血液としての言葉です。その人たちの人情や思いやりやぬくもりなどの心[B]がこもっている気品のある美しい言葉です。けっして「汚い言葉」ではありません。どうかこのことをわかってほしいです。もちろん、できるだけ教室では共通語で授業をするようにします」と。

私は、どうも日本人は濁音の多い方言を蔑視したり差別したりする傾向[C]があるように思えてなりません。そうした心の根底には、濁色（黒色・褐色・黄色）人種を蔑視したり差別したりする心と同じものを感じるのです[D]が、それは私一人だけでしょうか？　現在でも女性は色白美白にあこがれています。でも、オバマ氏も大統領になりました。日本人の方言蔑視はかなり薄れてきているように思われます。現在では東京に住む人の大多数[E]が地方から来た人になってきています。

平成時代のはじめまで、関東圏内で東北弁で話をすると、人格まで蔑視され差別される風潮がありました。東北弁を使うと、田舎っぺで野暮ったい人間であり、下品、無知、貧困などと結びついた人間観、差別観がありました。テレビやインターネットなどの普及で、東北の人も共通語を使うようになり、東北弁そのものを話さない（話せない）子どもが増えてきています。ズーズー弁は言葉の⑤淘汰とともに、絶滅していく運命なのかもしれません。しかし、生き残った言葉だけが本当に美しい言葉・正しい言葉なのでしょうか？　汚い言葉のように思われているものにも、長い歴史と文化と人情が息づいているのです。私は、そうした日本の地域に根ざした方言が「和食」と同様、日本の無形文化遺産に登録される日が来たらいいなと思わずにはいられません。

荒木茂「音読・朗読・表現よみの学校」を参考にしました。

問一　「A東北方言は」の述部を答えなさい。
問二　文章中①～⑤の漢字の読みを答えなさい。
問三　文章中B～Eの「が」のうち、用法の違うものを一つ選び、記号で答えなさい。
問四　「⑴新米」と同じ読み方をする熟語を次から一つ選び、記号で答えなさい。
ア　青空　　イ　金属　　ウ　職場　　エ　手配
問五　本文の内容と合っているものを次から一つ選び、記号で答えなさい。
ア　方言は昔からある言葉だが、下品で汚い言葉なので、教室など公の場で使うべきでない。
イ　方言は歴史があり、人々の生活に知恵や魂が入り込んでいる言葉だから、様々な場面で使うべきである。
ウ　日本人は方言のように濁音の多い言葉や濁色人種を蔑視する傾向があるが、これは島国特有の閉鎖性による。
エ　テレビやインターネットなどの普及で、方言を話す子どもが減ってきている。

「こんにちは」を英語では「ハロー」、中国語では「ニーハオ」、フランス語では「ボンジュール」といいます。では「イランカラプテ」というのはどこででしょう?　――実はこれ、アイヌ語なのです。現在、国内でアイヌ語を話す人口は十人程度といわれています。近い将来、アイヌ語は絶滅するでしょう。方言も同様で話す人がいなければ、いずれは消えていく運命にあります。筆者のいう方言の「無形文化遺産」登録は、現実味を帯びていると思います。「ふるさとの　訛《なまり》懐かし　停車場《ていしゃば》の　人ごみの中に　そを聴きにゆく」（石川啄木《たくぼく》）は、遠い昔の風景になってしまったのです。

問一は「述部」というのがヒント。問二は漢字の読み。①は熟字訓。熟字訓とは、漢字一字一字の音・訓の読みに関係なく、その二字以上の熟語になってはじめて読むことのできる熟語のことです。生き物（「百足《むかで》・海星《ひとで》」）や天候（「五月雨《さみだれ》・吹雪《ふぶき》」）に関わることばに多いですが、「土産《みやげ》・凸凹《でこぼこ》・山車《だし》」なども熟字訓です。③④は四文字の訓読みをもつ漢字を答えます。「頂《いただき》・雷《かみなり》・杯《さかずき》」なども該当します。ちなみに常用漢字で、五文字の訓読みをもつ漢字には「志《こころざし》・承《うけたまわ》る」があります。⑤は「テーマ別研究1　漢字」にある形声文字の読み方を参照にしてください。「氵」（さんずい）をとって「匋太」を読んでみましょう。問三は文法問題。一つだけ助動詞に付いた接続助詞があります。問四は漢字の読み方の問題。アは訓読み。イは音読み。ウは重箱読み。エは湯桶《ゆとう》読みです。問五は本文の趣旨に合う内容を選びます。こういう問題は、だいたいどこか一カ所が間違っているので、消去法が効果的です。アは「下品で汚い言葉」が間違い。イは「様々な場面で使うべき」が違います。ウの「島国特有の閉鎖性」については書かれていません。

【解答】

問一　思われてきました
問二　①＝いなか　②＝いや（しい）　③＝おおやけ　④＝たましい　⑤＝とうた
問三　D
問四　イ
問五　エ

「それが教師に向かって言う言葉か！」――タメ語で話す生徒に、大きな声で注意する先生一人。この先生には、ほとんど全ての生徒が敬語を使います。だから先生も大満足。お互いの関係を良好に保つことが、敬語を使うメリットの一つなのです。お互いの関係!?

敬語は、日本独特の上下関係の中で育まれた「ことばのきまり」の一つです。だから、守らないとおかしくなります。ここでおかしいのは、敬語を使わず先生を怒らせた生徒なのでしょうか、うわべだけの敬語に満足している先生なのでしょうか。

予餞会《よせんかい》（三年生を送る会）で、三年の代表生徒が「先生たちと過ごした中学校三年間は……」と発言しました。「先生たち」は、晩年の教育現場でよく耳にしました。そして、問題文にある、「尊敬しているからこそ、敬語を使わない」

傾向も肌で感じました。時の流れに、人も言葉も変わっていくのです。

【16】次の文章を読んで、あとの問いに答えなさい。

最近、よく「敬語を使え」という人を見かける。小中高校生くらいまでの人のウェブサイトを見ると、どのサイトにも「私のサイトでは敬語を使ってください」とまるで約束事のように書かれている。初対面の相手に向かって「私を敬《うやま》いなさい」というのはものすごく偉そうだ。そして、Aそれに加えて「そんなこともできないような人は社会人失格」とまでいう。日本中の人は自分を敬わなければならないとでも言い出しかねない。

こういうことをいう人は低年齢の人に多いのがおもしろい。まともな社会人なら、きっと相手が自分に向かって敬語を使わないからといって、そう気を悪くすることはないだろう。すぐ人を社会人失格呼ばわりする人のほうが、たいていは社会人失格である。

ある程度年配の人は、敬語をあまり使わない。もちろん目上だからというのもあるが、Bそれは売り手と客という立場でも変わらない。「ちょっとそこの奥さん、今日は大根が安いよ。一本おまけしとくよ。見てるだけじゃなくて買ってってよ。」のどこにも敬語は入っていないが、別に失礼でもなければ変でもない。この問題の奥には、①敬語という言葉の意味が少しずつ変わってきているという現実が見え隠れする。

今では「敬語」は相手を敬う言葉ではなく、自分と相手との距離を表す言葉になりつつある。自分と相手が親しい間がらにある場合には、まず敬語は使わない。つまり、「敬語を使え」というのは、「最初からなれなれしく話すな」ということである。たとえば、学校で先生に敬語を使うかということを考えると、もちろんその場の状況にもよるが、生徒に人気のある先生ほど敬語は使われない。そして、人気のある先生ほど生徒は尊敬しているものだ。尊敬しているからこそ、敬語を使わない。敬語を使わないということは、相手に強い結びつきを感じているということだ。Cそれは友情であったり、愛情であったり、尊敬であったりする。

頭の古い人間は未《いま》だに「最近の若いモンは敬語を使わない」と言うが、Dそれは違う。最近の若いモンは敬語には非常に敏感だ。「敬語を使え」はもはや老人が若者に言う言葉ではなく、若者自らが言う言葉になった。最近になって②変な敬語が耳につくのは、最近の若者が敬語を使わないからではなく、逆に若者が敬語を使うようになったからである。結局、敬語が［③］になってきたのは、時代の流れなのかもしれない。

コラム「敬語は本当に必要か」を参考にしました。

問一　本文中にあるA～Dの「それ」は、それぞれ何を指していますか。

問二　――線①とありますが、どのような言葉に変わってきているのですか。それがわかる部分を十四字で抜き出しなさい。

問三　「②変な敬語」とありますが、次のア～エのうち、敬語の使い方が正しいのはどれですか。次から一つ選び、記号で答えなさい。

ア　失礼ですが何様でいらっしゃいますか。
イ　お隣から粗品をいただきました。
ウ　お花にお水をあげましょう。
エ　冷やし中華はじめました。

問四　［③］にあてはまるものを次のア～エより一つ選び、記号で答えなさい。

ア　自分を下げる言葉
イ　相手を上げる言葉
ウ　相手を思いやる言葉
エ　相手との距離を表す言葉

「先生様」と呼ばれていた時代がありました。私が中学生だった頃、あることがきっかけで、サッカー部の顧問にスパイクで頭を叩かれたことがありました。すると叩かれた部分に、ポイントと同じようなコブができる。これはけっこう目立つので、親もどうしたのかと聞いてくる。こんなとき私は、決して先生にやられたとは言いませんでした。そんなことを言えば、さらに親からも制裁を受けることになるからです。「先生様の言うことに間違いはない」——これが母の信条でありました。

私が教師になった昭和の末期は、まだ定期的に家庭訪問があって、保護者に希望時間を聞いていました。すると、必ず一番最後を希望する父親がいました。娘の学校生活などはそっちのけで、まずは一杯というわけです。夜の八時九時まで飲んでいると、その日は訪問先で一泊となります。翌朝学校に行くと生徒に、「あれっ、先生。ネクタイ昨日と同じだね。」なんて言われたこともありました。その酒の席でよく「先生様」ということばを聞きました。

時は流れ、保護者の先生を見る目は変わりました。これに伴い、先生の立場も変わりました。そして生徒の、先生に接する意識や態度も変わりつつあります。師弟関係の変遷は言葉づかい、特に敬語に顕著です。「ことばのきまり」は今、若者を中心に確実に変化の道を歩んでいるのです。

問一は指示語の問題。このテの問題は容易に抜き出せるものと、内容をまとめた方がよさそうなものとがあります。自分の答えが違和感なくあてはまるかどうかを一つの目安にしてください。問二は「敬語」の変化の記述を十四字で抜き出します。直後の一文に注目し、最後は「～言葉。」で終えましょう。問三は誤用の指摘ですが、あくまでも現状での判断として認識してください。前述したように、敬語もまた、変化しています。アは受付や電話対応中に聞こえてきそうです。発した本人は「様」をつけて敬意を表したつもりでしょうが、ここは「どちら様」が正しい言い方です。イの「粗品」とは、「つまらぬ品物」のことで「粗茶」や「拙宅」、「弊社」や「愚妻」と同じ用法。身内などを示す謙譲表現を相手に使うのはおかしいし失礼です。ウの「お花にお水」は、少しくどいかもしれませんが、丁寧語としては許容範囲です。ただ、「あげる」は本来謙譲語（「差しあげる」「申しあげる」）であったことを考えると、「あげましょう」は、「やりましょう」または「かけましょう」の方が無難だと思います。エの「冷やし中華はじめました。」の「ました」は、頻繁に使われる丁寧語です。初夏食堂の張り紙などでよく見かけます。助詞の省略により、あいまいさが見えてきます。「冷やし中華終わりました」の張り紙は見ませんが、もしあるとすれば、意味は「冷やし中華は（もう）終わりました」です。しかし、「冷やし中華はじめました」に、「は」を入れたらおかしい。ところがこのフレーズは、すでに大衆に定着しています。問四は本文の主題に関わる問題です。言葉は時代とともに変わっていきます。敬語も例外ではありません。③は問二の延長線上にある「敬語の変化」を答えることになります。

【解答】

問一　A＝ウェブサイトで敬語を使うこと。
B＝ある程度年配の人が敬語をあまり使わないこと。
C＝相手に強い結びつきを感じているということ。
D＝最近の若いモンは敬語を使わないこと。
問二　自分と相手との距離を表す言葉
問三　エ
問四　エ

テーマ別研究❸

詩

詩は散文（小説や物語、説明文や評論など比較的自由に書ける文章）に対して、一定のリズムをもつ韻文に属します。短歌、俳句などの仲間ですが、字数制限はありません。『ギネス世界記録』によると、キルギスに伝わる民族叙事詩『マナス』は、50万行以上の長さがあると紹介されています。日本では『鉄道唱歌』が長い歌詞として有名で、1番から399番まであります。詩が短いとは限りません。

中学校では、最初の単元に詩を載せる教科書が多いようです。それは省略や比喩表現などが多いため、作者が何に感動してその詩を作ったかを想像しやすいからだと思います。4月のはじめは、読解力以上に感性を大事にしようというわけです。

【17】次の詩にふさわしい漢字一字を答えなさい。

春に

谷川俊太郎

この気もちはなんだろう
目に見えないエネルギーの流れが
大地からあしのうらを伝わって
ぼくの腹へ胸へそうしてのどへ
声にならないさけびとなってこみあげる
この気もちはなんだろう
枝の先のふくらんだ新芽《しんめ》が心をつつく
よろこびだ　しかしかなしみでもある

いらだちだ　しかもやすらぎがある
あこがれだ　そしていかりがかくれている
心のダムにせきとめられ
よどみ渦《うず》まきせめぎあい
いまあふれようとする
この気もちはなんだろう
あの空のあの青に手をひたしたい
まだ会ったことのないすべての人と
会ってみたい話してみたい
あしたとあさってが一度にくるといい
ぼくはもどかしい
地平線のかなたへと歩きつづけたい
そのくせこの草の上でじっとしていたい
大声でだれかを呼びたい
そのくせひとりで黙《だま》っていたい
この気もちはなんだろう

4月にふさわしい、希望に満ちた作品です。題名に「春」とあるので、この答えは多いと思います。だが、詩の中に「春」はありません。春にもっとも近いのは詩中では「新芽」か。だとすれば、この詩に最もふさわしい漢字一字は「新」かもしれません。別のアプローチはないでしょうか。この詩で繰り返されるフレーズ、それは「この気もちはなんだろう」です。つまり、「気もち」＝「心」がふさわしい一字かもしれません。「心のダム」という印象的な比喩もあります。「春」、「新」、「心」――これらはすべてこの詩にふさわしい漢字なのです。この他にも「エネルギー」→力、「よどみ渦まき〜あふれようとする」→動、「あの空のあの青」→色、また後半にたたみかける7つの助動詞「たい」から連想される漢字一字を答える人もいるでしょう。もちろんそれ以外の漢字だってあります。

ここまで読めば、この答えが多数あることに気づくはずです。この詩だけじゃない。およそ国語の問題は、たった一つの正解で満足しません。逆に、答えすら求めない問題さえ存在します。たとえばこの詩のキーセンテンス、「この気もちはなんだろう」の答えはなんだろう？　それこそ、答えはない気がします。だからこそ「ぼく」には、たくさんの矛盾が生じるのです。ただ「この気持ち」にさせたのが題名にある「春」に関係していることを感じ取ってください。

谷川は「ことばあそびの周辺」と題するエッセイの中で、五十音についてこう述べています。「〈あいうえお〉はやわらかく明るく、〈かきくけこ〉は硬くてリズミカル、〈さしすせそ〉は少しさびしい感じで、〈なにぬねの〉はなめらかだった。〈ぱぴぷぺぽ〉や〈がぎぐげご〉、そして〈にゃにゅにょ〉や〈りゃりゅりょ〉など、基本の五十音から派生してきた音も、それぞれに違った表情をもっていて、私たちにことばを声に出す楽しさと、ことばの音のもつ表現力の豊かさを教えた」。そして彼は詩の中でこれを具現化しました。

【18】次の詩を参考に五行の詩を作りなさい。

あいうえおっとせい（抄）

谷川俊太郎

あさ
いすの
うえで

あざらし
まじめに
ちずを

えらそうに
おっとせい
なぜか
のぞいてる

かんがるーの
きって
ばかで
びじんの

くれた
けむくじゃらの
こぐま
ぶた
べそかいて
ぼんやり

なかがいい
うなぎ
もぐら
こかげで
ごもくならべ
よっぱらって
よっぴいて
こっぷ
ぺろぺろ
すっぽん

問題文に「詩を参考に」とあるから、五行の詩は特定の五十音を使い、かつひらがな表記でなければなりません。また連の中に、「おっとせい」、「かんがるー」、「うなぎ」など、必ず生き物を登場させる必要があります。さらに見逃せないのは、すべての連が読むと楽しくなる仕組みになっていることです。登場する動物のしぐさを、どうしてもイメージしてしまう。そんなことを意識して、「ことばの音のもつ表現力」を発揮させてください。

【解答例】

ぱぱの　はじまりは
ぴんちで　ひとりでも
ぷりんを　ふたりで
ぺーした　へいわに
ぽにー　ほっきょくぐま

【19】 次の詩を読んで、あとの問いに答えなさい。

虹の足

吉野 弘

①雨があがって
②雲間から
③A乾麺みたいに真直《まっすぐ》な
④陽射しがたくさん地上に刺さり
⑤行手《ゆくて》に榛名山《はるなさん》が見えたころ
⑥山路を登るバスの中で見たのだ、虹の足を。
⑦眼下にひろがる田圃《たんぼ》の上に
⑧虹がそっと足を下ろしたのを！
⑨野面《のづら》にすらりと足を置いて

⑩虹のアーチが軽《かろ》やかに
⑪すっくと空に立ったのを！
⑫その虹の足の底に
⑬小さな村といくつかの家が
⑭すっぽり抱かれて染められていたのだ。
⑮それなのに
⑯家から飛び出して虹の足にさわろうとする人影は見えない。
⑰——おーい、君の家が虹の中にあるぞオ
⑱乗客たちは頬を火照《ほて》らせ
⑲野面に立った虹の足に見とれた。
⑳多分、Bあれはバスの中の僕らには見えて
㉑村の人々には見えないのだ。
㉒そんなこともあるのだろう
㉓他人には見えて
㉔自分には見えない幸福の中で
㉕格別驚きもせず
㉖幸福に生きていることが——。

問一　この詩を二つに分けるとしたら、後半の始まりはどこからですか。番号で答えなさい。
問二　——線A「乾麺みたい」なものとは何ですか。
問三　⑧および⑪行目の終わりに省略されている共通のことばを詩の中からさがして書きなさい。

問四　⑳行目にある「Bあれ」とは何ですか。

問五　㉖の「――」のあとに省略されていることばを、詩の中から見つけて書きなさい。

問六　「虹の足」を見た作者は、幸福についてどのように感じていますか。次から一つ選び、記号で答えなさい。

ア　雨があがって雲間から虹が見えたように、幸福も不幸な出来事のあとにやってくるものだと感じている。

イ　はかなく消える虹を見て、幸福もまたシャボン玉のようにすぐに消えてしまうものだと感じている。

ウ　人は一人では生きていけないものだから、幸福もまた人の助けがあってはじめて実感できるものではないかと感じている。

エ　虹の足の中にいるとそれが見えないように、幸福の中にいるとそのありがたさに気づかないこともあるのだと感じている。

比喩（「乾麺みたいな」）、倒置（「見たのだ、虹の足を。」）、強調「下ろしたのを！」）、呼びかけ（「――おーい、」）、省略（「生きてることが――。」）……多彩な表現技法を駆使して詩の魅力、おもしろさを存分に発揮した作品といえます。「他人には見えて」「自分には見えない幸福」――これこそが作者の主張です。人は幸福の中で生きているとき、その幸福に気づかずに生きているのではないか。全くもって同感です。「健康な人は、自分の健康に気づかない。病人だけが健康を知っている。」とは、ハンブルクの船主カール・ライスの言葉ですが、私も大病を経てはじめて、何気ない日々の健康に感謝するようになりました。『星の王子さま』にも出てくるように、「大切なものは目に見えない」のかもしれません。

出題のポイントは問三・問五にあるように、見えているものから見えないものを考えるところにあります。

さて問一ですが、このように一連構成の詩を、意味上または形式上分ける問題はよく目にします。この詩は意味上、作者がバスの中から見た「虹の足」についてと、そのことから気づかされた発見（主張）とに分けられます。問二も、たとえられた対象物を答える、頻度の高い問題です。「～みたい」とか「～のような」といった表現（直喩）は、比較的近いところにたとえたものが書かれています。例をあげると「雪のような白い肌」（雪→肌）、「事故現場はさながら地獄だった」（事故現場→地獄）などです。問三は、省略されていることばを見つける問題。省略されていることばは、必ず詩の中にあると思って間違いありません。問四は、作者がバスの中で見たアーチ状の「あれ」のことです。問五も問三と同じで、省略されていることばは詩中にあります。問六は詩の主題に迫る内容をつかむ選択問題です。選択問題はきわめて安易な問題以外、消去法で正解を導く方法が基本になります。アは「幸福も不幸な出来事のあとにやってくるもの」というところが誤りです。たしかにこの二つ（幸福と不幸）は人生において繰り返し訪れることが多いかもしれません。しかし必ずしもそうとは限りません。また、作者の感じ方として、幸福は「すぐに消えてしまうもの」というのは、この詩からは読み取れません。したがってイも消去できます。ウに書いてあることは一見間違いではなさそうですが、詩の主題とは重なりません。㉒の「そんなこと」とは、虹のはかなさではなく、「他人には見えて自分には見えない幸福」の中で「幸福に生きていること」です。だからウの「他人の力を借りてはじめて実感できるもの」というところは、作者の感じ方とは異なります。

　蛇足ですが「虹」がなぜ虫（むしへん）なのか調べてみました。というのも「蚊《か》」はブーンと鳴くから虫＋文《ブン》、「虻《あぶ》」はボーと羽音が聞こえるから虫＋亡《ボウ》……これらは、話のタネとしてはおもしろいですが根拠はありません。ということで、「虹」の虫にも何かワケがあるかもと思ったからです。ところが結局のところ、虫は直接関係していませんでした。ただ、漢字の「虹」に「虫」がつくのは、蛇を表す虫（むしへん）に「貫く」を意味する「工」の字で「虹」という漢字ができたのだそうです。大昔は小さい生き物は十把《じっぱ》一絡《ひとから》げに「虫」呼ばわりされていたようです。「蛙《かえる》・蛇《へび》・蟹《かに》」などはその名残《なごり》なのでしょう。

【解答】

問一　㉒
問二　陽射し
問三　見たのだ
問四　虹の足
問五　あるのだろう
問六　エ

【20】次の詩を読んで、あとの問いに答えなさい。

うち　知ってんねん

島田　陽子

あの子　①かなわんねん
かくれてて　おどかしやるし
そうじは　なまけやるし
わるさばっかし　しやんねん
そやけど
よわい子ォには　やさしいねん
うち　知ってんねん

あの子　かなわんねん
うちのくつ　かくしやるし
ノートは　のぞきやるし
わるさばっかし　しやんねん
そやけど
ほかの子ォには　せえへんねん
うち　知ってんねん

そやねん
うちのこと　かまいたいねん
うち　知ってんねん

問一　この詩は何連構成ですか。
問二　この詩に使われている表現技法を次から選び、記号で答えなさい。
ア　擬人法
イ　対句法
ウ　反復法
エ　体言止め
問三　「うち」が「あの子」について「知って」いることを三つ書きなさい。
問四　「①かなわんねん」とは、この場合どういう意味で使われていると思われますか。次から一つ選び、記号で答えなさい。

ア　あの子を持て余している
イ　あの子には負担が大きすぎる
ウ　あの子に我慢ができない
エ　あの子の願いは叶わない

問五　このあと「うち」は、「あの子」にどう対応したと思いますか。五十字程度にまとめなさい。

方言の詩です。「テーマ別研究2」の文法のところで、方言の将来を心配しましたが（【15】）、こんな佳作を目の前にすると、いつまでも残ってほしいと強く思います。自分のことを「うち」と言うのは、方言（関西弁？）だったようです。しかし、最近では全国的に幼児から二十歳前後の女性が口にする傾向にあります。ちなみに一人称はたくさんあって、「私・僕・俺」の他にも、「自分・おいら・わし・わたくし」などがあります。作者の島田陽子は東京都出身ですが、10歳から大阪で暮らしました。なお、清純派女優として映画やドラマで活躍した、あの島田陽子とは別人です。

小学校時代の思い出は誰にだってあります。私は父の仕事の都合で、小五の終わりに静岡から千葉に転校しました。その際、担任の先生から「金光君　お元気で　さようなら」と書かれたカセットテープをいただきました。中にはクラスメイトからのお別れの声や当時の流行歌、校歌などが録音されています。当時私は、〝いたずら五人組〟の一人でした。だから級友のメッセージは「千葉の学校に行ったら先生に怒られないようにしてください。」とか「友だちと仲良くしてください。」といった忠告が多かったです。「わがままなところがあり、級友とのけんかが絶えなかった。」（小三1学期）、「自分勝手な言動を改めることができず残念」（小四3学期）――こんな所見が通知表にありました。恥ずかしいことに、今では記載を控えたくなるような表現が満載でした。こんなにダメな子どもだからでしょうか、このごろノスタルジックな思いが止みません。先生方にはずいぶん迷惑をかけました。その小五の恩師は令和3年12月、84歳で鬼籍に入られました。

わき出づる　いずみの姿　変われども　流るる先に　幸久《さきく》ませ友　（拙詠）

さて問一ですが、連は一行あけることで示されます。問二は、表現技法の理解を問う問題。アの擬人法は、人でないものを人の行為として表現したものをいいます。「鳥がさえずる→鳥が歌う」、「雨が降る→空が泣く」、「希望がもてる→明日が笑っている」などです。イの対句法とは、「AはB、CはD」のパターンをとる表現法をいいます。「君は西へ行け。私は東に行こう。」、「今日も残業、明日も残業」や漢詩（【57】参照）にもよく見られます。問題の詩では、第一連の「おどかしやるし」と第二連の「かくしやるし」、また第一連の「そうじは　なまけやるし」と第二連の「ノートは　のぞきやるし」が対句です。また、「（そやけど）　よわい子ォには　やさしいねん」と「（そやけど）　ほかの子ォには　せえへんねん」も対句になっています。ウの反復法は、同じ言葉（または似た言葉）を繰り返す表現法のことです。「会いたい　君に会いたい」（「エメラルドの伝説」）や「それだから、走るのだ。信じられているから走るのだ。」（「走れメロス」）など。問題の詩では、「あの子　かなわんねん」や「うち　知ってんねん」が反復法に該当します。なお、イの対句法とウの反復法は、同じような言葉を繰り返すという点で似た表現技法ですが、対句法は同じパターンの繰り返しであり、反復法は同じ（または似た）言葉の繰り返しという違いがあります。エの体言止めは、文や句を体言（名詞）で終える表現技法のことで、その体言を目立たせる効果があります。「赤いくだものといえば、私はイチゴ。」、「あの夏の　君に出会える　交換日記」（拙句）など。問三は、詩の内容を問うています。「うち　知ってんねん」は、詩題を除き各連の最後に三つあります。直前の部分に注目してください。問四は、この詩の中での意味です。問五には正解がありません。大切なのは「うち」と「あの子」の行く末に思いをはせること。想像力を働かせ、字数制限を意識してまとめてみましょう。

【解答】

問一　三連構成
問二　イ・ウ
問三　①弱い子には優しいこと。

②他の子には悪さをしないこと。
③私をかまいたいこと。
問四　ア
問五　**例**「うち」に興味をもっていることを知ってからは、これまでのように素直な行動がとれず、他人行儀な対応をした。（52字）
例「うち」は「あの子」を意識するようになり、少しずつひかれていき、「うち」も「あの子」と同じような対応をした。（54字）

【21】次の詩を読んで、あとの問いに答えなさい。

サーカス

中原　中也

幾《いく》時代かがありまして
　①茶色い戦争ありました

幾時代かがありまして
　冬は疾風《しっぷう》吹きました

幾時代かがありまして
　今夜②此処《ここ》でのひと盛り

　今夜此処でのひと盛り
サーカス小屋は高い 注1 梁《はり》
　そこに一つのブランコだ
見えるともないブランコだ

頭倒《さか》さに手を垂れて
　汚れ木綿《もめん》の屋根のもと
③ゆあーん　ゆよーん　ゆやゆよん

④それの近くの白い灯《ひ》が
　安値《やす》いリボンと息を吐《つ》き

観客様はみな鰯《いわし》
　咽喉《のんど》が鳴ります牡蠣殻《かきがら》と
ゆあーん　ゆよーん　ゆやゆよん

　屋外は真ッ暗　暗《くら》の暗《くら》
夜は 注2 劫々《こうこう》と更《ふ》けまする
落下傘《らっかがさ》奴《め》の 注3 ノスタルジアと
ゆあーん　ゆよーん　ゆやゆよん

『山羊《やぎ》の歌』より

注1 梁＝屋根の重みを支える横柱。 注2 劫々と＝はてしなく長い時間をかけてゆっくりと。 注3 ノスタルジア＝故郷を思う心。望郷心、郷愁《きょうしゅう》。

問一　この詩を意味上三つに分けたとき、第二・第三のはじまりはどこからですか。それぞれ上の番号で答えなさい。

問二　「①茶色い戦争」とは、どういう戦争のことですか。最適なものを次のア〜エから選び、記号で答えなさい。

ア　絵本の中の架空の戦争。
イ　暗いイメージの悲しい戦争。
ウ　セピア色に変色した過去の戦争。
エ　どこか遠くで起こった知らない戦争。

問三　「②此処」とはどこのことですか。詩の中から抜き出しなさい。

問四　――線③は、何の様子をたとえていますか。次のア〜エから一つ選び、記号で答えなさい。

ア　時代が移り変わる様子。
イ　サーカス小屋の中の様子。
ウ　空中ブランコのゆれる様子。
エ　木綿でできた小屋の屋根が風になびく様子。

問五　――線④「それ」とは何のことですか。詩の中から四字で抜き出しなさい。

問六　次の文章は、この詩について書かれたものです。これを読んであとの①〜④に答えなさい。

七五調、［A］連からなる詩です。全体的に行の上げ下げに気づかされ、さらに最終連はすべての行が下げられています。ここから視覚的に「揺れ」が生じます。この「揺れ」こそが［B］なのです。
c非日常のかすかな空間を詩に表現することで、暗い時代に生まれた自分を素直に出そうという意図がうかがえます。サーカスといえば、今ではもうほとんど姿を見ませんが、昔は街々を移動し、広場に大きなテントを張って、人々を楽しませてくれたものでした。サーカスが来ればみんな喜び、ワクワクしながら開演を待ちました。その時だけは現実のつらさや苦しさを忘れさせてくれる、そんな夢の世界の象徴としてのサーカス。特にみんなが楽しみにし、スリルに息をのんだ演目が空中ブランコです。しかし、作者はその最大の演目に対して、「D」というのです。これは作者がサーカスの非日常性さえも離れたことを示唆します。そう考えるとしたら、サーカス自体が幻想なのではないかと思わせる表現です。そう考えると「観客＝鰯」や「咽喉鳴り（歓声）＝牡蠣殻（ガラガラ）」との整合性が保たれるような気がします。

① A にあてはまる漢数字を書きなさい。
② B にあてはまることばを詩の中から抜き出しなさい。
③ 「c非日常のかすかな空間」とは、何のことですか。詩の中から四字で書き抜きなさい。
④ 文中 D にあてはまることばを、詩の中から七字で書き抜きなさい。

夭折《ようせつ》の詩人、中原中也は甘いマスクと独特の表現で現在でも多くの人気を博しています。独特の表現といえば、この詩の核をなすオノマトペ「ゆあーん ゆよーん ゆやゆよん」は、柔らかい響きで感覚的なゆらぎを作品に与えています。まさに「見えるともないブランコ」です。出典『山羊《やぎ》の歌』には、中也のもう一つの代表作「汚れつちまつた悲しみに……」も収録されています。

詩を意味の上で分けるとき、判断基準になる主なポイントに場所と時間があります。問一の場合、場所として①前口《まえこう》上《じょう》・②サーカス小屋・③屋外で分けることができます。ちなみに形式上三つに分けるなら、「ゆあーん ゆよーん ゆやゆよん」で切ることもできます。問二は「色」に着目。茶色からアの戦争は浮かびません。イはイメージとして候補の一つですが、「黒い戦争」のほうが近そうです。エの戦争も茶色をイメージするものではなさそうです。問三は、前口上をしている場所を答えます。問四の表現はおもしろい。失敗したら命も危うい空中ブランコですが、この表現からはそうした緊張感、緊迫感が伝わってきません。これはもちろん作者の意図したところであって、サーカスそのものを幻想的にさせる効果があります。問五は既述の繰り返し表現（9・10の「ブランコだ」）がヒント。問六の①②④は適語補充。③は言い換えたものを書き抜く問題。「四字」をヒントにします。

【解答】

問一　第二＝8　第三＝19
問二　ウ
問三　サーカス小屋
問四　ウ
問五　ブランコ
問六　①八　②ブランコ　③サーカス　④見えるともない

【22】次の詩を読んで、あとの問いに答えなさい。

死なない蛸《たこ》

萩原朔太郎

ある水族館の水槽《すいそう》で、ひさしい間、飢えた蛸が飼われていた。地下の薄暗い岩の影で、青ざめた玻璃《はり》天井の光線が、いつも悲しげに漂っていた。

だれも人々は、その薄暗い水槽を忘れていた。もう久しい以前に、蛸は死んだと思われていた。そして腐った海水だけが、埃《ほこり》っぽい日ざしの中で、いつも硝子《がらす》窓の槽《おけ》にたまっていた。
①けれども動物は死ななかった。蛸は岩影にかくれていたのだ。そして彼が目を覚ました時、不幸な、忘れられた槽の中で、幾日《いくにち》も幾日も、おそろしい飢餓を忍ばねばならなかった。どこにも餌食《えじき》がなく、食物が全く尽きてしまった時、彼は自分の ② をもいで食った。まずその一本を。それから次の一本を。それから、最後に、それがすっかりおしまいになった時、今度は胴を裏がえして、内臓の一部を食いはじめた。少しずつ他の一部から一部へと。順々に。
かくして蛸は、彼の身体《からだ》全体を食いつくしてしまった。外皮から、脳髄《のうずい》から、胃袋から。どこもかしこも、すべて残る隈《くま》なく。完全に。

ある朝、ふと番人がそこに来た時、水槽の中は空っぽになっていた。曇った埃っぽい硝子の中で、藍色《あいいろ》の透き通った潮水《しおみず》と、なよなよした海草とが動いていた。そしてどこの岩の隅々にも、もはや生物の姿は見えなかった。蛸は実際に、すっかり消滅してしまったのである。
③けれども蛸は死ななかった。彼が消えてしまった後ですらも、なおかつ永遠にそこに生きていた。古ぼけた、空っぽの、忘れられた水族館の槽の中で。永遠に——おそらくは幾世紀の間を通じて——あるものすごい欠乏と不満をもった、④人の目に見えない動物が生きていた。

（注）原作を現代語表記に変えてあります。

問一　——線①とありますが、それはなぜですか。簡単に答えなさい。
問二　② にあてはまる体の一部を答えなさい。
問三　——線③とありますが、それはなぜですか。簡単に答えなさい。
問四　——線④とはどんな動物ですか。三十字以内で答えなさい。

萩原朔太郎は「日本近代詩の父」と呼ばれる詩人です。日本の散文詩（散文形式で書かれた詩）を確立した人物でもあります。参考までにいうと散文詩には、「死なない蛸」のように連ではなく段落が存在することもあります。だから見かけは普通の文章と変わりません。端的な表現で感動の中心や思い、主張が書かれていれば散文詩です。「死なない蛸」は、萩原が晩年に発表した『宿命』に収録されています。この中の冒頭で萩原は散文詩について私見を述べています。（その内容はここでは割愛します。青空文庫にあるので、興味のある人は読んでみてください。）

今、水族館ブームが起こっています。それは利用者のブームではなく、デベロッパー（土地開発業者）の立場から見た企画・開発のブームです。そしてより生物に優しい水槽環境の開発も進んいます。今の時代であれば、詩中の「蛸」も違った生き方になったことでしょう。しかしそれが、蛸にとって幸せかどうかは別問題です。

問一と問三は、質問文は同じですが答えは違います。「①けれども動物は死ななかった」の「動物」は「蛸」ですが、「③けれども蛸は死ななかった」の「蛸」は、あの軟体「動物」ではない。つまり、問一は「生命」にこだわり、問三は「生命」を超越したところにあるのです。リアリズムの世界から始まった詩の空間は、段階を踏んで非現実性を帯び、シュールレアリズム（超現実主義）の世界に突入します。こうした世界観は見方によれば、中原中也の「サーカス」にもあてはまります。問二の答えは、蛸が食う自身の体の一部ということになりますが、この時点では全く非現実的とはいえません。というのは、「食物が全く尽きてしまっ」ても、心臓から最も遠い体の一部から食べていくからです。水族館の水槽の蛸が非現実的生命を宿すのは、「それがすっかりおしまいになった時」でしょう。問四は「人の目に見えない動物」なのだから形もないはずです。つまり、肉体のないまま生き続けていることになります。これはもはや現実の自然界ではあり得ません。蛸は己を食い尽くすことで蛸でなくなり、したがって形のある動物を超越し、永遠に生き続けることで、つまるところ「目に見えない動物」になったのではないでしょうか。（「目に見えなくても存在するもの」は【61】にもあります。）

この蛸を作者自身と考えることもできましょう。萩原の心理状態の投影。飢えた状態は不平不満を表し、心の死を意味します。自食が自身の身体の一部になるのは、爪をかんだり体に傷をつけたりする、自傷行為に近いものがあるように思います。そしてそのあとに残るのは、「空っぽになっ」た水槽、すなわち心です。心をなくした肉体は、「ものすごい欠乏と不満をもった」萩原朔太郎、その人なのかもしれません。

【解答】

問一　岩影にかくれて寝ていたから。
問二　足
問三　生死を超えたところで生きているから。
問四　例 欠乏と不満が一つになった形のない、生命を超越した動物。（27字）

【休み時間】

学校

拙作

夏休みが明け、
君の顔が学校に戻ってきた。
陽に焼けた元気な肌に
僕は強く勇気づけられ、
負けるものかと励まされる。
夕陽を吸い込むうしろ姿に
僕も今日の充実感を覚え、
明日の笑顔を確信できる。
夏休みが明け、
君の顔が学校に戻ってきた。
ひざっこぞうをポンとたたいて
さあ、
僕に学校が戻ってきた。

未来のペンキ屋さんへ

拙作

中一の時はピンク色。
入学当時に新しい教室から見た
桜の花びらの色。
憧れの先輩に出会うたびに
そっと染めた頬の色。
それは純粋な心の色。

中二の時は緑色。
部活動の休憩時間、
友だちと芝生に寝転がって仰いだ
木々の葉っぱの色。
大きな行事が楽しくて
本当に生き生きしていた
私にとって青春の色。

中三の時はあかね色。
いろんな人に会って、

いろんなことがあって、
いろんな未来を考えて
休むことなく燃えていた。
帰り道に見た夕焼けに
ふと卒業を感じ始めた
短くなったローソクの色。

未来のペンキ屋さん！
来年の私は何色ですか？

テーマ別研究❹

説明文・論説文

次にある四つの文章は、かつて中学校の教科書に載っていた説明文の冒頭部分です。これを読むと、ある共通点に気づくでしょう。

温かい牛乳を飲むために、カップに注いだ牛乳を電子レンジの中に入れて、時間などを設定し、スタートボタンを押します。すると、牛乳は、わずか四十秒程で飲み頃の温度になります。私たちが毎日のように使っている電子レンジは、火を使わずに物を温めることができる、とても便利な調理機器です。

火を使わずに加熱ができるのは、どのような仕組みによるのでしょうか。

古田ゆかり「電子レンジの発想」

かつて、路面電車は日本の都市交通の主役であった。今日のように、自動車が一般に普及する前までは、身近な公共交通機関として、町の人々の足となっていた。

しかし、一九六〇（昭和三十五）年ごろを境に、路面電車は、しだいに経営が悪化し、路線の縮小や廃線に追い込まれていくようになった。そして、二〇〇〇（平成十二）年には、わずか十八都市で走るのみとなり、今日にいたっている。

ピーク時には、六十五都市にも施設されていた路面電車は、なぜ衰退してしまったのであろうか。

伊奈彦定「古くて新しい路面電車」

フシダカバチには、全く不思議な力がある。

一つは、幼虫の食べ物にするゾウムシを、実に見事な方法でいつまでも保存しておくことである。もう一つは、似たような形や大きさの昆虫がいくらでもいるのに、それらには目もくれず、ゾウムシだけを捕まえてくることである。
そこには、どのような秘密が隠されているのだろうか。

アンリ・ファブール／古川晴男 訳「フシダカバチの秘密」

植物には、それぞれ固有のにおいがある。中でも、ワサビ・ニンニク・ニラ・シソ・レモンなどは、特に強いにおいをもっている。いろいろな生物の本を調べてみると、植物のにおいの中で、花のかおりについては、「昆虫を呼び寄せて、花粉をおしべからめしべに運ばせるのに役立つ。」と説明されている。しかし、葉や茎、根や実から出るにおいの役割については、ほとんど書かれてはいない。植物が体から出すにおいには、どんな働きがあるのだろうか。

岩波洋造「植物のにおい」

説明文とは、何かについて説明をしている文章のことです。何を説明するかというと、私たち読者がよくわかっていない（だろう）ことを説明するのです。わかっていないことは、私たちの身近にある電子レンジの加熱の仕組みから、路面電車の衰退理由、昆虫や植物のなぞにまで言及します。専門的な内容であれば、よくわからない専門用語がいくつか登場するでしょう。そんな難解な文章を、いかに読者にわかりやすく伝えるか、そこに筆者の〝苦労のあと〟がうかがえます。表現に工夫を凝らしたり、必要に応じて写真や挿絵、グラフや表を載せたりするのはよくあることです。

このように筆者の苦労はさまざまですが、四つの説明文に関する共通点はわかったと思います。それは、問題提起の文（疑問文）の存在です。しかも多くの説明文は、形式段落の比較的早い段階でその姿を現します。極端な言い方をすれば、説明文は「問題提起→例示→分析（比較）→答え」のパターンをとることが多いのです。もちろん例外はありま す。しかし文章の構成上、一定のパターンを使う方が読者には理解されやすいはずです。そこで説明文の読解は、まず何について説明していて、どんな問題を提起しているか、そして、その問題提起に対する答えをつかむことが大切になってきます。

【23】次の文章を読んで、問題提起とその答えを指摘しなさい。

目をあけていれば、ぼんやりしていても、いろいろなものが目に入ってくる。これが「見える」ということである。もっとよく見ようとするには、目を凝らして「見る」ようにしなくてはならない。文章を読むには、この「見る」でもまだ十分ではない。いったい読書の本質とは、どういうものであろうか。

同じ本を読んでいても、人によって感想が大きく食い違うことがある。かりに、同じ景色を、同じ地点から、続けて二枚の写真に撮ったとする。二枚の写真は同じになるはずである。これが、カメラではなくて、二人の画家が同じ所から同じ風景を描くとすると、できあがる絵は決して同じにはならない。ものを読むのにも、読む人の個人差に影響されない読み方があるとすれば、これはいわば写真のような読み方である。しかし、読書は、読む人個人の解釈が加わって成り立つもので、読書の印象は、画家の絵に似たものといえる。読書は写真を撮るようなものだと考える人にとっては、読み方が人によって異なるのはなぜであるのかわからないかもしれないが、読書は心の中に絵を描くのに似ていると考えれば、それはいかにも自然なこととして納得されるであろう。

同じ山を描くにしても、人が違えば同じ絵にはならない。一人一人の個人差は、山の絵だけでなく、他のものを描く時にも認められる。それが完成された画家の場合なら、画風と呼ばれるものである。画風は一朝一夕にできるものではないが、いったんできあがってしまうと、変えようとしても、なかなか変えられない。文章を書く場合にも、これに似た個性がある。署名がなくても、筆者の見当のつくこともあれば、未知の人の書いた文章から、書いた人の人がらなどが想像できることも少なくない。「文は人なり（ビュフォン＝フランスの哲学者）」という有名なことばもある。この個性は、書くときだけでなく、読むときにも働いている。読むときには、比較的はっきりした形をとらないだけである。ビュフォンの警句（真理をついた短いことば）のもとのことばは、「スタイルは人なり」

であるが、スタイルを文とか文体とか訳してしまうと、書くときだけの個性の問題に限られてしまう。ところが、読むときにも、個人差が重要な作用を及ぼしているのだから、読者にもスタイルを認めてよいように思われる。全くスタイルなしに、ものを読むことはできない。

　書くのに比べて、読むのは、一般に、受け身の活動のように考えられているが、必ずしもそうとは言い切れない。ただ字を拾って読むのでは、本当に読むことにはならない。ことばの意味をまとめて全体を理解するには、読者の解釈が必要である。読者の側のそういう積極的な働きがあるから、同じ本を読んでも、それぞれに違った心の絵になるのである。文章を書くことが創造であると同じように、ものを読むのもまた、創造でなくてはならない。

外山滋比古《とやましげひこ》「読者の創造」


　外山滋比古は日本を代表する言語学者の一人で、令和2年に亡くなるまで、日本語に関する著書などを数多く発表しました。この文章を読むと、読者は画家に近いことがわかります。「心の絵」は、発想や視点、感情や経験などが互いに作用し合い、個性的な色を生み出し、完成していきます。だから、同じ本を読んでも、人によって感想が異なります。しかし「心の絵」は、同一人物の中でさえ、同じ本を読んでも完成が違うように思えるのです。

　私が小学一年生か二年生の頃だから、もう半世紀以上も前のことです。『やまのこのはこぞう』という課題図書がありました。表紙の女の子の大きな顔が印象的だった本で、森には「このはこぞう（木の葉小僧）」という恐ろしい化け物がいて、木の実を取ったら家に帰さない。――そんな内容でした。幼い私はその本が怖くて、このはこぞうの存在を知ってしまったからには、食われてしまうんじゃないかと震えていました。そして数十年後にこの本と再会し、懐かしさも相まって、一気に読んでしまいました。しかし、私にはもう、小学生のときに味わった、なんとも言えぬドキドキ感や結末に対するワクワク感が消えていました。結末など全く忘れていたのに、森との共生や裁判の仕組みといったことを気にして、ピュアな色が出せなくなっていたのです。加齢とともに「心の絵の具」も減ってしまいました。

　話を戻しましょう。四段落構成のこの文章は、第一段落で問題を提起し、次の段落で読書を絵画にたとえて説明しています。第三段落ではさらにそれを発展させ、「読書も人なり」を示唆し、最終段落で結論を述べています。説明文の体裁をとってはいますが、筆者のユニークな読書論が読み取れる論説文の色彩が強い文章です。説明文が説明を述べることに重きを置くのに対し、論説文は書き手の主張に重きが置かれます。だから論説文は、問題提起を必ずしも必要としないし、それに対する客観的な答えがなくてもかまいません。論説文の読解でもっとも必要なことは、作者の主張、つまり「論」をしっかりつかむことなのです。

【解答】

問題提起＝読書の本質は何か。
答え＝読書も創造である。

【24】次の文章を読んで、あとの問いに答えなさい。

①親友とは何か。自分のいちばん親しい友だちというものはどういう友だちであるか。私の考えによると、いちばん親しい友だちというのは、いちばん深い孤独を与えてくれる友だちだ。

友情を結んだときの経験をとくと考えてみるとわかるように、昨日まで他人であった人間といきなり親しくなる。あるいは徐々に親しくなる。そういう場合、何がきっかけとなって親しくなるかといえば、言うまでもなくお互いに似たような運命や問題をもっていることだ。しかし、お互いにその問題はわからない。つまりお互いに未知の世界の前に立っている。その入口で心が触れあったとき、はじめて友情というものが結ばれるのである。お互いに相手の考え方や運命がわかってしまったら、［②］われわれは友だちになれないだろう。どうにも解決のできないさまざまの世界をもっているからこそ友だちになるのだ。互いに見知らぬ二つの生命の接触と燃焼と――この真剣な命の交差に友情は成り立つ。

我々を甘やかしてくれる者は決して良友ではない。よく理解してくれようとすることは悪いことではないが、それだけで本当のいい友だちにはなれない。つまり、いい友だちというものは、③わからないところはどこまでもわからないものとしてお互いに追究しあう。あるときは責めあう。しかも、意見の一致などということはない。一つの問題に対してさえ、どんなに二人が異なるかを身をもって知らされるような友情、それが尊いのである。

④表面だけで人と調子を合わせ、理解しあっているような顔をしているところに、決して真の親しさは起こらない。だから、本当の友情というものはかえってつらいものなのだ。友情のつらさを味わうということが本当の友情ではなかろうか。そして、こういう交わりのできるのも青春時代だけだ。人生にはじめて眼をひらき、真剣になったときでなければ、このような友情はできない。年をとるにつれて、我々は友情よりはかえってよそよそしい社交のほうへ落ちてゆく。

親しい間がらでありながら、いかに人間というものはお互いに違ったものであるかということを、はっきり知らせるのが友情だ。青春にとってそれはしばしば驚きであり、 ⑤ でもあろう。

亀井勝一郎「若い人々のための人生論」

問一 「①親友」とは、どういう友だちですか。二十字以内で抜き出しなさい。

問二 ② に入る言葉を文中よりさがして書きなさい。

問三 ――線③と同じ内容を述べた部分を七字で抜き出しなさい。

問四 ――線④を端的に表現した部分を八字で抜き出しなさい。

問五 ⑤ に入る言葉を次から一つ選び、記号で答えなさい。

ア　喜び　　イ　怒り　　ウ　悲しみ　　エ　楽しみ

出典にある「人生論」や内容に見える「友情論」、他に「幸福論」や「恋愛論」など「〇〇論」と呼ばれるものに論説文は多いです。亀井勝一郎は昭和期の文芸評論家で、数多くの名言を残しています。「幸福はささやかなもので、そのささやかなものを愛する人が、本当の幸福をつかむ。」、「愛の敵は、慣れるということである。」――これらは亀井の言葉です。「年をとるにつれて、我々は友情よりはかえってよそよそしい社交のほうへ落ちてゆく」もまた、言い得て妙です。

冒頭から疑問文の連続で、読者はその答えを追うことになります。それこそが筆者の主張であり、ねらいです。説明文の場合、問題提起の答えは文章の後半にあることが多いですが、論説文の場合は、筆者の主張が文章のはじめにあることも少なくない。それは次のテーマ（ジャンル）の評論文にもいえることです。

問一は、筆者のいう親友の定義。七十年も前なのに、今でも通用するところがあるように思います。問二は適語補充。これがなくても意味がほぼ通じるので、接続詞より副詞にねらいをつけます。「文中よりさがして」答えましょう。問三、問四も抜き出し問題。字数が決まっているのでこれを手がかりにしてください。問五は、友情のもつ「驚き」ともう一つを考えます。喜怒哀楽の中でも「喜」や「楽」では当たり前すぎてつまらない。消去法を使って、文章全体の内容から判断してみるとよいでしょう。こうした作業の繰り返しで、きっと読解力は身につくはずです。

【解答】

問一　いちばん深い孤独を与えてくれる友だち。（19字）
問二　かえって
問三　真剣な命の交差
問四　よそよそしい社交
問五　ウ

【25】次の文章を読んで、あとの問いに答えなさい。

A日本では、夏を中心に一年を通して花火大会が開催されている。その数Bは主だったものだけでも千か所以上にのぼり、いずれCも数千から数万人の観客がつめかけて花火を鑑賞する。花火が日本人をこれほどDまでにひきつけるのは、どうしてなのだろうか。

打ち上げ前の花火玉は丸い球体で、中に光Eや色を発する「星」と、花火玉を割って星を遠く飛散させるための「割火薬《わりかやく》」が層をなして入っている。上空で破裂すると、一瞬で火薬の燃焼による花が大きく整った球体に広がる。これが「割物《わりもの》」と呼ばれる花火で、飛び散る星は光の粒となって明るく多彩な色を放つ。そして、その色が何度となく移り変わるという変色のしかけを備えている。これは、発色の違う火薬が二重三重の層になっているためである。

花の花弁や芯になぞらえられる星は、花火の命といわれる。全ての星が一糸乱れず均等に飛び、同時に変色し、消えなければならない。内包する数百の星を均質に仕上げるために、花火師は星の製作に最も神経をつかう。形や燃え方のふぞろいがあればその星はまっすぐに飛ばない。いくつかの星が蛇行することを「①星が泳ぐ」、着火しない星があって均等に広がった光の一部が欠けることを「②抜け星」という。いずれも、理想とする花火の姿を③破綻させてしまう要因になる。

それぞれの星の色合いや変色の具合も、観客の目を楽しませることができるかどうかに影響する。花火の完成度は、色の変化の多さだけではなく、理想の色に見えるか、また、足並みがそろって同時に変化しているかが重要だ。

花火が消える時には、全ての星が一つも残らず一斉に燃え尽きて、全体が一瞬で消えるのが理想で、「消え口がよい」と評価する。④消え際のよい花火は強烈な余韻を残し、開いている時の華やかさとの落差が、より鮮烈な印象とはかなさを見る者の心に焼き付ける。花火師が丹精をこめて作った花火は、こうして夜空で咲き、消え去る時にようやく完結する芸術となるのだ。
⑤現在の花火大会では、一発のできばえはもちろんのこと、それを連続して打ち上げる時の組み合わせやリズムといった演出面も、観客を楽しませるという観点から重要となっている。さらに、追い求めてきた丸く開く花火だけでなく、その技術をもとに、さまざまな形やこれまでにない動きをする花火も生み出され続けている。
　こうして、熟練された花火師によって作られる日本の花火は、世界に誇ることのできる水準となっている。だが、誰もがその仕組みや価値を確認するために、花火を見ているわけではないだろう。花火は、大きな音とともに華やかに夜空に咲き、その直後には跡形もなく消えてなくなってしまう。その印象が、心の中にのみ残るので、⑥人々は何度も見たいと思うのだろう。その一瞬の成果の背後には、花火師たちの高い技術が隠されている。古来より、情緒、風情といった感覚をよく理解し、求める日本人にとって、華やかさとはかなさとを同時に味わえる花火は、実に⑦琴線にふれる、味わいに富んだ芸術なのだと思う。

小野里公成《きみなり》「日本の花火の楽しみ」

問一　――線Aの文は、いくつの文節からできていますか。
問二　文中B～Eのうち、助詞の種類が異なるものを一つ選び、記号で答えなさい。
問三　「①星が泳ぐ」および「②抜け星」の説明を、文中から十～十五字程度で抜き出しなさい。
問四　「③破綻させてしまう」の「破綻させて」と「しまう」の文節の関係は次のどれですか。記号で答えなさい。
　ア　主語・述語の関係　　イ　修飾語・被修飾語の関係　　ウ　並立の関係　　エ　補助の関係
問五　「④消え際のよい花火」とは、どのような花火ですか。文中の言葉を使って答えなさい。
問六　「⑤現在の花火大会」で重視されている演出を、次のア～オの中から二つ選び、記号で答えなさい。
　ア　花火が消えるまでの時間の長さ。
　イ　丸く大きく開いた花火の華やかさ。

ウ　内包する全ての星の均等な飛び方。
エ　開いた時の花火のさまざまな形や動き。
オ　花火を連続して打ち上げる時のリズム。

問七　「⑥人々は何度も見たいと思うのだろう」とありますが、筆者が考える人々にとっての花火の価値として、最も適当なものを次から選び、記号で答えなさい。

ア　最新の演出　　イ　瞬間的な風情　　ウ　花火師の真心　　エ　世界に誇る水準

問八　「⑦琴線にふれる、味わいに富んだ芸術」である理由を筆者はどう考えていますか。次から一つ選び、記号で答えなさい。

ア　美しい花火の仕組みや価値を確認することに、鑑賞の意義を見出しているから。
イ　一瞬の成果である花火に隠された、花火師たちの高い技術に敬意を抱いているから。
ウ　華やかさとはかなさとを同時に味わえる花火に対して、情緒や風情を感じるから。
エ　日本の花火が、世界に比べて高い水準で作られていることに誇りをもっているから。

第一段落に問題提起のある典型的な説明文です。最終段落にその答えが書かれています。専門用語もちらほら見えますが、カギ括弧を使うことで読者にそれを知らせています。これは中学二年生の教科書に載っていた文章です。花火は「華やかさとはかなさとを同時に味わえる」ところが最大の魅力だと思います。目で見て心に残り、思い出となってまた見たくなる……。「人かへる　花火のあとの　暗さかな」（正岡子規）。

問一、問二、問四は文法問題。問一は「日本では、|夏を|中心に|一年を|通して|花火大会が|開催されて|いる。」となります。問二は副助詞の中に一つ格助詞があります。問四の「しまう」には、本来の意味（「やめる」、「かたづける」など）がありません（P36参照）。問三は専門用語の説明部分を指定字数で答えます。問五は最後を「～花火。」で答え

ます。問六〜問八は選択肢のある読解問題。問六は同段落に書いてある内容を答えること。問七は、問題提起「花火が日本人をこれほどまでにひきつけるのは、どうしてなのだろうか」の答えの部分。「心の中にのみ残る」のは、「一瞬の成果」抜きに語れません。問八の解法は消去法が近道。アは「価値を確認する」ためではありません。イの「花火師たちの高い技術」は認めるものの、これが表に出てしまっては本末転倒です。エに関しては、主役はあくまでも花火です。高い水準は大切ですが、花火は世界と比べて「琴線にふれる」芸術ではありません。

【解答】

問一　8つ
問二　E
問三　①＝いくつかの星が蛇行すること。(14字)
②＝均等に広がった星の一部が欠けること。(18字)
問四　エ
問五　全体が一瞬で消える花火。
問六　エ・オ
問七　イ
問八　ウ

【26】次の文章を読んで、あとの問いに答えなさい。

「ピュロンの豚」という有名な話がある。昔、ピュロンというギリシャの哲学者が①航海をしていたところが、大きな嵐が起こって、船は山のような大波にもち上げられるかと思うとまた波間に沈み、乗っている人達は生きた心地もなく、慌てふためき、帆柱にしがみついたり泣き叫んだりした。［②］、その船には一匹の豚がいて、豚はいくら船が揺れて今にも沈みそうになっても少しもこわがらず、平気でいつものように鼻を鳴らしていた。哲人ピュロンは、この豚を見るがよい、といって周囲の人達をたしなめ励ましたということである。どうにもならない事がらに対して、いたずらにこわがったり嘆いたりすることは、不幸を一層大きくするばかりであり、豚に劣るといわれても仕方がない。

しかし③人間は豚ではなく、豚以上のものだ。いたずらに恐れたり嘆いたりするのは愚かだが、船は必ずしも沈むとは限っていない。かといって沈まないとも限っていない。してみれば、豚のように何も知らないで落ちついていることは、本当の幸福ではない。豚とは異なる人間は、恐れるとともにまた理性と意志によって恐怖の対象を取り除く力をもっている。人は、努力をしないでいたずらに嘆くとき豚に劣り、自然や運命を自分の力で克服できる点で豚に勝っているのである。そして、慌てたり、いたずらに心配したりするだけでは正しい判断をすることができないし、逆にまた、現実の事態と取り組んで一生懸命に努力していれば、いたずらに泣き叫ぶこともないだろう。

幸福は物質的条件にあるのではなく、心のもち方にあるといっても、それは何も努力をせず、何も考えず、豚のようになれという意味ではない。もちろんいくら考え、いくら努力しても、どうにもならないこともある。しかしほんのわずかな努力もはいりこみ得ないほど困難な事態というものは、ほとんどないといってもよいのではあるまいか。どうにもならないといいながら、それを怠惰の口実にしている場合が多いのではないだろうか。あきらめは一見幸福に似ているが、実はこれほど幸福から遠いものはない。外的な条件を一歩一歩幸福に近づけていく努力、この努力の中に、内的な幸福がすでに生まれているのである。

私達をとりまく□は多い。それを数え出したら限りがないだろう。だがその前に立ちどまって、まるで自分だけが□でもあるかのように、自分が何か悲劇の主人公でもあるかのように、自分の□を誇張して考えることはやめようではないか。自分の□を誇張することは□を一層大きくするのに役立つに過ぎない。□はいたずらに嘆くべきものではなく克服すべきものであり、私達の理性と意志はそのためにこそあるのである。

矢《や》内《ない》原《はら》伊《い》作《さく》「幸福について」

問一 「①航海」と同じ構成の漢字を次から一つ選び、記号で答えなさい。
ア 握手　イ 比較　ウ 首尾　エ 新年　オ 未定　カ 頭痛

問二 [②]にあてはまることばを次から一つ選び、記号で答えなさい。
ア だから　イ ところが　ウ また　エ さて

問三 ――線③とありますが、人間が豚以上である理由を文中のことばを使って三十字以内で答えなさい。

問四 最終段落の[　]にあてはまる共通のことばを文中から抜き出しなさい。

矢内原伊作は、法政大学の教授を務めた哲学者です。問題文は四段落構成で、内容的には論説文（幸福論）ですから、筆者の主張をつかむ必要があります。前半は例示（「ピュロンの豚」）なので、主張は後半部分にあることがわかります。

お金で幸せが買えるとしたら、いったいいくらまで出せますか。もちろん幸せの〝質〟にもよりますが、今の私ならン万円まで用意しましょう。しかしそのお金でどんな幸せを買おうか。「お金があれば立派な家が買えるだろう。だが家庭は手に入らない。お金があれば高価な時計が買えるだろう。だが時間は手に入らない。お金があれば寝心地のいいベッドが買えるだろう。だか睡眠は手に入らない。お金があればおいしい食事ができるだろう。だが食欲は手に入らない。お金があれば病院に行くことができるだろう。だが健康は手に入らない。お金があれば保険に入ることができるだろう。だが安全は手に入らない。」――これはYouTubeで見た「お金と物質的な豊かさ」についてのショート動画からの引用ですが、「幸福は物質的条件にあるのではな」いことがよくわかります。もちろん必要最低限のお金は不可欠ですが、その必要最低限のお金というのが人によって異なるのです。つまりこの時点で「内的な幸福」はすでに生まれているのかもしれません。

問一は、二字熟語の構成を問う問題で、入試のみならず、漢字検定にもよく出題されます。アは下から上に読んで「手を握る」（握ルレ手ヲ）となります。イは「比べる」と「較《くら》べる」、意味の似た漢字の組み合わせ。ウは「首」と「尾」、意味が反対の漢字です。エは修飾語と被修飾語の関係にある漢字で、オは上の字が下の字を打ち消している二字熟語です。この漢字の構成は、「未」の他に「無（無人）、不（不良）、非（非常）、否（否定）」などがあります。最後のカは上下が主語・述語（頭が痛い）の関係にある二字熟語です。問題文にある「航海」は、「海を渡る」（航ルレ海ヲ）となります。問二は接続詞を選ぶ問題です。こうした問題は、まず、接続詞前後の述部に注目します。この場合、「（船に乗っている人達は）泣き叫んだりした。」と「（豚はいつものように鼻を）鳴らしていた。」です。すると、[②]には逆接が入ることがわかります。問三は記述問題です。人間が豚以上であるには、「人間にあって豚にないもの」を答えることになります。「理由」を答えるので、文末は「〜から（ので・ため）。」にします。問四は、最終段落のキーワードを答えさせる問題です。第三段落のキーワードは、「幸福」（と「努力」）です。この段落だけで五つあって、多用することで読者にそれを知らせています。最終段落の[　]も、多用することで目立たせています。問題文に「文中から抜き出し」とあるので、答えは文中にあります。第一段落に同じことばがあります。

【解答】

問一　ア
問二　イ
問三　例 理性と意志によって恐怖の対象を取り除く力をもっているから。（29字）
問四　不幸

【27】次の文章を読んで、あとの問いに答えなさい。

生命が地球に誕生する確率を表すのに、こんなたとえがあります。「25メートルプールにバラバラに分解した腕時計の部品を沈め、ぐるぐるかき混ぜていたら自然に腕時計が完成し、しかも動き出す確率に等しい」――そのくらい低い確率ですが、ゼロではなかったのです。

化学反応がAヒンパツする可能性に満ちた原始の地球で、何億年という長い時間をかけて、低い確率、というか偶然、というか奇跡、が積み重なりました。そして何よりも、生産性と保存性の高いものが生き残る「*正のスパイラル」が、限られた空間で常に起こり続けることで、偶然が必然となり、生命が誕生したのです。度重なるミラクルの連続により地球に生物が誕生し、まさに奇跡の星ができました。この①奇跡の星はどのくらいの「価値」があるのでしょうか。客観的にBブンセキしてみます。

宇宙人（エイリアン）が地球を訪れることは現実にはほぼありませんが、［②］、私たち地球人のやっているように、宇宙人が別の生命体を探していて、偶然にも地球を見つけたと仮定します。おそらく大興奮するでしょう。ただし彼らは、人類にだけ注目するとはかぎりません。地球の環境や他の生物のほうにより興味を持つかもしれません。どちらかというと人類は、この奇跡の星の環境をCハカイし、我がもの顔で立ち振る舞う「邪魔者」と思われる可能性だってあります。私たち人類ももちろん悪気はないのですが、生まれてからいつも周りにある環境に慣れすぎていて、その「ありがたみ」がわからなくなっているのでしょう。

宇宙人にウケる地球のイチオシはなんでしょう？　私は確信を持って言えますが、他の無機質な惑星と違い、宇宙からの来訪者が一番関心を持つものは、何といっても多様な生物です。なぜ、かくもいろんな生き物がいるのだろうか。植物にしても動物にしても、目に見えない小さな生き物にしても、その種類は数え切れないほどです。

さらに、これらの多様な生き物がうまい具合に共存して、自然の風景に溶け込んでいます。宇宙広しといえども、[③]の価値がある超一級の観光資源でしょう。心ある宇宙からの来訪者は、この環境は壊さないように、何も持ち帰らない、何も壊さないというルールを作り、静かに観察するだけかもしれません。そのくらい貴重で素晴らしい星なのです。

生きているものは裏を返せば「死ぬもの」です。知性を持った人間は、自分たちは特別な存在だと思っていますが、地球の生物の38億年の長い歴史の中では、人類の繁栄は短く、人生は一瞬の出来事に近く、他の生き物と大差ありません。死は全ての生き物に平等に訪れるのです。それは地球で生まれて進化して、同じＤＮＡの起源を持つDドウホウの証でもあるのです。言ってみれば、生き物は④利己的に偶然生まれ、公共的に死んでいくのです。⑤生と死、変化と選択の繰り返しの結果として、ヒトもこの地球に登場することができました。死があるおかげで進化し、存在しているのです。死は現在生きているものから見ると、生きた「結果」であり「終わり」ですが、長い生命の歴史から考えると、生きている、存在していることの「原因」であり、新たな変化の「始まり」なのです。そしてもっとも重要なことは、その生―死を繰り返すことのできる舞台となる地球を、自らの手で壊すことがないように守っていくことです。そうすればまた形を変えて生き物は再生することができるのです。

小林武彦『生物はなぜ死ぬのか』

＊正のスパイラル＝いいことがいいことを呼び、それが次々と重なること。

問一　文中A～Dのカタカナを漢字になおしなさい。

問二　——線①とありますが、その答えを文中の言葉を使って三十字程度で書きなさい。
問三　［②］にあてはまることばを次から選び、記号で答えなさい。
ア　たしかに　イ　しかし　ウ　ただし　エ　もし
問四　［③］に入る四字熟語を次から一つ選び、記号で答えなさい。
ア　唯一無二　イ　一攫千金　ウ　一石二鳥　エ　千載一遇
問五　——線④とは、どういうことですか。六十字程度で説明しなさい。
問六　「⑤生と死」のように、相反する漢字の組み合わせを次から一つ選び、記号で答えなさい。
ア　愛と誠　イ　罪と罰　ウ　今と昔　エ　金と銀

♪僕らの出会いを誰かが別れと呼んだ♪——人の出会いと別れは奇跡と偶然が重なり、そのはかなくも美しい瞬間を虹にたとえた森山直太朗の「虹」。この歌を思い出したら、一つ「整いました」。虹と掛けて生命の誕生と説く。そのココロは……。もうおわかりでしょう。それは、どちらも美しき偶然の産物です。第一段落のたとえは、普通に考えて〝ありえない〟はずですが、何十億年も試す時間があれば〝ひょっとして〟と思うかもしれません。実際に生命が地球に誕生したのですから。考えられない偶然の連続で地球に生命が誕生しました。が、普通では考えられないスピードで環境破壊が進み「負のスパイラル」の結果、今、地球の生き物が激減しています。

問一は漢字の書き。中学で習う漢字もあるのでわからないものがあるかもしれません。問二は、説明文特有の「問題提起」に対する「答え」を導く問題。「文中の言葉を使」うとき、地球の「価値」に注目し、文末を「〜くらいの価値。」で終えること。問三はおきまりの適語補充。前後の述部に着目しますが、接続詞以外に副詞も選択肢にある場合、陳述（呼応）の副詞を疑いましょう。この場合、［②］の直後の述語は「仮定します」です。問四は四字熟語の意味。アは「ただ一つだけあって二つとないこと。」、イは「一度に大きな利益を得ること。」、ウは「一つのことから二つの利と公共的な死とはどうかということでしょう。エは「めったにない素晴らしい機会のこと」。問五の——線④はおもしろい表現です。公共的な死とはどういうことかを考えてみてください。問六は熟語の組み合わせの問題。似たような意味の組み合わせを選ばないように注意しましょう。

【解答】

問一　A＝頻発　B＝分析　C＝破壊　D＝同胞

問二　例心ある宇宙人が、静かに観察するだけかもしれないくらいの価値。（30字）

問三　エ

問四　ア

問五　例生命の誕生は個別的で偶発的だが、その死は長い生命の歴史から考えると必然であり結果であり、新たな始まりを意味するということ。（61字）

問六　ウ

【28】次の文章を読んで、あとの問いに答えなさい。

トマス・プリングル（一七八九～一八三四）は、スコットランドの詩人である。彼は南アフリカで三年間暮らし、当地での見聞を描いた数多くの詩を出版したが、その中の一つに「はるか砂漠のふところを」というのがある。

はるか砂漠のふところを、
わたしは馬で行くのが好きだ。
寡黙な注1ブッシュマンの少年を連れ、
茶褐色の台地《カルー》を越えれば、
注2スプリングボックの仔《こ》がもの悲しい声で鳴く。
灰色の夕ぐれ、
泉のほとりに立てば、

臆病者の①クアッガの、
口笛に似たかん高いいななきが聞こえてくる。

特に優れた詩というわけではないが、これを読まなければ知らなかったクアッガに関する事実を知ることができる。「口笛に似たかん高いいななき」は、もはや永遠に聞くことはできない。クアッガは独特な鳴き声をしていた。原住民には「クアッハ、クアッハ」と聞こえたようだ。そのいななきが名前の由来である。

クアッガは未完成のシマウマという形容が一番ぴったりする。縞模様《しまもよう》はあるにはあるが、それは、頭、首、肩と胴の一部だけで、あとは明るい茶色、ないしは黄色っぽい赤で、足は白い（写真）。

なお、一体何の利点があって身体の後ろ半分に縞模様がないのか、その進化のAカテイについては資料にBキサイがない。

博物学者のウィリアム・バーチェルが、一八一一年に南アフリカを訪れたとき、彼はクアッガ狩りの場に立ち会い、何千頭というクアッガが集められて射殺されるのを目撃した。一八五〇年、この年から開拓者たちがさらに奥地へと入り込んでいった。奥地へ馬車を進めたあとには、皮を剥ぎ取られ、肉を切り割かれたクアッガの死体がごろごろしていたという。禁猟区は無視され、メスもオスも仔ウマも容赦なく撃ち殺された。一八六一年に射殺されたものが、野生での最後の個体とされている。

クアッガの絶滅の原因は、明らかに人間による乱獲と開発に伴う生息地の減少である。肉は食料に、皮は靴・袋などに加工されるため、大量に殺された。クアッガもまた、人間に馴れやすく警戒心の乏しい動物だった。ヨーロッパ各地の動物園では、②その後もクアッガは生きていた。絶滅までのおよそ百年の間に十六頭の生存が確認されている。しかし、飼育下で絶滅Cカイヒを図るにはあまりにも数が少なすぎた。世界最後のクアッガは、一八八三年八月十二日にアムステルダム動物園で絶命した。

今ではヨーロッパの博物館に本体剥製《はくせい》が十七体、頭部だけの剥製が一個、全身骨格が三体、頭骨が七個、仔ウマの本体剥製が一個残っているだけである。一九八四年になってクアッガの剥製から採取した肉片によって、その遺伝子配列が分析され、クアッガに近縁なシマウマを集めて交配することでクアッガを復活させようという「クアッガ ブリーディング プロジェクト」が発起された。事務局は南アフリカ共和国ケープタウンに置かれ、注3カルー国立公園や注4エランズバーグの農場などでDハンショクが行われているが、今なお成功の知らせはない。

《参考文献》ロバート・シルヴァーバーグ／佐藤高子 訳「地上から消えた動物」
今泉忠明「絶滅野生動物の辞典」

注1ブッシュマン＝カラハリ砂漠に生む狩猟民族サン人の俗称。注2スプリングボック＝角に特徴のあるウシ科の草食動物。注3カルー国立公園＝南アフリカ共和国南部にある国立公園。注4エランズバーグ＝南アにある個人所有の自然保護区。

スプリングボック

問一 「①クアッガ」の名前の由来と絶滅した理由を答えなさい。

問二 ――線A～Dのカタカナを漢字になおしなさい。

問三 次のア～エのうち、クアッガの説明として正しくないものを一つ選び、記号で答えなさい。

ア 口笛に似た鳴き声をしていた。
イ 外見は未完成のシマウマのようだった。
ウ 警戒心の乏しい動物であった。
エ 現在でも繁殖が行われている。

問四 次にあげた西暦は何が起きた年なのか、本文を参考にして答えなさい。

ア　一八五〇年　イ　一八六一年　ウ　一八八三年　エ　一九八四年

問五　「②その後」とはいつのことですか。

絶滅とは、同一タイプの生物が全く生存しなくなった状態をいいます。それは、生物の進化の過程で起こるべくして起こるものです。環境の変化に適応するため、気の遠くなるような時間をかけて自らを変化させ生き延びようとするからです。しかし、ここ二〇〇年くらいの間に、自然界では絶対に起こり得ない急激な変化により、進化の時間が奪われ絶滅するということが起きています。この変化に大きく関わってきたのが人間です。人間は種としてはかなりひ弱《よわ》ですが、高い知能を持っていました。大昔の石器に始まり、弓矢、刃物、銃といった道具、その他落とし穴や罠まで使って動物を捕殺し続けました。食料を得るための行為はその目的を超え、人間の土地開発や金もうけの犠牲となって絶滅した動物たちもいました。また、自然界には存在しなかった化学物質の流出や地球温暖化などによって、すみかを失った動物たちもいました。そして現在でも多くの地域で動物たちの生息数は減少しており、種によってはかなり危機的な状況にあります。絶滅危惧種に該当している生物の多さに驚く人もいるでしょう。本文の記述にある「クアッガもまた、人間に馴れやすく警戒心の乏しい動物だった」の表現にやるせない悲哀を感じます。ドードー、ステラーカイギュウ、オオウミガラス……これらの動物もまた、人間に対する警戒心の弱さが絶滅に大きく影響したといわれています。

問一は、文中の言葉を使って端的にまとめましょう。問二は、漢字の書き取り問題。Aは「課程」と迷うかもしれません。「課程」は仕事や学校などで割り当てられる仕事や学習の範囲のことで、「過程」は物事を進めていく経過（プロセス）のことです。問三は、すべての記述が本文にありますが、矛盾した内容が一つあります。エは「クアッガブリーディング プロジェクト」の一環としての取り組みです。問四も問一と同様端的にまとめること。文末は「年」で。問五は「その後」の「十六頭」は、もはや野生には戻れないクアッガです。

【解答】

問一　名前の由来＝（独特な）鳴き声。
　　　絶滅した理由＝人間による乱獲と開発に伴う生息地の減少。

問二　A　過程　　B　記載　　C　回避　　D　繁殖

問三　エ

問四　ア＝開拓者たちがさらに南アフリカの奥地へと入り込んでいった年。
　　　イ＝野生でのクアッガが絶滅した年。
　　　ウ＝クアッガが絶滅した年。
　　　エ＝「クアッガ ブリーディング プロジェクト」が発起された年。

問五　野生での最後の個体が絶命した後のこと。

テーマ別研究❺

評論文

「評論文」とは、他人の主張に対して批評を加えた文章のことです。そこには当然、自分の意見や主張などが反映されるわけですが、主体はあくまでも他人の主張にあります。そこに「論説文」との違いが見られます。もちろん「論説文」にも、他人の主張を取り上げて、それについて反論することもありますが、例外を除き自分の意見を補強するためであって、主体は自分の主張にあります。

小林秀雄の評論文は、私が学生の頃はとても出題頻度が高かった気がします。当時は（実は今でも）、内容把握に手こずり、時間内にテストを終わらせることができなかったことがたびたびありました。中でも特に印象に残っているのが、【29】の文章です。浪人時代の予備校のテキストにあった問題文です。記憶をたどり、再現してみました。この文章が発表された当時、歴史家が誰一人として、小林に反論できなかったそうです。それを聞いて、私は強い衝撃を受けました。「歴史にとって、実証的な事実（いつ・どこで・誰が・どうした）は重要ではない。それは小林秀雄の言うとおりだが、個人の歴史的事実を全体の歴史の中にあてはめるのは間違いである。」――そう話された予備校の先生の授業は、今でも脳裏に焼きついています。

【29】次の文章を読んで、あとの問いに答えなさい。

歴史はくりかえすということを、歴史家は好んで口にするが、いったん起きてしまったことは、もう取り返しがつかぬということは、ぼくらは注1肝《きも》に銘《めい》じて知っているわけであります。［　A　］。文字どおり肝に銘じて知っているので、頭で知っているわけではない。歴史はくりかえさぬという証拠が、どこかにあるというわけではないのですから。一口《ひとくち》に知るというが、ぼくらは、何を知るか知る相手に応じて、いろいろ性質の違った知り方を、実際にはしているものだ。おのれを知ったり、友人を知ったりする同じ知り方で、物質を知ったり天文学を知ったりしているわけではない。肝に銘じて知るのが一番確実な相手なら、肝に銘じて知るわけであります。

歴史は決して二度と繰り返しはしない。だからこそぼくらは過去を惜しむのである。歴史とは、人類の巨大な恨みに似ている。歴史をつらぬく筋金は、ぼくらの哀惜の念というものであって、決して[a]インガの鎖というようなものではないと思います。それは、例えば、子供に死なれた母親は、子供の死という歴史事実に対し、どういうふうな態度をとるかを考えてみれば、明らかなことでしょう。[1]母親にとって、歴史事実とは、子供の死という出来事が、いつ、どこで、どういう原因で、どんな条件のもとに起ったかという、単にそれだけのものではあるまい。[2]かけがえのない命が、とりかえしがつかず失われてしまったという感情が、[b]これに伴わなければ、歴史事実としての意味を生じますまい。もしこの感情がなければ、子供の死という出来事の成り立ちが、どんなにくわしく説明できたところで、子供の[c]オモカゲが、今もなお眼の前にチラつくというわけにはまいるまい。[3]歴史事実とは、かつてある出来事があったというだけでは足りぬ。今もなお、その出来事のあることが感じられなければしかたがない。[4]母親にとって歴史事実とは、子供の死ではなく、むしろ死んだ子供を意味すると言えましょう。[B]については、母親は、肝に銘じて知るところがあるはずですが、[C]という実証的な事実を、肝に銘じて知るわけにはいかないからです。[5]死んだ子供を、今もなお愛しているからこそ、子供が死んだという事実があるのだ、と言えましょう。[6]愛しているからこそ、死んだという事実が、注2のっぴきならぬ確実なものとなるのであって、死んだ原因を、くわしく数えあげたところで、動かしがたい子供のオモカゲが、心中によみがえるわけではない。つまり、実証的な事実の群れは、母親にとっては一向に不確かなものだと言える。歴史家は好んで歴史の事実性だとか[d]具体性だとか客観性だとかいうことを申します。実に[e]曖昧《あいまい》なことばであるが、もしそういうことばが使いたければ、母親の愛情が、歴史事実を現実化し具体化し客観化すると言わなければならぬはずであります。注3詭弁《きべん》でも[f]ギャクセツでもない。ぼくらが日常経験しているところを、ありのままに語ることが、なんで詭弁やギャクセツでありましょうか。さきに、歴史は二度とくりかえさぬ、とぼくらは肝に銘じて知っていると言いました。ぼくはこの言わば原理を、少しばかり注4演繹《えんえき》したにすぎませぬ。

小林秀雄「歴史と文学」（一九四一）

注1 肝に銘じる＝大切なこととして心にとどめる。 注2 のっぴきならぬ＝どうにもならない。 注3 詭弁＝道理に合わないごまかし

の議論。　注4 演繹＝普遍的命題から特殊命題を導き出すこと。

問一　文中a・c・fのカタカナを漢字になおしなさい。

問二　「[b]これ」は何を指していますか。本文中より十字で書き抜きなさい。

問三　「[d]具体」と「[e]曖昧」の反対語を次から一つずつ選び、それぞれ記号で答えなさい。

ア　全体　イ　抽象　ウ　部分　エ　具体　オ　適当　カ　明確　キ　妥当

問四　A に入れる最も適当と思われる文を次の中から選び、記号で答えなさい。

ア　客観的な事実の記録こそ、歴史は繰り返すという証拠である

イ　文字どおり肝に銘じて知っているので、頭で知っているわけではない

ウ　肝に銘じて知るというのもその一つで、もともと金石に刻んだ銘は記録を長く保存する性質をもっていたのだ

エ　歴史の客観性とか必然性とかいうことばを、歴史家は都合よく覚え込んでしまっているのだ

問五　B および C に入れるのに最もふさわしいことばを本文中からそのまま抜き出しなさい。ただし B は五字、C は四字で抜き出すこと。

問六　次のⅠ・Ⅱの文を本文の中に入れるとすると、1～6のうち、どこに入れるのが最も適当ですか。番号で示しなさい。

Ⅰ　母親は、それを知っているはずです。

Ⅱ　そういう考えをさらに一歩進めて言うなら、母親の愛情が、なにもかものもとなのだ。

問七　本文の要旨を書いた次の文の空らんにあてはまる二字の熟語を、文中よりさがして書きなさい。

歴史を成立させるのは、過去に対する□□である。

文章が難しいと感じるのは、読者がその文章を求めていないからだと思います。もうずいぶん昔の話になりますが、男子生徒の間で「遊戯王カード」が大流行しました。学校に持ってきて、友だち同士でカードを交換したり、帰り道〝デュエル〟と呼ばれるゲームをしたりするのです。その中の一枚、「降雷皇《こうらいおう》ハモン」とよばれるレアカードの効果には、非常に小さい文字でこう書かれています。「このカードは通常召喚できない。自分フィールド上に表側表示で存在する永続魔法カード3枚を墓地に送った場合のみ特殊召喚することができる。このカードが戦闘によって相手モンスターを破壊し墓地に送った時、相手ライフに一〇〇〇ポイントダメージを与える。このカードが自分フィールド上に表側守備表示で存在する場合、相手は他のモンスターを攻撃対象に選択できない」。——知る人ぞ知るで、意味がわからなければカードは使えません。だから子どもたちは、この難しい文章をよく理解し、戦術を練り、デュエルでの勝利を目指すのです。求めよ、さらば与えられん（求めれば、きっとうまくいく）。

問一は漢字の書き問題。aは相反する意味で構成された二字熟語。cは訓読みの漢字です。fは「逆接」と書かないように。「逆接」は文法用語で「順接」の反対です。正解の「逆説」はパラドックスともいい、一見間違っているようだがよく考えると正しいことがわかる言い回しのことで、「負けるが勝ち」や「急がば回れ」、「攻撃は最大の防御」などをいいます。問二は指示語の問題です。ここでいう感情を伴う「歴史事実」とは何でしょう。十字という字数は大ヒントです。問三は反対語を答える問題。選択肢は多いけれど迷わないように。問四は難問です。欠落した文を見つける手がかりは、問題文章の該当箇所の前後にある共通表現に注目するのが一番です。ここでは、「歴史はくりかえす」と「肝に銘じて知っている」の表現になります。特に直前にある後者に目を向けると、イとウにこの表現が含まれていることがわかります。また直後に「どこかにあるというわけではない」と書かれているので、「どこ」にも注意します。選択肢イには「頭で知っているわけではない」とあり、「どこ」＝「頭」となり、本文と対応していることがわかります。欠落した箇所の前後にある表現をもっているのは、イ以外にありません。問五も空らん補充問題。B の直前にある「母親にとって歴史事実とは、子供の死ではなく、むしろ死んだ子供を意味すると言えましょう。」がキーセンテンスです。もう少し説明を加えるならば、「歴史事実＝死んだ子供↓肝に銘じて知る」となり、「実証的な事実＝子供の死↓肝に銘じて知るわけにはいかない」となります。小林は、母親にとってこの「実証的な事実のむれ」は「不確かなもの」だといっています。母親は「死んだ子供」は心にとどめますが、「子供の死」は簡単に受け入れられないからです。問六のように指定された一文を本文にあてはめる問題は、まず指示語に注目します。Ⅰは「それ」、Ⅱは「そういう考え」です。これらが何を指しているかをつきとめましょう。Ⅰの「それ」は、母親が「知っているはず」のものです。それは受け入れがたい「子供の死」（という出来事）を感じることです。Ⅱの「そういう考え」とは、子供の死を簡単に受け入れることができない考えのことです。そしてその考えは、「母親の愛情」を抜きに語れません。この「愛情」が「愛しているからこそ」の表現に続いていきます。問七は問題文の要旨を答える問題です。要旨とは、述べられていることの主要な点という意味で、わかりやすくいうと筆者の主張ということになります。文章にもよりますが要旨は普通、一文か多くても二～三文で表現します。小林の主張を別の言い方で表すと、「歴史事実（死んだ子供）」＋「哀惜の念（母親の愛情）」＝「歴史は（二度と）くりかえさぬ」ということになると思います。「哀惜」とは、「人の死など、帰らぬものを悲しみ惜しむこと」です。よく似たことばに「愛惜」もありますが、こちらは「名残惜しく思うこと」です。

【解答】

問一　a　因果　c　面影　f　逆説
問二　子供の死という出来事
問三　d　イ　e　カ
問四　イ
問五　B＝死んだ子供　C＝子供の死
問六　Ⅰ　4　Ⅱ　5
問七　哀惜

【30】次の文章を読んで、あとの問いに答えなさい。

文学は①具体的な経験の具体性を強調する。具体的な経験は、分類されることができない。また、決してそのまま繰り返されることもない。分類の不可能な、②一回限りの具体的な経験が、文学の典型的な対象である。＊梶井《かじい》基次郎《もとじろう》の「レモン」の経験は、その色、その肌触《はだざわ》り、その手に感じられる重みの全てにかかり、それを同じ質量の石によって換えることはできないし、それを同じ値段のレモンで換えることもできない。彼が必要としたのは、レモン一般ではなくて、いわんや固体一般でも、商品一般でもなくて、そのレモンである。そしてその日、その場所で、そのレモンによる経験は、たとえ同じレモンによっても、別の日、別の場所で、再び経験されることのないものである。すなわちその経験に関して、法則を作ることができないのは、いうまでもない。そのレモンの、そのレモンたるゆえんに基づく経験――具体的で特殊な一回限りの経験は、③科学の対象にならない。まさに科学が成り立たぬところにおいて、文学が成り立つのである。文学の表現する経験は、科学の扱う対象から、概念上、はっきりと区別することができる。

［④］、文学を科学から区別するのと同じやり方で、日常生活から区別することは困難であろう。日常生活における経験は、文学の出発点にもなり得るし、また科学の出発点にもなり得る。八百屋でレモンを買う主婦は、多かれ少なかれレモンを商品としての、また食品としての一面からみて、そのレモンの他の性質を無視するであろう。またそうするからこそ、主婦の経験は蓄積され、法則化され、上等のレモンを安く買う〝買い物上手〟にもなり得るのである。梶井基次郎のいうレモンの経験は、主婦を買い物上手にはしない。もっと一般化していえば、およそ社会生活を営む上で必要な知識を、主婦に与えない。しかしそういう実用的な知識を必要としない子どもは（家計を預かっているのは主婦で、子どもではない）、母親が台所に置いたレモンを見て、その光沢に惹《ひ》かれ、手に取ってみてその冷たい肌触りに、長く忘れることのない感覚的な喜びを感じるかもしれない。その感覚はその時限りのものである（あるいはその後何年か経ったのち、例えば一人の女の膝に触れたとき、にわかにその感覚がまざまざ

とよみがえるといったようなものであろう)。古来詩人の心をもって童心に例えたのには、理由がある。しかしその理由は、子どもの心が純真無垢だからではない。純真素朴な農夫が都会人の空想であるように、純真無垢な子どもは成人の空想に過ぎないだろう。そうではなくて、子どもは社会に対して無責任だからである。責任がないから、その経験を積み重ねて、法則を見出す必要もない。したがって経験を分類し、分類するために抽象化する必要も少ないだろう。すなわち具体的経験をその具体性においてとらえることができる。もし主婦の買うレモンが経済学者の対象に近いとすれば、子どものレモンは、[⑥]のレモンに似ているのである。

加藤周一「文学とは何か」

＊梶井基次郎の「レモン」＝「檸檬《れもん》」(昭和47年12月10日初版発行)

問一 「①具体的な経験の具体性」とありますが、次にあげるもののうち、これにあてはまるものを一つ選び、記号で答えなさい。

ア 広島県は国産レモンの生産量が第一位で、全国シェアは50%を超えている。
イ レモンの原産地はヒマラヤ東部で、樹高は3メートルほどになる。
ウ レモンを塩漬けにしたレモンソルトは、とんかつや天ぷらによく合うので多くの主婦が買っている。
エ 八百屋の店先に並んだレモンを見て、去年の夏に彼女と飲んだレモンスカッシュを思い出した。

問二 ――線②とありますが、「③科学の対象」とは何ですか。本文より六字で抜き出しなさい。

問三 [④]にあてはまる接続詞を次から選び、記号で答えなさい。

ア だから　イ しかし　ウ ただし　エ ところで

問四 ――線⑤とは、どういうことですか。「子ども」、「具体的経験」の二語を使って三十字程度で答えなさい。

問五 [⑥]にあてはまることばを本文よりさがして答えなさい。

多くはなかったのですが、私の父は私に何冊かの本を買ってくれました。小学館の『大辞泉』、少年倶楽部文庫数冊、それと加藤周一の『日本文学史序説』（二巻）です。確か大学の入学祝いだったと記憶しています。数ある専門書の中で、父がなぜこの本を買ったのかはわかりません。ただ、父の贈り物は希少だったので、私はずいぶん真面目に読んだものでした。読めば読むほど作者加藤周一の博覧強記に圧倒されました。足跡も異色で、彼は東京大学医学部卒業の評論家、作家なのです。

問一は本文にある「具体的な経験の具体性」を理解しているかどうかがポイント。具体的な経験の基本はあくまでも個人です。たとえば修学旅行先での集合写真一枚にしても、その時の個々の感情は具体性に富みます。その場所で初夏の陽射しをまともに受け、汗だくの不快な感情でカメラのシャッターを待つ者がいれば、隣に〝推しの人〟が来て心ときめかせながら写真に収まる者もいるかもしれません。修学旅行という「具体的な経験」の中にも無数の具体性が存在し、それが「文学の典型的な対象」になるというのです。問二の「科学の対象」は、文学のそれと正反対に位置します。「六字で抜き出し」です。問三は、これまでも何度か出題してきた適当な接続詞を考える問題。空らん前後の述部に着目します。前＝「区別することができる。」、後＝「区別することは困難であろう。」——これはア順接か、それともイ逆接か、あるいはウ補足か、エ転換か。問四は難問かもしれません。それは単に記述問題だからではなく、表現の難しさによります。そんなときは、自分なりの表現に変えてみてもかまいません。この方法は、古典の内容把握でも役立ちます。——線⑤を私なりの表現に変えると、「昔から詩人の心を子どもの心に例えたのには、わけがある。」となります。モデルの一つとして参考にしてください。「どういうこと」と聞かれているから、最後は「～こと。」にすること。問五の空らんは文学のレモンなのか科学のレモンなのか、まずはその判断から始めましょう。

【解答】
問一　エ
問二　実用的な知識
問三　イ
問四　例 詩作の際は、子どものように具体的経験の具体性に固執すること。（30字）
問五　梶井基次郎

【31】次の文章を読んで、あとの問いに答えなさい。

人間は①矛盾したものである。自分を舞台の中央に押しだそうと欲するかたわら、自分を押しとどめようと欲する気持ちが働く。私どもが動物だったら、②こんなことは起こらずにすむ。感官的、生命的な欲求の動くままにしたいだけのことはするに決まっているし、もし押しとどめるものがあるならば、それは動物の外から妨げる障壁で、彼の内から抑えようとするものではない。動物がもし自分で自分の欲望を我慢できるようになるならば、③それは人間社会の一員に入らされた動物——飼い犬や飼い猫のように、人間界の習慣によって型にはめられたものだけである。内的矛盾は人間界だけに許された特権であり、裏からのぞけば人間界だけの悩みでもある。

羞恥《しゅうち》という感情も根は④ここにある。羞恥では、自分がしたいと望む低い地層の気持ちは抑えられ、上の自我の命令に服従して引き込められている。しかし大切なことは、低い次元の欲望が自我の威光によって完全に縮みきってはいないというところにあるので、自我が⑤これを取り押さえて踏ん張ってはいるものの、とんでもないところにちゃんと隙間ができていて、そこから欲望が顔だけ出している。ただしこの顔は、欲望が抑えなしに気楽にいられたときの顔つきとはだいぶ違って、重しをかけられているために、ひどく紅潮しているのである。恥じらう者は面《おもて》を伏せ、視線をそらすけれども、顔中赤らむことでそれと真意が伝わってしまうものである。

そういえば、人前でうっかりそこつなふるまいをして、恥ずかしい思いをした時のことを心に浮かべてみれば思い当たることだが、その場で自分のぶざまをあり体《てい》に認めて、一座と一緒に自分を自分で笑ってしまえば、ことは流れてそれなり消えてしまう。このとき顔を赤らめ、もじもじしていると、後《のち》まで心に焼きついて恥ずかしい思い出となって残る。これはありがたくない焼きつきであるが、しかしまだ悪くはないのである。顔がほてったのは、それだけ運動的発散が行われたからで、傷のつき方はまだ少なかったとしなければならない。もっとも悪いのは、そこつをしたその場では顔色一つ変えず、何事も起こらなかったかのように無視してしまった場合で、心の傷はどこへも表れようがないために長いこと沈殿して、本人がもうかつての不作法な自分を忘れてしまった後になってからまでわだかまり、いつのまにか別の顔に化けて、とんでもないときにヒョイと顔を出す。するとにわかに呼吸がせわしくなり動悸《どうき》がうち、本人は得体の知れぬ不安に陥る。こうしたからくりを知ってみれば、女の人は顔を赤らめることが女らしさとして許されているので、いざという時には恥ずかしがってしまえばよいから、深い傷がつきにくく、得な立場にあると考えられるかもしれない。

一言《ひとこと》で言えば、⑥羞恥は弱者の自己防衛である。弱者は自分からすすんで意見を述べ、願望を満たすべき行為に出ることができず、まわりに遠慮気がねをはらう必要があるので、それゆえ自分を包み、自分を保護することによって、かえって自分を相手に伝達するという見事な含みのある表現法をとるのである。その意味で羞恥は弱者の自己防衛のみにはつきず、弱者の自己主張法とよぶ方がふさわしいかもしれない。

島崎敏樹「感情の世界」

問一 「①矛盾」のように故事成語からできた二字熟語をすべて選び、記号で答えなさい。

ア 圧巻　イ 推敲　ウ 断腸　エ 絶弦　オ 精霊

問二 「②こんなこと」は、具体的に何を指していますか。五十字以内で答えなさい。

問三 「③それ」とは何ですか。文中のことばを使って三十字以内で答えなさい。

問四　「④ここ」とありますが、どういうところを指していますか。「欲望」「気持ち」「内的矛盾」のことばを使って六十字以内で答えなさい。

問五　「⑤これ」は何を指していますか。七字で抜き出しなさい。

問六　「⑥羞恥は弱者の自己防衛である」とありますが、それはなぜですか。七十字以内で説明しなさい。

筆者の島崎敏樹は、精神病理学を専門とする精神科医です。作家島崎藤村の姪の息子にあたります。彼の文章は、かつては高校の現代国語の教科書に採用されたり大学入試センター試験に出題されたりもしました。

四段落構成。第一段落で人間の持つ「内的矛盾」（舞台に押し出す気持ち⇕押しとどめようとする気持ち）を述べ、第二段落でその内的矛盾の感情として「羞恥」を取り上げています。第三段落では、羞恥の話を引き継いで「そこつなふるまい」をした時のことが書かれています。「女の人は顔を赤らめることが女らしさとして許されている」の表現は、さすがに時代を感じさせます。最終段落では全体のまとめとして、羞恥は弱者の「自己防衛」のみならず「自己主張」の方法でもあるとしています。この結論は精神科医の見地から導き出されたものかもしれません。というのも、恥じらいを自己主張としてアピールすれば、とんでもなくイヤミであったり「ぶりっ子」（もはや死語）であると見なされ、一般の弱者は採用しないと思うからです。

問一は、知らなければ漢字を見ただけではわからないかもしれません。由来となった出来事を知ることで漢字を覚える一助になればと思います。アの「圧巻」は、中国の科挙（官吏《かんり》登用試験）の答案用紙の一番上に、最優秀者の答案用紙を乗せたことに由来します。（圧巻の「巻」は科挙の答案用紙のこと。）意味は「全体の中で最も優れた部分のこと」です。イの「推敲」は、唐の詩人賈島《かとう》が「僧は推《お》す月下の門」の一句にするか「僧は敲《たた》く月下の門」にするかで悩んだところ、馬で都知事韓愈《かんゆ》の列に突っ込んでしまった。韓愈は賈島の無礼を許し、そして「僧は敲く」の方がよいだろうと答えた逸話に由来します。意味は「詩や文章の表現をよりよいものに練り直すこと」。ウの「断腸」も中国の説話が由来です。昔、ある男が山で子猿を捕らえて庭木につないだところ、母猿もあとからついてきた。男がついに子猿を打ち殺すと母猿は悲鳴をあげて身を投げ出しその場で死んだ。男が母猿の腹を割いてみると腸がずたずたに断ち切れていたという。このことから「腸がちぎれるほどつらく悲しいこと」をいいます。エの「絶弦」は、琴の名人伯牙《はくが》が自分の琴をよく理解していた鍾子期《しょうしき》が死ぬと、琴の弦を断ち切って二度と琴を弾かなかったという故事から、「愛用の琴の弦を断つ」という意味です。転じて、「親しい人と死別すること」、また慣れ親しんだ物事や人と決別する意味にも使われます。オの「精霊《せいれい》」は、一般に死者の霊魂を意味しますが、全てのもの一つ一つに宿っていると考えられている「気」（超自然的な存在）としても使われます。これは、故事成語からできた熟語ではありません。問二～問五は指示語の指摘。問二は、直前の矛盾を具体的に指摘すればよろしい。文末は「～こと。」で。問三は、最後が「～動物。」とするのが好ましい。問四は、第一段落全体の要約が必要となってきます。最後は「～ところ。」が理想。問五は、「七字」が大ヒント。問六の答えは、第四段落にありますが、「弱者」の例として第三段落の「女の人」があり、「自己防衛」は「深い傷がつきにくく、得な立場にある」の記述をおさえましょう。その上で第四段落にある「自分を保護する」「見事な（含みのある）表現法」が「羞恥」であると述べています。

【解答】

問一　ア・イ・ウ・エ

問二　例 自分を舞台の中央に押しだそうと欲するかたわら、自分を押しとどめようと欲する気持ちが働くこと。（46字）

問三　例 自分で自分の欲望を我慢できるようになっている動物。（25字）

問四　例 自分の**欲望**を満たそうとする**気持ち**と内から抑えようとする**気持ち**が混在する、人間だけがもつ**内的矛盾**のあるところ。（54字）

問五　低い次元の欲望

問六　例 弱者は自分がしたいと望む気持ちを素直に表現できず、まわりに遠慮気がねをはらう必要があるので、羞恥を示すことで自分を保護する方法をとるから。（69字）

【32】次の文章を読んで、あとの問いに答えなさい。

①あかねさす　紫野《むらさきの》行き標野《しめの》行き野守《のもり》や見ずや君が袖振る

紫草《むらさき》のにほへる妹《いも》を憎くあらば人妻ゆゑ《え》にわれ恋ひめやも

ここにあげた一対の歌は、額田王《ぬかたのおおきみ》と大海人皇子《おおあまのおうじ》の、あまりにも有名な相聞歌です。額田王は天智天皇の妻にして万葉時代屈指の女流歌人でもあります。対する大海人皇子は天智《てんち》天皇の弟で、次の天皇になるべき人です。これがこの時点での二人の立場です。しかし、以前の二人は愛し合う仲でした。二人の間には皇女が産まれています。その後いつのころか、また何があったのかわかりませんが、天智天皇が彼女をわがものにしてしまうのです。この兄弟はのちに対立し、古代最大の動乱「　②　」へとつながります。そんな事情をもつ二人の贈答歌となれば、古来さまざまな解釈がなされてきたのも当然です。宴席の戯歌《ざれうた》という説もありますが、今となってはもう真相はわかりません。ですから万葉集が伝える情景をそのまま素直に鑑賞してみましょう。

第一句「あかねさす」に多用された［③］がもたらす開放感と「紫野」に続く色彩感。二句と三句に特徴的なa音とi音とo音の繰り返しが生み出す躍動感。「野守は見ずや」が示す緊張感の次に、最終句で一気に④結論へと向かいます。足らざるものも余計なものも何ひとつない。緊密に連なった言葉のすべてが、そのときの光景と作者の心の動きを担っています。まさしく出色《しゅっしょく》の名歌です。この歌がいつどこで詠まれたかを万葉集は付記《ふき》しています。それを踏まえて、もう一度、歌を味わってみましょう。

初夏、天智天皇が盛大な狩りを催しました。額田王や大海人皇子たちも随行《ずいこう》しました。場所は琵琶湖近くの天皇所有の野原です。そこを「［⑤］」と呼んだのは、染料や薬用に使う紫草《むらさきぐさ》の群生地だったからです。そういう大切な丘陵には一般人の立ち入りを禁止する標《しるし》がありました。だからこの場所は「［⑥］」ともいったのです。「⑤」も「⑥」も同じ丘陵の別の呼び名です。男たちは騎馬で狩りをし、女たちは野の草や花を摘んで遊びます。額田王がふと見ると、大海人皇子が自分に向かって遠くから袖を振っているではありませんか。「袖振る」行為は、当時の愛情表現です。「紫野行き　標野行き」と繰り返していますから、場所が移っても袖を何度も振ったのでしょう。しかし、番人がいます。「標野」を見張る番人とは、あるいは天智天皇のことだったかもしれません。いずれにせよ額田王はそれを見て「いけません。野守が見るではありませんか。」と伝えています。

これに対して大海人皇子は単刀直入に歌を返しています。（紫草のように美しいあなたを憎いと思うならば、今は人妻だと知りながら私は恋などするでしょうか。［⑦］。）

大海人皇子は額田王のことを「［⑧］」と呼んでいます。それは愛する女性への呼び名です。しかも「紫草の匂へる」です。彼女の高貴な美しさをズバリ言い表すとともに、「紫野行き標野行き」の歌と見事に調和しています。即興《そっきょう》で返した歌でありながら、二人の過去と現在を思えば、「人妻ゆゑに」という言葉が深く重く悲しく響きます。

ウェブサイトより一部引用

問一　「①あかねさす」は下のことばにかかって調子を整えたり、余韻を添えたりする役割があります。このようなことばを何といいますか。

問二　［②］にあてはまる歴史的できごとを次から選び、記号で答えなさい。

ア　大化の改新　イ　壬申の乱　ウ　承和の変　エ　文永の役

問三　［③］にあてはまることばを次から選び、記号で答えなさい。

ア　a音　イ　i音　ウ　e音　エ　o音

問四　「④結論」とは何ですか。文中より五字で抜き出しなさい。

問五　［⑤］および［⑥］にあてはまる漢字二字のことばを、それぞれ文中よりさがして答えなさい。

問六　［⑦］には反語表現の真の意味が入ります。それを考えて書きなさい。

問七　［⑧］にあてはまる漢字一字を文中より探して書きなさい。

『万葉集』（全二〇巻）は、日本最大の余情歌集であり現存する最古の歌集でもあります。成立は八世紀後半といわれていますが、歌が作られたのは五世紀後半から八世紀中頃まででしょう。編纂《へんさん》者は不明ですが、大伴家持はその有力な一人だったと思われます。歌の総数は約四五〇〇（正確には四五三六）首。短歌四二〇〇首を主とし、長歌や旋頭歌《せどうか》（五七七五七七の六句形式）、仏足石歌《ぶっそくせきか》（五七五七七七）を含みます。「相聞歌」（主に男女の恋の歌）、「挽歌《ばんか》」（死者に寄せる歌）、「雑歌《ぞうか》」（宮廷関係の歌、旅や自然、四季、伝説などに関する歌）の三部構成で相聞歌に佳作が多いです。

問一の枕詞《まくらことば》は五音のものが多いです。特に訳す必要はありませんが、中学生として覚えておきたい枕詞がいくつかあるので、あとの一覧表でチェックしておきましょう。また、似たようなことばに「掛詞《かけことば》」（同じことばに二つの意味を掛け合わせること。「松」と「待つ」、「菊」と「聞く」など）と「縁語《えんご》」（連想する二つのことばを同じ和歌で使うこと。「露」を使ったら「消ゆ」を、「糸」を使ったら「ほころぶ」を使うなど）があるから混同しないように。問二のアは聖徳太子死後の政治改革。中大兄皇子《なかのおおえのおうじ》（のちの天智天皇）と中臣鎌足《なかとみのかまたり》らが蘇我氏打倒に着手しました。イは天智天皇死後の皇位継承争い。大海人皇子VS大友皇子は、勝った大海人皇子がのちの天武天皇となり天皇制確立の礎《いしずえ》を作り、負けた大友皇子は自殺に追い込まれました。天智天皇からみると弟と子の戦いでした。ウは平安時代に起きた藤原氏による謀反《むほん》事件。エは鎌倉時代に来攻した蒙古（元）との第一戦。問三は「あかねさす」をローマ字表記してみるとわかります。「a ka ne sa su」……5音のうち3音がa音です。問四は最終句＝「君が袖振る」。問五はいずれも額田王の歌から抜き出します。問六の反語に関する問題は、表現を強調するためにわざと疑問形にして、本当の主張は疑問文の後に続く（「いや、そんなことはない」）のです。問七の答えも短歌にあります。ちなみに「あかねさす～」の歌にある「君」は女が男に、男が女に、男が男にも使われますが、「紫草の～」にある「妹」は男が女に対して（親しみを込めて）使います。なお、「妹」の反対語は「兄《せ》（背・夫）」で、これも兄弟以外にも使っていました。

《中学生として覚えておきたい枕詞一覧表》

枕詞	かかることば
あかねさす	紫・日・照る
あしひきの	山・峰
あまのはら	ふりさけみる・富士
あらたまの	年・春・月
あを《お》によし	奈良
いは《わ》ばしる	垂水《たるみ》・滝
うつせみの	命・世・身

枕詞	かかることば
からころも	着る・袖
しろたへ《え》の	衣・袖・雪・雲
たらちねの	母・親
ちはやぶる	神
とぶとりの	飛鳥《あすか》
ひさかたの	光・天・空
やくもたつ	出雲《いずも》

【解答】
問一　枕詞
問二　イ
問三　ア
問四　君が袖振る
問五　⑤＝紫野　⑥＝標野
問六　例 いや、恋をしないではいられません。
問七　妹

【33】次の文章を読んで、あとの問いに答えなさい。

鶏頭《けいとう》の十四五本もありぬべし（正岡子規）

この高名な句を高浜虚子《たかはまきょし》が終生拒み続けたことは、俳句界ではもはや周知の事実である。この句は明治三十三年の作で、たしか子規庵での句会に出句された庭前《ていぜん》の＊1嘱目吟《しょくもくぎん》であるが、その時虚子・河東碧梧桐《かわひがしへきごとう》をはじめ多くの人に見過ごされ、無造作にできたせいか、子規自身もそのことを気にもとめなかったようだ。
その後、病床の子規に代わって碧《へき》・虚《きょ》で選んだ『春夏秋冬』秋の部にもこの句は入っていないし、子規の没後になって、明治四十二年に刊行された、同じく碧・虚共編の『子規句集』にも選んでいない。斎藤茂吉によれば、この句の発見者は長塚節《ながつかたかし》で、「この句がわかる俳人は今はいまい」と茂吉に語ったという。そのことを茂吉は『童馬《どうば》漫語《まんご》』に書き、それによって私は早くから鶏頭の句を子規の名句として心に銘じていた。節のこの自信がどこから来ているのか、①驚くべきものであった。そして、茂吉は機会あるごとにこの句を説いたが、虚子も碧梧桐も、その他②多くの俳人たちも、長い間この句を黙視した。

評論文

虚子にはもう一度、この句を選ぶ機会があった。昭和十六年に岩波文庫版『子規句集』を編纂《へんさん》したときだが、二千三百六句選んだ中に、この句はついに入らなかった。終生この句は虚子によって黙殺されたのである。

この黙殺をどう解釈したらよいのか。この頑固な拒否を疎《うと》んずべきか。あるいは拒み通した自信をたたえるべきか。

私はこの句を、節や茂吉とともに、子規の句業を代表する一句と思っているから、③久しくその拒み続ける心を疎ましいものに思っていた。だが今は、やや考えが変わってきた。あくまでも拒み通す虚子の心を、さすがだと思うようになった。

言うまでも④なく、子規は虚子にとって、師であり、恩人である。碧梧桐をも加えて、*2ノボさん、キヨさん、へーさんなどと呼び合う、親身な付き合いでもある。子規の母堂が、ノボさんはキヨさんが一番好きであったと、虚子に言ったというが、この相愛の愛情には一点の疑いもない。だが、虚子の意識下においては、子規は文学の上でのライバルだった。親しければ親しいだけ、近ければ近いだけ、その対立は意識下に潜み、人に訴えようもない自問自答を繰り返す。自分の*3句境は子規を凌《しの》いだだろうか。子規と自分とは、どちらがぬきんでているか。子規は偉い作家だが、若くして死んだ彼に私が及ばないのでは仕方がない。

こんな⑤愚かしい思いは、彼の意識の表面に何の痕跡も残してはいない。だが、虚子ほどの作家になると、芭蕉や蕪村や一茶や子規や――要するに古来の一流俳人たちの中に自分を置いて、暗黙のうちに自分の仕事の値打ちをはかっているものらしい。その中でも、すぐ比較の対象として、時代の近い子規の仕事が意識され、意図しないでその仕事をおとしめる態度になることもあったかと思う。それは心の底のどこかに潜在するもので、表面は*4静謐《せいひつ》の極みのような虚子の内面に渦巻く激しい修羅の苦患であった。だから、作家としての子規の位置を高らしめる鶏頭の句のような決定的作品に対して、虚心の賛美者になることを拒ませる、⑥複雑な心の葛藤が虚子にはあった。

山本健吉「拒み通す心」

*1 嘱目吟＝即興的に目で見たものを作句すること。 *2 ノボさん＝正岡子規は後に名を升《のぼる》と改めた。 *3 句境＝俳句を作るときの

心境。＊4 静謐＝静かで穏やかなこと。

問一　子規の俳句の季語と季節を答えなさい。

問二　次のア～エの中から虚子および碧梧桐の句を選び、記号で答えなさい。

ア　赤い椿《つばき》白い椿と落ちにけり

イ　糸瓜《へちま》咲いて痰《たん》のつまりし仏かな

ウ　木瓜《ぼけ》咲くや漱石拙《せつ》を守るべく

エ　何もなき床に置きけり福寿草《ふくじゅそう》

問三　①～④のうち、品詞の異なるものを一つ選び、記号で答えなさい。

問四　「⑤愚かしい思い」の内容を文中より抜き出し、はじめと終わりの三字（句読点は字数に入れない）を書きなさい。

問五　「⑥複雑な心の葛藤」を六十字程度で説明しなさい。

高浜虚子は、俳句と短歌に革命をもたらした正岡子規の弟子であり後継者でもあります。そんな虚子が師匠の佳作を黙殺した理由を、独自の視点でとらえた評論文。まずは「鶏頭の……」の句の解説から。「鶏頭」はニワトリの頭ではなく、花がそのトサカに似ていることから名前のついた植物です。だから意味は、「鶏頭が十四、五本くらいあるに違いない」（「ぬ」は強意の助動詞、「べし」は推量の助動詞）となります。句の意味がわかっても、筆者のいう「決定的作品」までは見えてきません。この句の素晴らしさは、諸説ありますが、病床の子規が力強い鶏頭に自身の延命を託したところではないでしょうか。とすると、見方も変わってきます。しかも「十四五本」という数の多さに、強い願望を感じるのです。七、八本では弱い。二、三十では現実離れしてしまいます。十四、五本が絶妙です。もし、子規があと十四、五年生きていたら、日本の近代文学の景色はきっと今と違っていたでしょう。

問一の「鶏頭」の季節は迷うかもしれませんが、読んでいくと答えが見つかります。問二の選択肢はア椿、イ糸瓜、ウ木瓜、エ福寿草と、花にまつわる佳作四句。アは河東碧梧桐の代表句の一つ。イは子規の「絶筆三句」の中の一句。ウはその子規と親交の深かった夏目漱石の作品。「拙を守る」とは、目先の私利に走らず不器用でも正直に生きることを意味します。漱石の目指す生き方の一つでした。エは新年の床の間の福寿草に永遠の命を吹き込んだ虚子の名句。問三は動詞か形容詞かを識別する文法問題。語尾の「く」が終止形（言い切り）の「い」に変えられれば形容詞。変えられなかったら動詞です。問四は直前の段落にある疑問文と人称に着目します。問五を解くカギは、直前にある「虚心の賛美者」の理解が必要。「虚心」とは、先入観や偏見をもたず、ありのままを素直に受け入れることです。また「賛美」は自分を超えた圧倒的存在を讃えること。つまり筆者の山本は、手放しで子規の才能を認めることを虚子のプライドが許さなかったと推察しています。

【解答】

問一　季語＝鶏頭　季節＝秋
問二　虚子＝エ　碧梧桐＝ア
問三　①
問四　自分の～がない
問五　例 鶏頭の句に見える子規の優れた感性に気づいたとき、虚子は自己肯定感の低下を阻止するために、この句を黙殺せざるをえなかった。（60字）

【34】次の文章を読んで、あとの問いに答えなさい。

貫之《つらゆき》は下手《へた》な歌よみにて『古今集』はくだらぬ集に*1これあり候《そうろう》。その貫之や『古今集』を崇拝するは誠《まこと》に気の知れぬことなどと申すものの、実はかく申す私も数年前までは『古今集』崇拝の一人にて*2候ひしかば、今日*3世《よ》人《ひと》が『古今集』を崇拝する*4気味合いはよく*5存じ申し候。崇拝している間はまことに歌といふものは優美にて『古今集』は殊《こと》にその粋を抜きたるものとのみ*6存じ候ひしも、三年の恋一朝《いっちょう》にさめてみれば、あんな意気地のない女に今までばかにされておったことかと悔しくも腹立たしく*7あい成り候。まづ『古今集』といふ書を取りて第一枚を開くとすぐに「(年のうちに春は来にけり一年《ひととせ》を)*8去年《こぞ》とやいはん今年とやいはん」といふ歌が出てくる。実に呆《あき》れ返った無趣味の歌にこれあり候。日本人と外国人との*9合いの子を日本人とや申さん外国人とや申さんと洒落《しゃれ》たると同じことにて洒落にもならぬつまらぬ歌に候。この外《ほか》の歌も*10大同小異にて駄洒落か理屈っぽいもののみにこれあり候。それでも強いて『古今集』をほめて言えば、つまらぬ歌ながら万葉以外に一風を成したるところは取得《とりえ》にて、いかなるものにてもはじめてのものは珍しく覚え申し候。①ただこれをまねるをのみ芸とする後世の奴こそ気の知れぬ奴には候なれ。それも十年か二十年のことならともかくも、二百年たっても三百年たってもその*11糟粕《そうはく》をなめておる*12不見識《ふけんしき》には驚きいり候。*13何代集の彼《かの》ン代集のと申しても、みな古今の糟粕《カス》の糟粕の糟粕の糟粕ばかりに*14御座候《ござそうろう》。

正岡子規『歌よみに与ふる書』

*1これあり候＝〜であります。*2候ひしかば＝〜でありましたので。*3世人＝世間の人々。*4気味合い＝気持ち。*5存じ申し候＝わかっております。*6存じ候ひしも＝思いましたが。*7あい成り候＝なります。*8去年とやいはん今年とやいはん＝在原《ありはら》元方《もとかた》の作。*9合いの子＝外国人と日本人との間に生まれた子の蔑称《べっしょう》。*10大同小異＝大差のないこと。*11糟粕をなめる＝先人のまねをするだけで、独創性のないこと。語源は（酒の）カス。*12不見識＝しっかりとした判断力や意見をもっていないこと。*13何代集の彼ン代集＝古今集以降の勅撰集のこと。*14御座候＝〜でございます。

『古今和歌集』は軽快優美の特徴をもつ七五調三句切れが多く、理知的で技巧重視の傾向が強い歌集です。対して写実性に重きを置く正岡子規が『古今和歌集』を批判したねらいはある程度理解できます。しかし子規の本心は、『古今和歌集』を随一の和歌集であると賞賛し、これにならうことを推奨した桂園派《けいえんは》の勢力を衰退させることにありました。桂園派は、江戸時代後期の歌人、香川景樹《かげき》に代表される和歌の一大流派でした。——古今集を手に取って一ページ目を開くとすぐに「去年と言えばいいのか、今年と言えばいいのか」という歌が出てくる。実に呆れ返った無趣味の歌であります。日本人と外国人とのあいだに生まれた子どもを「日本人と言えばいいのか、外国人と言えばいいのか」とシャレているのと同じことであって、実際はシャレにもなっていないつまらない歌です。——このようなたとえで『古今和歌集』の特色である掛詞や縁語を「駄洒落」とおとしめ、理知的な発想を「［②］」と斬って捨てたのです。たしかにこの歌をつまらないと思っている古人は多かったようで、③小林一茶の『七番《しちばん》日記』にも、次の俳句があります。

年の内《うち》に 春は来にけり いらぬ世話

『万葉集』の写実性を重視する子規の主張は、和歌の④サッシンを求めていた当時の若い歌人たちに受け入れられ、歌壇における勢力の転換に成功しました。しかし、写実性や実感性に欠けてはいたものの、『古今和歌集』には約束事をきちんと守ることによって成立するたしなみの世界が広がっていました。⑤それは単なる詩歌をこえた美学としての存在価値も大きかったのですが、革新をひたすら進める明治時代の人々の目には、過去の*15無用の長《ちょう》物《ぶつ》としか映らなかったようです。

昭和四十年代以降、国文学の世界においても、子規の独創的な見方に対しては*16懐疑《かいぎ》的で、現在では『古今和歌集』の価値が再び見直されてきています。

*15無用の長物＝あっても役に立つどころか、かえってじゃまになるもの。 *16懐疑的＝考えや見解などについて疑いをもつこと。

問一　本文中で正岡子規が、『古今集』の崇拝者を比喩《ひゆ》的に皮肉った部分があります。その部分のはじめの四字を抜き出しなさい。

問二　本文中にある在原元方の歌の意訳としてふさわしいものを一つ選び、記号で答えなさい。

ア　一年の計は元旦にあり。去年より今年の方がいい春でありたいものだ。

イ　今年は暖冬で年末なのに春が来たようだ。この春は去年の春だろうか、今年の春だろうか。

ウ　暦の上ではまだ十二月中なのに立春を迎えた。この一年を去年と言えばいいのか、今年と言えばいいのか。

エ　もし大晦日《おおみそか》から元日にかけて、春のような陽気であったなら、それはいつの年の春といえるのだろうか。

問三　本文中、子規が『古今集』をほめた部分があります。その部分を十五字で抜き出し、はじめの四字を抜き出しなさい。

問四　――線①で使われている表現技法は何ですか。次から一つ選び、記号で答えなさい。

ア　枕詞《まくらことば》　イ　掛詞《かけことば》　ウ　倒置法　エ　係り結び

問五　本文中の［　②　］にあてはまる五字のことばを、正岡子規の文章から抜き出しなさい。

問六　「③小林一茶」の俳句を次から一つ選び、記号で答えなさい。

ア　古池や　蛙《かわず》飛び込む　水の音

イ　雀の子　そこのけそこのけ　お馬が通る

ウ　痰一斗　糸瓜の水も　間に合はず

エ　宿かせと　刀投げ出す　吹雪かな

問七　「④サッシン」を漢字で書きなさい。

問八　「⑤それ」は何をさしていますか。本文中より七字で抜き出しなさい。

『歌よみに与ふる書』は鶏頭の句の作者、正岡子規の歌論です。日本初の勅撰《ちょくせん》和歌集として『古今集』が文学の世界に登場して以来、『新古今集』の生まれる三〇〇年間、和歌のバイブルとして君臨し続けました。いや、今でも『古今集』の季節感や手法は健在です。しかし、この子規の一撃で当時『古今集』の評価が著しく下がったのは確かだったのです。

今ではほとんど使われない候文《そうろうぶん》で書かれていますが、いわゆる古文より内容は理解できると思います。下級貴族とはいえ醍醐《だいご》天皇の勅命を受け、『古今和歌集』の撰者として一〇二首（ほぼ全体の一割）もの歌が所収されている紀貫《きのつら》之《ゆき》を「下手な歌よみ」とこき下ろす。しかも冒頭で。『歌よみに与ふる書』は十回にわたって新聞に掲載されました。だから和歌になじみが薄い人も多く目にしたことでしょう

問一は、文中から比喩表現を見つけなければなりません。比喩には直喩《ちょくゆ》（「～のようだ」など）、隠喩《いんゆ》（「読書家＝本の虫」）、擬人法（「ペンが走る」）などがありました。ここでは『古今集』の崇拝者を何にたとえているかを読み取ってください。問二の在原元方の歌とは、「年のうちに春は来にけり一年を去年とやいはん今年とやいはん」をいいます。問三は、ほめた「部分を十五字で」の条件があるので、ねらいが絞りやすい。問四は「……こそ～（候）なれ」の表現技法を答えます。問五は、②の前に「駄洒落」があるからこれが手がかりになりそうです。問六のアは松尾芭蕉、ウは正岡子規の死の前日に詠んだ糸瓜三句の一つ。エは与謝蕪村の句です。問七は漢字の書き。意味は「弊害を除き去って、全く新しいものにすること」です。問八は指示語を指摘する問題。「本文中より七字」で確信がもてると思います。

《現代語訳》

紀貫之は下手な歌よみですから『古今集』はくだらない歌集であります。（だから）その貫之や『古今集』を崇拝するのは全く気が知れないことなどと言うものの、実はこう言う私も数年前までは『古今集』崇拝者の一人でありましたので、今日《こんにち》世間の人々が『古今集』を崇拝する気持ちはよくわかっております。崇拝している間は本当に歌というものは優美で『古今集』は特に群を抜いたものだとばかり思いましたが、三年の恋も一瞬にしてさめてみれば、あんな意気地のない女に今までばかにされておったことかと悔しくも腹立たしくなります。まず『古今集』

という書物を（手に）取って一枚目を開くとすぐに「（年のうちに春は来にけり一年を）去年とやいはん今年とやいはん」という歌が出てくる。実に呆れ返った無趣味の歌であります。日本人と外国人との間に生まれた子どもを日本人と言おうか外国人と言おうかと洒落ているのと同じことで洒落にもならぬつまらない歌であります。これ以外の歌も似たり寄ったりでダジャレか理屈っぽいものばかりであります。それでも強いて『古今集』をほめて言うなら、つまらない歌ではありますが『万葉集』以外に一つの風を起こしたところはとりえであって、いかなるものであっても初めてのものは珍しく感じられるといえるのであります。ただこれ（『古今集』）をまねることのみを芸とする後世の者こそ気が知れないのであります。それも十年や二十年の後ならともかく、二百年たっても三百年たってもその先人のまねをするだけで、独創性やしっかりとした判断力も意見ももっていないのには驚きいってしまいます。『古今集』以降の勅撰集の何代集の（○○がいい）と言ったところで、みんな『古今集』のカスのカスのカスのカスばっかりでございます。

【解答】

問一　三年の恋
問二　ウ
問三　万葉以外
問四　エ
問五　理屈っぽい
問六　イ
問七　刷新
問八　たしなみの世界

テーマ別研究❻

随　筆

随筆とは、筆者の体験や見聞などをもとに、それに対する所感、思いをまとめた散文のことで、エッセイともいいます。古くは平安時代の『枕草子』（清少納言）までさかのぼることができます。日本には名随筆が多く、イラスト入りや漫画形式の作品も増え、エッセイの種類も多岐にわたります。最近では有名人やタレント、アスリートのエッセイ本も話題性があり、数多く出版されています。

【35】次の文章を読んで、あとの問いに答えなさい。

1 人はよく美しい言葉、正しい言葉について語る。［A］、私たちが用いる言葉のどれをとってみても、単独にそれだけで美しいと決まっている言葉、正しいと決まっている言葉はない。ある人があるとき発した言葉がどんなに美しかったとしても、別の人がそれを用いたとき同じように美しいとは限らない。［B］、言葉というものの本質が、口先だけのもの、語彙《ごい》だけのものではなくて、それを発している人間全体の世界をいやおうなしに背負ってしまうところにあるからである。人間全体が、ささやかな言葉の一つ一つに反映してしまうからである。

2 京都の嵯峨《さが》に住む染織家《せんしょくか》志村ふくみさんの仕事場で話していたおり、志村さんがなんとも美しい桜色に染まった糸で織った着物を見せてくれた。そのピンクは淡いようでいて、［C］燃えるような強さを内に秘め、はなやかで、しかも深く落ち着いている色だった。①その美しさは目と心を吸い込むように感じられた。

「この色は何から取り出したんですか。」

「桜からです。」

と志村さんは答えた。②素人の気安さで、私はすぐに桜の花びらを煮詰《につ》めて色を取り出したものだろうと思った。実際はこれは桜の皮から取り出した色なのだった。あの黒っぽいごつごつした桜の皮からこの美しいピンクの色が取れるのだという。志村さんは続いて③こう教えてくれた。この桜色は一年中どの季節でもとれるわけではない。桜の花が咲く直前のころ、山の桜の皮をもらってきて染めると、こんな上気《じょうき》したような、えもいわれぬ色が取り出せるのだ、と。

3私はその話を聞いて、体が一瞬ゆらぐような不思議な感じにおそわれた。春先、間もなく花となって咲き出でようとしている桜の木が、花びらだけでなく、木全体で懸命になって最上のピンクの色になろうとしている姿が、私の脳裏《のうり》にゆらめいたからである。花びらのピンクは幹のピンクであり、樹皮のピンクであり、樹液のピンクであった。桜は全身で春のピンクに色づいていて、花びらはいわばそれらのピンクが、ほんの先端だけ姿を出したものにすぎなかった。

4考えてみればこれはまさにそのとおりで、木全体の一刻も休むことのない活動の精髄《せいずい》が、春という時節に桜の花びらという一つの現象になるにすぎないのだった。しかしわれわれの限られた視野《しや》の中では、桜の花びらに現れ出たピンクしか見えない。たまたま志村さんのような人がそれを樹木全身の色として見せてくれると、④はっと驚く。

5このように見てくれれば、これは⑤言葉の世界での出来事と同じことではないかという気がする。言葉の一語一語は桜の花びら一枚一枚だといっていい。一見したところ全然別の色をしているが、しかし、本当は全身でその花びらの色を生み出している大きな幹、それを、その一語一語の花びらが背後に背負っているのである。そういうことを念頭におきながら、言葉というものを考える必要があるのではなかろうか。そういう態度をもって言葉の中で生きていこうとするとき、一語一語のささやかな言葉の、ささやかさそのものの大きな意味が実感されてくるのではなかろうか。美しい言葉、正しい言葉というものも、そのときはじめて私たちの身近なものになるだろう。

大岡信《まこと》『言葉の力』

問一 A、Bにあてはまることばを次から一つ選び、それぞれ記号で答えなさい。

ア そして　イ それは　ウ しかし　エ また

問二 Cにあてはまることばを2の段落からさがして書きない。

問三　――線①の部分で、主語を「私は」にすると、この部分全体はどう変化しますか。意味を変えずに書き換えなさい。

問四　「②素人」の読みと対義語を書きなさい。

問五　「③こう」の表す部分のはじめと終わりの三字を抜き出しなさい。ただし、句読点は字数に含めないこと。

問六　「④はっと驚く」とありますが、筆者は何に対して驚いているのですか。次から一つ選び、記号で答えなさい。

ア　志村さんが織ったピンクの着物。
イ　なんとも美しい桜色に染まった糸。
ウ　桜色を桜の樹木全体からとったこと。
エ　見えないものを別の形で見せること。

問七　――線⑤で、次のア～ウの桜に関するものと同じ言葉の世界のものは何にあたりますか。それぞれ文中の語句で答えなさい。

ア　花びら一枚一枚　　イ　大きな幹　　ウ　美しいピンクの色

問八　筆者は、言葉というものは何の表れであると述べていますか。本文中から漢字四字で書き抜きなさい。

大岡信は詩人としても有名ですが、評論、随筆にも優れた文章がたくさんあります。「言葉の力」は、かつて教科書にも掲載されたことがありました。構成がはっきりしており（[1]意見→[2]～[4]エピソード→[5]意見）、テーマやたとえも身近でわかりやすい。「ある人があるとき発した言葉がどんなに美しかったとしても、別の人がそれを用いたとき同じように美しいとは限らない。」――確かにそう思います。Aに好きだと言われたら手放しで喜ぶが、Bに好きだと言われたらちょっと困ってしまう。こういう話はしばしば聞きます。同じ「好き」という言葉なのに、発する人によって感じ方が違うのは、言葉がその人全体を反映するからだと述べています。

[1]で、「美しいと決まっている言葉、正しいと決まっている言葉はない。」といっていますが、最終段落の[5]では

「美しい言葉、正しい言葉」が「私たちの身近なものになるだろう。」に変わっています。この変化を読み取ることが、ここでは最大のポイントになります。

問一は、これまで何度も出題してきた接続詞を中心とした空らん補充問題。[A]の前後の述部（に相当する部分）をみると、「美しい言葉、正しい言葉について語る。」と「正しいと決まっている言葉はない。」であるから、逆接が入ります。[B]の直後の述部は「あるからである。」となっているから、理由を述べていることがわかります。問二は、対句に気づけば「そのピンクはA、[C]B、CしかもD」のパターンだとわかるでしょう。問三の書き換え問題で多いケアレスミスは、文末を過去形にしてしまうことです。「意味を変えずに」の表現に気をつけましょう。主語を変えるので、ここでは受け身の助動詞を使うことになります（P57《付記》1参照）。問四は、熟字訓の読みと対義語を答える問題。この他にも、「田舎《いなか》」（[対]都会）、「凸凹《でこぼこ》」（[対]平ら）、「若人《わこうど》」（[対]老人）などをチェックしておきましょう。問五は、会話部分の指摘で、古文の問題に頻出します。自分なりに目星をつけて「　」をつけるとはっきりするでしょう。最後は「〜と。」の場合が多く、「と」の前までが範囲です。問六は「はっと驚く」わけですから、意外性のあるものを選びます。問七は、[5]を読んで表現の共通性に着目します。ア（「言葉の一語一語は桜の花びら一枚一枚だといっていい。」）は比較的わかりやすいでしょう。イも「大きな幹」の「大きな」に目をつけ、ウの「美しいピンクの色」は言葉の世界での「美しい」ものに着目します。問八は「漢字四字」が大ヒント。繰り返し書かれた言葉に注意してください。

【解答】

問一　A＝ウ　B＝イ
問二　しかも
問三　（私は）その美しさに目と心を吸い込まれる。
問四　読み＝しろうと　対義語＝玄人《くろうと》
問五　はじめ＝この桜　終わり＝るのだ
問六　ウ
問七　ア＝言葉の一語一語　イ＝大きな意味　ウ＝美しい言葉、正しい言葉（「正しい言葉」のないものは△）
問八　人間全体

【36】次の文章を読んで、あとの問いに答えなさい。

シカゴ大学の大学院のとき、同級生の一人に、六歳と八歳の弟がいた。私は、①よく彼の家に遊びに行って、この弟たちに②テジナをやってみせたものだった。あるとき、私が「テジナで君たち二人をライオンに変えられるよ」と言うと、［A］、彼らの一人が「いいよ、やってみて」と言った。予想外の答えに、私は「えっ、そ、それは、うーん、ちょっと、今はでき[a]ないんだ」とかわした。彼らがそのわけを聞いてきたので、私は「だって、ライオンになったら元に戻せなくなるから」と答えた。弟のほうが「それでもいいよ。早くライオンにしてよ」と言うので、私は「だめだよ。本当に元に戻せなくなるんだよ」と伝えた。それでも兄が「ライオンにして！」と騒いだ。弟は「どうやってライオンにするの？」と尋ねてきたので、私は「③ジュモンを唱えるんだ」と答えた。すると、兄弟の一人が「それってどんなジュモン？」と尋ねるので、「ジュモンを教えるためには、それを言わなくちゃならないだろ。そうしたら、ライオンになっちゃうよ」と答えた。兄弟はしばらく考えていたが、そのうちに一人が尋ねた。「元に戻すジュモンはないの？」。私はこう答えた。「もちろんあるさ。でも④ヤッカイなのは、一度最初のジュモンを唱えると、君たちだけでなくそれを聞いたみんなが、もちろん私も、ライオンになってしまう。そうするとライオンはしゃべれ[b]ないから、誰も元に戻すジュモンを唱えられ[c]ないんだ」。兄は「じゃあ、紙に書いてよ」と言ったが、弟は「でも僕、読めないや」とつぶやいた。私は兄弟にこう言ってきかせた。「いやいや、紙に書くなんてとんでも[d]ない。そのジュモンは、唱えるだけでなく紙に書いただけでも、それを見た誰もがライオンになってしまうんだ」。「そうか」。 B 彼らはあきらめた。

一週間ほどたってから、八歳の兄に出会ったとき、彼は私にこう言った。「スマリヤン、聞いてもいい？ 僕、よくわかんなくなっちゃった」。私が「どうしたの」と尋ねると、彼はこう言った。「⑤どうやってそのジュモンを覚えたの？」

レイモンド・M・スマリヤン／川辺治之訳『この本の名は？』

問一 「①よく」が直接かかっている文節を、次のア～エより一つ選び、記号で答えなさい。

ア 家に　イ 行って　ウ テジナを　エ みせた

問二 「②テジナ」および「③ジュモン」、「④ヤッカイ」を漢字になおしなさい。

問三 A にあてはまる語句を次から選び、記号で答えなさい。

ア 震える声で　イ 驚いたことに　ウ 困ったように　エ 思ったとおり

問四 ═線a～dの「ない」のうち、一つだけ品詞の違うものがあります。その記号を答えなさい。

問五 B にあてはまる語句を次から選び、記号で答えなさい。

ア すぐに　イ ようやく　ウ 思ったとおり　エ 納得したように

問六 八歳の兄が──線⑤と尋ねた理由を百字以内で答えなさい。

スマリヤンはアメリカの数学者であり論理学者であり哲学者でありピアニストであり奇術師であります。出典の『この本の名は?』は、サブタイトルに「嘘つきと正直者をめぐる不思議な論理パズル」とあるように、物語風のパズルブックです。その中にこんな問題がありました。「おいしい食事は安くない。安い食事はおいしくない。この二文は同じことを述べているだろうか?」――意味的にはこの二文は「全く同じことを述べている。」しかし「心理的には別のことを連想させるだろう。私は、前者を読むとおいしくて高価な食事を思い描き、後者を読むと安くてまずい食事を思い描く。ほとんどの人は私と同じような反応をするのではないか。」――同感です。同じ内容のことを述べたとしても、表現によって受け取り方が違うのも〝言葉の力〟の影響でしょう。

問一は、被修飾語を指摘する文法問題。被修飾語と修飾語の関係は、その二文節だけで意味が完結する(わかる)ようになっているものを選ぶこと。ここではイとウが候補にあがりますが、このように「かかっている文節」が複数ありそうなときは、完結する最も近い文節を選ぶようにしてください。問二はお馴染《なじ》み、漢字の書き取りです。いざ書こうとすると、すぐに出てこない漢字というのがあります。「カイシンの勝利」、「消化キカン」、「身元をホショウする」などがそうです。(答えを【解答】問二のあとに載せました。)問三は「予想外の答え」というのがカギ。問四は、比較的頻度の高い文法問題です。打ち消しの助動詞の中に形容詞の一部がまぎれ込んでいます(文法【16】参照)。問五も、問三と同様適語補充。兄弟がスマリヤンの手品を「あきらめた」状況を端的に表現したものを選びます。問六は、ちょっとした作文問題。八歳の兄の疑問は、呪文を知ったらライオンになるはずなのに、スマリヤンが人間でいられる矛盾《むじゅん》に気づいたからです。

【解答】

問一 イ
問二 ②=手品 ③=呪文 ④=厄介

（会心の勝利、消化器官、身元を保証する）
問三　イ
問四　d
問五　イ
問六　例 人をライオンに変えるじゅもん（呪文）は、それを聞いた人も唱えた人も紙に書いたものを見た人も誰もがライオンになってしまうから、スマリヤンが人間でいられる理由がわからなかったから。（84字）

【37】 次の文章を読んで、あとの問いに答えなさい。

芸能に興味のない方でもテレビや雑誌で〝AKB48〟という文字を見たことはあるだろう。AKB48とは、2005年の12月8日に秋葉原の専用劇場でデビューしたアイドルグループのことである。専用劇場といっても250人 A シュウヨウの小さなライブハウスのようなもので、ここから数年後に国民的アイドルが誕生するとは誰も思っていなかった。「会いに行けるアイドル」をコンセプトに、歌とダンスの1時間半ほどのライブを毎日行うんだと僕が説明するたびに、友人や業界の先輩に止められた。当時、秋葉原は 注1 メイド喫茶など「萌《もえ》ブーム」で盛り上がっていたのだが、人気のグラビアアイドルや声優がイベントをしても休日でさえ100人程度しか集まらないのだから、毎日ライブを行っても満員になるわけがないと ① ……。

実際、劇場をオープンしてから、観客7～10人という日が続いた。ステージに立っているメンバーが20人、スタッフが30人くらい動いていたから、経営にタッチしていない僕から見ても明らかに赤字であることがわかった。［ ② ］、B コウエンを行うたびに赤字が増えてゆくのだ。まわりの人間は誰もが失敗だと思っただろう。オープンして間もないのに、辞めていったメンバーやスタッフもいた。それでも、僕たちが歯を食いしばってでもやり続けようと思ったのは、努力することが楽しかったからだ。③ 青臭いと笑われるかもしれない。当時、40代後半の僕は変な達成感のようなものがあって、枯れてしまったというか、人生の夢とか目標を失っていた。何かに熱くなることがなくなっていたのだ。そんな時に、④ひょんなことからＡＫＢ48を立ち上げたのである。

ＡＫＢ48のこれまでの歴史を説明する時に、僕は高校野球のたとえ話をする。秋葉原にある高校で野球部が新設されたとしよう。かつて、注2〝おニャン子クラブ〟という高校の野球部を甲子園優勝まで導いたCシュワンを買われて、僕がその新設の野球部の監督にDシュウニンするところから物語ははじまる。集まった部員は20名。そのほとんどが野球のルールも知らない初心者ばかり。［⑤］、僕は部員たちに言う。「⑥甲子園に行こう！」と。そして、それから僕たちは日が暮れるまで365日、⑦白球を追い続けるのだ。技術はない。あるのは、部員たちの「一生懸命さ」だけだ。ピッチャーゴロでも、一塁ベースに全力でヘッドスライディングをする一生懸命さ。そんな部員たちの姿に、半ばあきれながらも応援してくれる人たちが現れた。そして、地区予選を少しずつ勝ち進み、応援団とその喜びを分かち合っていったのである。誰もが無理だと思っていた甲子園への出場を決めた時、みんなで泣いた。

ＡＫＢ48の中心メンバー注3高橋みなみは、総選挙のスピーチでEセンゲンした。「努力は必ず報われると人生をもって証明します。」と。

大人の僕は、努力のすべてが報われるわけではないことを知っている。しかし、彼女たちの一生懸命さを見ていると、心から報われてほしいと思う。それぞれの夢を叶えてほしいと思う。彼女たちの一生懸命さは、実は⑧みんなの励みにもなっている。メンバーの○○が弱音を吐かずに前に向かって歩いているから、私も歯科衛生士の資格に挑戦しよう。俺は彼女たちよりずっと上の世代だが、会社でいろいろと嫌なことがあっても負けられないと思った。ＡＫＢ48のファンは彼女たちの夢に自分の夢を重ねているのだ。エリート集団ではないＡＫＢ48が一生懸命にがんばっているから感動を呼ぶのである。

たかがアイドルである。歌がうまいわけでも、ダンスがうまいわけでもないＡＫＢ48をFヒハンする人も少なくない。あるいは運営についての問題点もあるだろう。⑨それはすべて、運営する大人たちの責任である。彼女たちには何の責任もない。どうか一度、ＡＫＢ48の一生懸命さを観てあげてほしい。なぜ、ここまで多くの人たちに支持されているのかがわかるはずだ。そして、⑩大人になってしまった自分が失ったものを見つけるだろう。

ＡＫＢ48とは、「⑪性」のことである。

秋元 康「ＡＫＢ48とは何か？」

（「文藝春秋」２０１２年11月号）

注1 メイド喫茶＝店員がコスプレをして接客を行う飲食店。 注2 おニャン子クラブ＝１９８５年、フジテレビの娯楽番組「夕やけニャンニャン」から誕生した女性アイドルグループ。 注3 高橋みなみ＝ＡＫＢ48チームＡのリーダー。

問一 ――線Ａ～Ｆのカタカナを漢字になおしなさい。

問二 「①……」に続くことばとして最も適当なものを次のア～エより選びなさい。

ア 言って喜んだ　イ 言って叱《しか》った　ウ 言って励ました　エ 言ってあきらめさせた

問三 ② にあてはまることばを次のア～エより一つ選び、記号で答えなさい。

ア さて　イ つまり　ウ それでも　エ ひょっとすると

問四 「③青臭い」とはどういうことですか。次から一つ選び、記号で答えなさい。

ア 未熟であること　イ なまいきであること　ウ ユニークであること　エ 一人よがりであること

問五 「④ひょんなことから」の「ひょん」の由来は何か。次から一つ選び、記号で答えなさい。

ア 動物の名前　イ 植物の名前　ウ 昆虫の名前　エ 妖怪の名前

問六 ⑤ にあてはまることばを次のア～エより一つ選び、記号で答えなさい。

ア でも　イ だから　ウ やっぱり　エ それから

問七 「⑥甲子園に行こう！」とは、この場合、どういうことを言っていますか。かんたんに答えなさい。

問八 「⑦白球を追い続ける」とはどういうことですか。わかりやすく説明しなさい。

問九　「⑧みんなの励み」の具体例を述べている文の、はじめと終わりの四字（句読点も字数に含める）を抜き出しなさい。
問十　「⑨それ」は、何をさしていますか。文中より十字で書き抜きなさい。
問十一　――線⑩とは何ですか。文中より抜き出しなさい。
問十二　本文の内容から、「⑪性」にあてはまる漢字二字を考えなさい。

秋元康は現在でも作詞家、放送作家、音楽プロデューサーとマルチに活躍しています。アイドルユニットのプロデュースに才能を発揮しますが、「川の流れのように」（美空ひばり）や「クリスマスキャロルの頃には」（稲垣潤一）、「ヘビーローテーション」（AKB48）などの名曲も作詞しています。また「象の背中」、「着信アリ」などの映画の原作者でもあります。その秋元康が、AKB48の成功を述懐したエッセイです。

私の時代は桜田淳子や麻丘めぐみ、アグネス・チャンといったアイドルが一人で歌っていました。その後、キャンディーズやピンクレディが出ましたが、多くても4～5人で、一学級の在籍生徒より多い数のアイドルグループがデビューしたときは、ピンキリがついてすぐ解散するだろうと思ったものです。それが今や秋元プロデュースのアイドルグループは、AKBの他にも「乃木坂46」、「欅坂46」、「日向坂46」に加え「SKE」や「HKT」などの「48」も存在します。この先を予見して適切にデビューさせる能力には全く感服します。

さて設問ですが、問一は、おきまりの漢字の書き。6問全問正解なら書き取りに自信をもっていいでしょう。特にBの「コウエン」は「公園・講演・後援・公演・好演・香煙・高遠・後円」などなどざっと10以上あるから迷わないように。問二は、省略された表現を考える問題。「休日でさえ」人が「集まらない」のに、「毎日ライブを行っても満員になるわけがない」のだから、やめた方がいいと言われたはずです。問三は、空らんに適語を入れる問題。接続詞以外の選択肢もありますが、解法の基本は空らん前後の内容にあります。前の部分で「明らかに赤字である」といっており、空らん直後は「（コウエンを行うたびに）赤字が増えてゆく」とあるのですから、わかりやすく説明していることがわかります。「赤字、つまり増えてゆく」となります。問四は、語句の意味を問う問題。「青」のもつ若さから連想してみてください。問五は、一般教養（雑学）から。「ひょんなこと」は、イスノキ（常緑広葉樹の高木）にできる〝虫こぶ〟からきているという説があります。問六は、問三の類似問題。⑤の前後に着目します。直前の述語が「初心者ばかり。」で、直後の述部が「甲子園に行こう！」ですから、逆接を選ぶことになります。問七の「甲子園に行こう！」は「たとえ話」です。甲子園に行くために白球を追う球児は、AKBでいえば、歌やダンスに懸命に取り組みメジャーデビューを果たすことです。問八は、問七と関連しています。両方とも「どういうこと」と聞かれているので、最後は「〜こと。」で答えましょう。問九は「みんなの励み」の「みんな」と「励み」の具体例を述べた「文」を指摘します。問十は、指示語の問題。直前の文に答えがあります。問十一は難問です。大人になって失うものとは何でしょう？　それは若いときにはもっていたものです。文中に「人生の夢とか目標を失っていた」とあります。続いて「何かに熱くなることがなくなっていた」ともあります。つまり、大人になると「目標」や「熱くなること」を失うのです。しかしこれだと答えとしては不十分。目標に向かって熱くなると表れるものこそが真の答えなのです。それは、この文章の後半に六回も繰り返し書かれている〝キーワード〟でもあります。問十二も難問。漢字二字の指定はありますが、「文中より抜き出せ」の文言はないから、自分で考えなければなりません。こういう問題に出くわしたら、私はなぞなぞの問題を作ることにしています。問十二ならさしずめ「初心者ばかりでも一生懸命がんばればがんばるほど夢に近づけるものナ〜ニ？」。このなぞなぞの答えを考えてみてください。

【解答】

問一　A＝収容　B＝公演　C＝手腕　D＝就任　E＝宣言　F＝批判
問二　エ
問三　イ

問四　ア
問五　イ
問六　ア
問七　メジャーデビューを果たそうということ。
問八　歌とダンスの練習をすること。
問九　メンバー　～　思った。
問十　運営についての問題点。
問十一　一生懸命さ
問十二　可能（性）

【38】次の文章を読んで、あとの問いに答えなさい。

クレオパトラの鼻が曲がっていたとすれば、世界の歴史はそのために一変していたかもしれないとは、名高いパスカルの注1警句である。［①］恋人というものは、めったにありのままの姿を見せるものではない。いや、我々の注2自己欺瞞《じこぎまん》は、ひとたび恋愛にa陥ったが最後、最も完全に行われるのである。

アントニイもそういう例に漏れず、クレオパトラの鼻が曲がっていたとすれば、努めてそれを②見まいとしたであろう。（Ａ）また、③見ずにはいられない場合も、その短所を補うべき何か他の長所を探したであろう。（Ｂ）アントニイもきっと我々同様、クレオパトラの目とか、唇とかに、あり余るb償いを見出したであろう。（Ｃ）その上また例の「彼女の心」！（Ｄ）実際我々の愛する女性は、昔から今に至るまで、飽き飽きするほどすばらしい心の持ち主である。のみならず彼女の服装とか、あるいは彼女の財産とか、あるいはまた彼女の社会的地位とか、――それらも長所にならないことはない。しかも、はなはだしい場合をあげれば、以前ある名士に愛されたと

随筆

いう事実、あるいはその風評《ふうひょう》さえ、長所の一つに数えられるのである。しかもあのクレオパトラは、豪華と神秘に満ち満ちたエジプト最後の[c]女王ではないか？　香の煙の立ちのぼる中に、冠《かんむり》の珠玉《しゅぎょく》でも光らせながら、蓮《はす》の花か何かをもてあそんでいれば、多少の鼻の曲がりなどは、何人の目にも触れなかったであろう。④いわんやアントニイの目をやである。

　こういう我々の自己欺瞞は、ひとり恋愛に限ったことではない。我々は多少の相違さえ除けば、大抵我々の欲するままに、いろいろ実相を塗り替えている。例えば歯科医の看板にしても、それが我々の目に入るのは看板のあることを欲する心——つまりは我々の歯痛ではないか？　もちろん我々の歯痛などは、世界の歴史には注3没交渉であろう。

　[①]、こういう自己欺瞞は、民心《みんしん》を知りたがる政治家にも、敵状《てきじょう》を知りたがる軍人にも、あるいはまた財況《ざいきょう》を知りたがる実業家にも同じようにきっと起こるのである。私はこれを修正すべき理知の存在を否定しない。同時にまた、様々な方面の人事を[d]統括する「偶然」の存在も認めるものである。が、あらゆる熱情は理性の存在を忘れやすい。「偶然」は言わば神意《しんい》である。すると我々の自己欺瞞は、世界の歴史を左右すべき、最も永久なる力かもしれない。

　つまり二千余年は、流し目で見た一クレオパトラの鼻の状態によったのではない。むしろ地上に広くいっぱいに行き渡った我々の愚かさによったのである。失笑《しっしょう》すべき、——しかし[e]荘厳な我々の愚かさによったのである。

芥川龍之介『侏儒の言葉』

（問題作成のため一部表記を改めました。）

注1 警句＝真理を突いた鋭いことば。　注2 自己欺瞞＝自分で自分の心に嘘《うそ》をつくこと。　注3 関係をもたないこと。

問一　文中の「[a]陥った」「[b]償い」「[c]女王」「[d]統括」「[e]荘厳」のよみがなを書きなさい。

問二　[①]にあてはまる共通の接続詞を次から選びなさい。

ア だから　イ しかし　ウ さらに　エ ところで

問三 文中の「②見まい」「③見ず」の意味を次から選び、それぞれ記号で答えなさい。

ア 使役　イ 受け身　ウ 希望　エ 打ち消し　オ 過去　カ 否定の推量　キ 否定の意思

問四 次の文を本文中に入れるとすれば、どこが適当ですか。文中の（Ａ）～（Ｄ）の中から選び、記号で答えなさい。

何か他の長所といえば、天下の我々の恋人くらい、無数の長所を備えた女性は一人もいないに違いない。

問五 「④いわんやアントニイの目をやである」を反語形式を使わずに、わかりやすい文に書き換えなさい。

問六 この文章のテーマを述べている部分を、二十字以内で抜き出しなさい。

出典の『侏儒の言葉』は芥川晩年の随筆として有名です。ちなみに「侏儒」とは、「背の低い人」、「しっかりした判断力のない人を見下していうことば」という意味があります。小説家として名高い芥川ですが、『雑筆』、『点心』、『あの頃の自分の事』や『澄江堂雑記《ちょうこうどうざっき》』など優れた随筆も数多く残しています。（芥川龍之介の小説については「テーマ別研究7」でふれます。）

問一は、漢字の読み。意外にもcを発音どおりに「じょうおう」と書く人がいます。またeも「そうげん」と答える人が多いのですがいずれも間違いです。問二は、接続詞を入れる問題。ア順接、イ逆接、ウ添加、エ転換から選ぶことになりますが、第一の①前後の述語は「ある」が「ない」に変わったから逆接だと予想がつきます。第二の①は段落のはじめにあるから、直前の段落にある最後の文に注目します。そこには「我々の歯痛」→「歯科医の看板」の「自己欺瞞」が、段落を改めて政治家にも軍人にも実業家にも起こりうる「自己欺瞞」だと述べています。つまり、「世界の歴史には没交渉であろう。」しかし、こうした自己欺瞞は（だれにでも）「きっと起こるのである。」となります。問三は文法問題。助動詞の活用は余裕がなければ覚える必要はありませんが、意味・用法はおさえておきたいところです。問四は、欠落した一文を本文の正しい位置にあてはめる問題。解法としては、話の転換がない限り、欠落した文と共通または関連する語句がつながることが前提なので、前後で共通する語句を見つけます。ここでは「何か他の長所といえば」とあるのだから、その前に「何か他の長所」がある文を見つけます。問五の反語形式とは、「いわんや〜をや」をさします。問題文に「反語形式を使わずに」とあるから、「いわんや」を「もちろん」とか「まして（や）」に言い換えて、「をや（である）」の部分を「言うまでもない」や「なおさらである」にします。問六は難問。文章全体を通して語られているのは「自己欺瞞」についてです。前半は恋愛における「自己欺瞞」。後半は恋愛以外と歴史に影響を及ぼす「自己欺瞞」です。ここで、自己欺瞞を発生させる要素に「恋愛」と様々なことを「知りたがる」欲望が見えてきます。そしてそれらをかき立てる「熱情」こそが人間の「理性」を麻痺させるとしています。これが本文のテーマではないでしょうか。

【解答】

問一　a＝おちい（った）　b＝つぐな（い）　c＝じょおう　d＝とうかつ　e＝そうごん
問二　イ
問三　②＝キ　③＝エ
問四　（B）
問五　例もちろんアントニイの目にも触れなかったことは言うまでもない。
　　　例ましてやアントニイにしてみればなおさらである。
問六　あらゆる熱情は理性の存在を忘れやすい。（19字）

【39】次の文章を読んで、あとの問いに答えなさい。

車椅子《いす》に乗るようになってから十二年が過ぎた。その間、道のでこぼこがよいと思ったことは一度もない。本当は曲がりくねった草の生えた土の道の方が好きなのだけれど、脳みそまで a ひっくりかえるような振動には、お手上げである。第一、力の弱い私の電動車椅子では止まってしまう。

車椅子に乗ってみて、初めて気がついたのだが、舗装道路でもいたるところに段差があり、平らだと思っていた所でも、横切るのがおっかないくらい傾いていることがある。ところが、この間から、そういった道のでこぼこを通る時に、ひとつの楽しみが出てきた。ある人から小さな鈴をもらい、私はそれを車椅子にぶら下げた。手で振って音を出すことができないから、せめて、いつも見える所にぶらさげて、銀色の美しい鈴が揺れるのを、見ているだけでもよいと思ったからである。

道路を走っていたら、①例のごとく小さなでこぼこがあり、私は電動車椅子のレバーを慎重に動かしながら、そこを通り抜けようとした。その時、車椅子につけた鈴が「チリン」と鳴ったのである。心に b しみるような澄んだ

随筆

音色だった。

「いい音だなあ。」私はもう一度その音が聞きたくて、引き返してでこぼこの上に乗ってみた。「チリーン」「チリーン」小さいけれど、本当によい音だった。

その日から②道のでこぼこを通るのが楽しみとなったのである。長い間、私は道のでこぼこや小石を、なるべく避けて通ってきた。そしていつの間にか、道にそういったものがあると思っただけで、暗い気持ちをもつようになっていた。しかし小さな鈴が「チリーン」と鳴る、たったそれだけのことが、私の気持ちをとても和やかにして[c]くれるようになったのである。

鈴の音を聞きながら、私は思った。人も皆、この鈴のようなものを、心の中に授かっているのではないだろうか。その鈴は整えられた平らな道を歩いていたのでは鳴ることがなく、人生のでこぼこ道にさしかかった時、③揺れて鳴る鈴である。④美しく鳴らし続ける人もいるだろうし、閉ざした心の奥に、押さえ込んでしまっている人もいるだろう。

私の心の中にも、小さな鈴があると思う。その鈴が、澄んだ音色で歌い、キラキラと[d]輝くような毎日が送れたらと思う。私の行く先にある道のでこぼこを、なるべく迂回せずに進もうと思う。

星野富弘「鈴の鳴る道」

問一　━━線a～dのうち、上一段活用の動詞を選び、記号で答えなさい。

問二　「①例のごとく」とは、どういうことを指していますか。その部分を文章中より五十字前後で抜き出し、はじめの四字を書きなさい。

問三　――線②とありますが、楽しみとなった理由を二十五字～三十五字以内（句読点も字数に含む）で書きなさい。

問四　「③揺れて鳴る鈴」とは、どんな鈴を指しますか。文章中から抜き出し、最後に「鈴」と続くように十字で答えなさい。

問五　「④美しく鳴らし続ける人」とは、どんな人のことをいいますか。「でこぼこ道」ということばを使って、二十五字以内（句読点も字数に含む）で書きなさい。

星野富弘は群馬県出身の中学校体育教師でした。部活の指導中に事故に遭い頸椎《けいつい》を損傷、以来車椅子での生活が続いています。車椅子生活といえば、思い出す番組があります。もう四十年以上前にＮＨＫで放映された『車輪の一歩』というドラマです。バリアフリーが現在ほど進んでいない時代に、障害者問題をテーマにした先駆的な作品で、数多い山田太一脚本のドラマの中でも屈指の傑作といわれています。車輪なのにあえて「一歩」とつけたタイトルに、閉ざされた障害者の思いが伝わってきます。

「人に迷惑をかけることを怖れるな」――これは吉岡司令補（鶴田浩二）が「特別な人生」を強いられた車椅子の青年、川島君（斉藤洋一）を励ますシーンでの言葉です。「人に迷惑をかけないという、今の社会で一番疑われていないルールが君たち（障害者）を縛っている。君たちは、普通の人が守っているルールは、自分たちも守るというかもしれないが、私はそうじゃないと思う。君たちが街へ出て、電車に乗ったり階段を上がったり映画館へ入ったり、そんなことが自由にできないルールはおかしいんだ。いちいち後ろめたい気持ちになったりするのはおかしい。私はむしろ堂々と胸を張って、迷惑をかける決心をすべきだと思った。」――こう話す司令補の言葉に、「閉ざした心の奥に、押さえ込んでしまっ」た川島君の心の鈴は、確実に揺れ動いていったのです。

話は変わりますが、二〇一七年６月、空港のチェックインカウンターで「歩けないと乗れません」と、搭乗が拒否されるできごとが起きました。車椅子の当事者はブログで、「いっそのこと航空券の購入時に、この飛行機は階段昇降ができない人は乗れません」と書いてくれればよかったのに……」とつぶやいていました。私はこのニュースを知ったときに『車輪の一歩』を思い出し、「昔とちっとも変わってないなあ」と嘆息《たんそく》したことを覚えています。航空会社の方針は、「多くの乗客に迷惑のかかる人は除外もやむなし」という極論につながってしまう。これには、「障害者なんて抹殺してもかまわない」という理由で知的障害者を刺殺し、多くの入所者・職員に重軽傷を負わせた、相模原の事件を思い出してしまいます。

世の中には、迷惑をかけてでもやらなければならないことがあります。「24時間テレビ　愛は地球を救う」や「ラジオ・チャリティ・ミュージックソン」に代表される募金活動や街頭での署名活動などは、人の迷惑を考えたらできなくなってしまいます。しかし、こういう取り組みが長い間続いてきたのは、多くの人の心に美しく鳴る鈴があるからです。高齢化社会の今、非常に高い確率で「老い」とともに暮らすことになります。私も星野さんのように、人生のでこぼこ道を「なるべく迂回せずに進」めるように心の鈴を大切にしようと思っています。

問一は文法問題。aは五段、bが上一、cは下一、dも五段活用の動詞です。問二の「①例のごとく」は、これまで経験したことを指しています。「どういうこと」かを聞かれているので五十字前後で最後に「こと」のある部分をさがしてみましょう。問三は記述問題。「楽しみとなった」ということは、それ以前はそうではなかったのです。作者の気持ちが変化した理由を答えましょう。問四の「③揺れて鳴る鈴」は、目に見えて形のある鈴ではありません。問五も記述問題。「どんな人」を聞かれているので、これも最後は「〜人。」にします。ポイントは「鳴らし続ける」というところ。この表現から、いつも避けずに通り抜けるイメージが浮かびます。

【解答】

問一　b
問二　舗装道路
問三　例車椅子につけた鈴の音色が、私の気持ちをとても和やかにしてくれるから。（34字）
問四　心の中に授かっている（鈴）。
問五　例人生のでこぼこ道をいつも避けずに通り抜ける人。（23字）

【40】次の文章を読んで、あとの問いに答えなさい。

空前の競馬ブームである。とにかく競馬場はいつもいつも［　①　］みたいに大混乱しているのだ。ただ窓口で馬券を[a]買うだけでもう[b]大変なものである。短気な人ならすぐにいやになってしまうに違いない。にもかかわらず、毎週毎週十万もの人が競馬場を目指してやってくる。

人はなぜ競馬に熱中するのか。十人の人がいれば十人が違う答えを用意するだろう。千人の人に聞けば千通りの答えが返ってくるだろう。一万人の人が一万通りの答えを用意して質問を待っている。そして誰もがこう前置きするはずだ。「人のことはわからないけれど、私の場合……」。そして多分これこそが答えなのだろう。つまりただ「私の場合」だけを[c]考えることが許されているからである。

馬券を買う人だけでなく、騎手や調教師、競馬記者や予想屋、馬主《うまぬし》や生産者、それら全ての人が競馬における「私の場合」を押し進める。完成された競馬というものがまだどこにあるのか[d]わからないからなのだろうか。何が正しく何が間違いなのか、まだ誰も知らないのだから。それは、まるで人が自分の人生しか生きることができないことととてもよく似ている。

競馬をスポーツだとする②むきもあるようだが、少なくとも私たちにとっては競馬はスポーツではない。馬に乗

随筆

る側にとってはスポーツなのだろうが、観客にとってはギャンブルだ。ギャンブルの場において人の幸せを願う奴はいない。極論すれば、みな人の不幸を願っているのだ。人の不幸の上に成り立つ自分の勝ち。ギャンブルの快楽は③ここにある。一対一のギャンブルなら他人の不幸に立ち会わなくてはならないが、何十万もの人が参加するゲームにおいては、その不幸なシーンはカットされてしまう。ギャンブルに勝った者は、無意識のうちに他人を敗者の不幸に④陥れた罪を背負いながらも、そのことに気づかず勝ちに酔いしれる。

ルグロリューが勝った[注1]ジャパンカップの日だったから、昭和62年のことだ。昼休みをはさんで八千円台の好配当が続けて出た。競馬は初めてだという私の妹を連れて、朝早くからゴール前の自由席に陣取っていた私たちのすぐ後ろで、興奮した口調でしゃべり続ける男がいた。第5レースは7頭立て。本命モガミファニーと対抗リアルボールドがそろって負け、岡部の乗るレイトンガールが圧勝、2着に[注2]しんがり人気のファストマーチが入って[注3]馬連1―2は八千二百六十円。このレースをその男がとったことは周りの人ならみんな知っている。当たった瞬間から昼休みの間じゅう「なんか来る気がしたんだよ」というたぐいのセリフを大声でわめきちらしていたからだ。数人の友人らしい男たちは、最初「いやあ、すごいねえ」などとはやしたてていたが、⑤友好的な雰囲気はものの五分も続いただろうか。

男の言い回しが「なんか来る気がしたんだよ」から「やっぱり来ると思った」を経て「これしかないよな」に変わるころには、周りの人はただ不機嫌そうに黙ったまま弁当を食べ続けているのであった。その光景がおかしくてくすくす笑っていた私たちも、あまりの険悪なムードに耐えきれなくなっていた。妹などは「大丈夫かなあ。けんかになったりしないかなあ」と恐れている。

6レースでは岡部のレイトンボーイが1番人気におされた。前のレースでやはり岡部のレイトンガールが勝っているのだから、ムード的にはレイトンボーイが来そうである。しかし、好配当が出たあとのレースというのはみな、好配当に走りがちだ。とれなかった者でさえそうなのだから、うしろのうるさい男がまた⑥万馬券狙いをしているのはあきらかだった。買ってきた馬券をうれしそうに見せびらかしている。友人たちが無視しているのにも気づかないらしい。
⑦そうは問屋が卸さないとみんなが思っていたのも⑧つかの間、ブービー人気、注4単勝52・7倍のハグロオーザがレイトンボーイに勝ち、6―7はまたまた八千七百三十円の好配当に終わった。他の馬に賭けていた私はかすりもしない。それなのに、その馬券をまたも後ろのうるさい男がとったのである。どんなことになったかは想像がつくだろう。男はおおはしゃぎで自慢しまくる。周りの人はしらけまくる。私たちまでしらけて不機嫌になってきたのだった。

⑨みんな腹を立てていた。誰も口をきこうとしない。だいだいその男以外は誰も当たっていなかったのだ。人の幸運を喜ぶ余裕なんてあるはずがない。それどころか心の片隅では、その男が5レースでとった金を6レースですってしまえばいいと思っていたに違いない。なのにすってしまったのはこっちの方で、悪いのは誰かというと、もう騎手でも馬でもなくその男だということになってしまっている。こうなってくると、数の多い敗者の方がなぜか正しい立場に立っているような気がする。80倍を続けて当てた男は、明らかによくないのであって、なんとか⑩正しい道に戻してあげなくてはならない。誰も口には出さないが、断然そういうムードである。

周りの人間全員が、その幸運な男に「全部すっちゃえ」と念じている。自分の勝負も⑪そぞろである。念じたせいだかどうだか、7～9レースは10倍台の順当な配当が続き、男はだんだん静かになっていった。静かというかなんというか、見ていて気の毒なほど⑫肖冘してきたのだ。確実にすり続けており、元も子もなくすのは時間の問題になってきたようだ。私たちはようやく乱されていた自分のペースを取り戻していた。

メインレースはジャパンカップ。私は妹と二人、牝馬《ひんば》のダイナアクトレスの注5単・複で勝負することに決めていた。距離が長いと注6源一郎さんは言ったが、そんなことはおかまいなしだった。早々と馬券を買い、注7本馬場《ほんばば》に入場してきた馬を近くまで見に行った。後ろを向いたとき、例の男のうつむく姿があった。もう何の怒りもわかない。それでいいのよ。それが正しい道だ。険悪なムードだった男の友だちにも余裕が戻り、和やかな会話が続いていた。後ろから話し声が聞こえる。

随筆

「これで外れたらパーだよ。」

「あれあれ、あんなにもうかっていたのに?」

「みんな突っ込んじゃってね。」

「まだわかんないさ。」

「来てくれないと困るんさ。」

「途中でいい目見たからいいじゃない。」

「いやあ、あれ実は会社の金でさあ。」

「えっ!」

「月曜の朝、金庫に入れとかなきゃならんのよ。」

「………。」

みんなの笑いが凍りついたのは言うまでもない。会社の金を使い込んでやっていたなんて……。すっちゃえと念じた手前、気まずいものがある。でも、メインレースで男が金を取り戻すとは絶対に思えなかった。

小柄な馬ルグロリユーが勝ち、2着にサウスジェット。3着にダイナアクトレスが突っ込んで複勝が当たったので大騒ぎで喜んだ。有頂天《うちょうてん》になっていた私と妹の後ろで、男が呆然《ぼうぜん》と立ち尽くしていたと源一郎さんがあとになって教えてくれた。

「やっぱりすっちゃったんだね。」

人はなぜ競馬に熱中するのか。考えうる全ての文章がその答えになる気がする。反対にそのどれもが答えにならないのかもしれない。だが、競馬に夢中になっているその瞬間、そこに罪深い何かが存在することを私たちは知っている。例えば人の不幸を願う気持ち、あるいは簡単に大金を手にすることへの後ろめたさ、負け続けて殺されてしまう馬の悲しみ……。それらを全てを忘れて私たちは今日も罪の快楽にふける。だから何十万人集まろうと、声を合わせて叫ぼうと、⑬罪人たちは競馬場でいつも孤独なのである。

高橋直子「罪の快楽」

注1 ジャパンカップ＝ＪＲＡ（日本中央競馬会）のＧⅠレースの一つ。注2 しんがり人気＝最低人気。注3 馬連1―2＝ゼッケン1番と2番の馬が1・2着になること。注4 単勝＝1着馬を当てる馬券のこと。注5 単・複＝単勝と複勝のこと。複勝とは3着までの入着馬（出走頭数が8頭以上の場合）を当てる馬券。注6 源一郎さん＝筆者の夫で高橋源一郎（作家）。注7 本馬場＝（平地）競走用の馬場。

問一 [①] にあてはまることばを次から選び、記号で答えなさい。

ア 明治神宮の初詣　イ 蜂の巣をつついた　ウ 時代劇のチャンバラ　エ 開店直後のパチンコ屋

問二 文中ａ～ｄの品詞の組み合わせを次より選び、それぞれ記号で答えなさい。

ア 動詞＋名詞　イ 動詞＋動詞　ウ 動詞＋助動詞　エ 動詞＋助詞　オ 形容動詞＋名詞

問三 「②むき」の意味を変えずに漢字で表すとしたら、次のどれが適当ですか。一つ選び、記号で答えなさい。

ア 方向　イ 傾向　ウ 本気　エ 見方

問四 「③ここ」が示す一文を指摘し、はじめの四字を書きなさい。

問五 「④陥」の漢字を使った熟語を一つ選び、記号で答えなさい。

ア 未カン　イ 器カン　ウ カン落　エ カン砲

問六 「⑤友好的な雰囲気」と反対の意味で使われていることばを六字で抜き出しなさい。

問七 「⑥万馬券」と同じ意味で使われていることばを抜き出しなさい。

問八 「⑦そうは問屋が卸さない」と同じ意味をもつことわざ（地口《ぢぐち》）を次から一つ選び、記号で答えなさい。

ア　その手は桑名《くわな》の焼き蛤《はまぐり》
イ　一文《いちもん》惜しみの百知らず
ウ　損せぬ人に儲けなし
エ　そうは烏賊《いか》の金玉《きんたま》

問九　「⑧つかの間」には、「ほんの少しの時間」「あっという間」などの意味がありますが、「つか（束）」は元々何を表すことばですか。次から一つ選び、記号で答えなさい。
ア　高さ　イ　長さ　ウ　重さ　エ　厚さ

問十　「⑨みんな腹を立てていた」とありますが、それはなぜですか。五十字程度で答えなさい。

問十一　「⑩正しい道」とはどんな道ですか。四字で答えなさい。

問十二　「⑪そぞろ」の意味を次から一つ選び、記号で答えなさい。
ア　欲の皮　イ　胸の内　ウ　序の口　エ　二の次

問十三　「⑫肖冘」に共通する部首を加えて意味の通る熟語にしなさい。

問十四　「⑬罪人たちは競馬場でいつも孤独」なのはなぜですか。五十字程度で答えなさい。

三十代前半、職場の先輩から競馬を教わりました。希代の名馬サンデーサイレンスのファーストクロップ（最初の産駒）のころです。ダンスパートナーやマーベラスサンデー、イシノサンデーやバブルガムフェローらが活躍していました。その後、子どもを連れて何度か中山や船橋の競馬場にも足を運びました。そのたびに収支はマイナスになるので、忘れがたい大勝ちの思い出なんてありません。中山競馬場に行ったとき、キッズワールドという馬で武豊が派手に落馬し、大けがを負った瞬間を目撃したことが一番の思い出かもしれません。

最初はスーパーファミコンに電話線をつなげて勝馬投票券を買っていました。次に小型トランシーバーのようなモバイルゲット（専用の携帯電話）、このころの馬券購入は専ら人気をよりどころにしていました。馬連2～4倍で大勝負したこともありました。（もちろんトータルはマイナス。）そして現在のパソコンとスマホでのネット投票に至っています。最近はオリジナルのワークシートにデータをあてはめて馬券を購入するようになりました。だから血統とかコースとか馬場、距離やローテ（競走間隔）、もちもん騎手や調教なども気にかけるようになりました。（それでもやっぱりトータルはマイナス㊡）

馬券の収支もさることながら、競馬の楽しみは予想にあるといっても過言ではない。予想には多くの時間を要しますが、その分レースが楽しみになります。それは、少し不謹慎《ふきんしん》かもしれませんが、修学旅行の細案を立てる作業に似ています。時間や条件、生徒の実態や職員の分掌《ぶんしょう》などを考慮しながら当日の動き（展開）を予想します。生徒の安全と笑顔が重なれば、つまりは行事の成功が実感できれば、細案（予想）が的中したことになるからです。

いきなり問一から難問です。「［①］みたいに大混乱」——ヒントが少ないのです。しかしヒントが少ないことで、逆に迷いなく正解を導けるときがあります。これも消去法でみていきましょう。イの「蜂の巣をつついた」は「大混乱」を超えて「パニック（制御不能状態）に近い」。ウの「時代劇のチャンバラ」は「大混乱」というよりむしろ「乱闘」のイメージが強いと思いませんか。エの「開店直後のパチンコ屋」は確かに「大混乱」するでしょうが、お目当ての遊戯台《ゆうぎだい》に殺到するからであって、ものの数分で混乱は収まります。競馬場のように馬券を買ったりパドックを見たりレースを楽しんだりといった「大混乱」に最も近いのは、どこを見ても人、人、人、その人たちが手を合わせたり縁起物《えんぎもの》を買ったりする「明治神宮」が一番近いような気がします。問二は連続する二つの品詞を答える文法問題。「a買うだけ」は「買う（ワ行五段の連体形）＋副助詞」、「b大変なもの」は「大変な（形容動詞の連体形）＋もの（形式名詞）」、「c考えること」は「考える（下一動詞の連体形）＋こと（形式名詞）」、「dわからない」は「わから（ラ行五段の未然形）＋ない（否定の助動詞）」。問三のアは「むきを変える」のように使います。イは「彼は浪費するむきがある」のように使います。ウは「ちょっとしたことにすぐむきになる」という言い方をします。「②むき」はエが正解。問四は直前の一文に着目し、「はじめの四字」を書き抜きます。問五のアは「未完」、イは「器官」、エは「艦砲」となります。問六でいう「友好的な雰囲気」は「ものの五分も続」かなかったのだから、このあとに答えがあるはずです。問七の「万馬券」とは競馬用語で「100倍を超える払戻し」のこと。だから100円で買った馬券なら1万円になるのです。問八のことわざは一つ一つ解説します。アの「その手は桑名の焼き蛤」とは、うまい話にもだまされないこと。「食わない」と「桑名（三重県の地名）」を掛けています。イの「一文惜しみの百知らず」は、目先のわずかな金銭を惜しみ、結果として大損することに気づかないことです。ウの「損せぬ人に儲けなし」はある程度の損失を覚悟しなければ大儲けはできないということ。エの「そうは烏賊の金玉」とは、そうそううまくいかないことで、これが正解。「いかない」の「いか」を「イカ」と掛けています。私ははじめ、イカに金玉などないから「イカ（に）ない」から「いかない」になったとばかり思っていました。しかし実際のところ、「烏賊の金玉」は「烏賊の口」だったと知ってとてもびっくりした記憶があります。もちろんこれがれっきとしたことわざであったことにも驚きました。問九も知識問題。「つかの間」の「つか（束）」は一束《ひとつか》のことで、指四本分の幅をいいます。そういえば『平家物語』の「扇の的」で、那須与一《なすのよいち》の矢の長さが十二束三伏《じゅうにそくみつぶせ》でした。一束は親指以外の指四本分の長さです（ちなみに一伏は指一本の幅）。問十は内容把握。「みんな」が「腹を立て」る気持ちはよくわかります。「人の不幸の上に成り立つ自分の勝ち」が「ギャンブルの快楽」なのですから。でも、冷静に考えると「男」は悪くないのです。強いていうなら「おおはしゃぎで自慢しまくる」のはいただけないかもしれませんが、立て続けに好配当を的中したら、誰だって少なからずそうなります。もちろん〝ＫＹ〟（空気が読めない）には十分気をつけたいものですが。問十一は「四字」で答えるのがポイント。文中にある二字熟語を使います。問十二は語句の意味。「そぞろ」には「確かな理由もなく」や「気持ちが落ち着かない」といった意味があります。アの「欲の皮」は「欲の皮が張る」のような使い方をして、とても欲が深いことをいいます。イの「胸の内」は心の中で思っていること。「腹の内」と同意ですが、「胸の内」のほうが思っていることがピュアな感じがしませんか。ウの「序の口」は物事の始まったばかりのことでです。エの「二の次」はあとまわしとか二番目のことで、「三番目」という意味ではありません。問十三は漢字クイズのようなもの。共通部首をもつ二字熟語はかなりあります。そこで問題。共通する部首を加えて意味の通る熟語にしてください。①「早化」、②「月音」、③「卂束」、④

「次所」、⑤「公白」。答えは【解答】問十三のあとにあります。問十四は本文の主題にかかわる問題。基本的にギャンブルは団体遊戯ではありません。そこに制約のない自由が生まれます。全てが個人の意思に任されているわけで、たとえば競馬でいうと、買う買わないが個人の自由であるばかりでなく、どの馬のどんな馬券を選ぶかも全く自由なのです。「十人の人がいれば十人」の馬券があり、「千人の人に聞けば千通りの」馬券購入理由が存在する。つまり競馬場は一人一人の「孤独」の集合体で「大混乱」しているのです。

・競馬も二十歳になってからですよ。（※競馬法第28条　20歳未満の者は、勝馬投票券を購入し、又は譲り受けてはならない。）

【解答】

問一　ア
問二　a＝エ　b＝オ　c＝ア　d＝ウ
問三　エ
問四　人の不幸
問五　ウ
問六　険悪なムード
問七　好配当
問八　エ
問九　イ
問十　例みんな馬券が外れたのに、その男だけ続けて好配当を当てて、おおはしゃぎで自慢しまくるから。（44字）
問十一　敗者の道
問十二　エ
問十三　消沈（①草花　②明暗　③迅速　④資質　⑤松柏）

随筆

問十四　例ただ「私の場合」だけを考えてレースを予想したり馬券を購入したりすることが許されているから。（45字）

《気留記》

これは、私の二番目の勤務校に掲げられていた文章です。この象徴的な表現から、私は多くのことを教えられました。

コップを取り上げて手洗いの蛇口の下に置く。最初のコップは空である。そこに蛇口から一滴ずつしずくが垂れる。ほんのわずかしか水面の動きはない。しかし、そのままにすれば必ず最後の一滴で水のあふれる時がくる。

その時になって、初めて何かをしなければならないと考え始めるのでは遅い。そしてコップの水をあふれさせた責任は、最後の一滴にあるわけではない。最初の一滴がなかったら最後の一滴はないし、すべては積み重ねの上に起こったのだ。

コップと最初の一滴の水、そして最後の一滴で水があふれたということは、結果の面だけしか見なかった人たちに、その原因と長い経過とを、全体として眺めることを教えるだろう。

テーマ別研究❼

小　説

国語好きの多くは読書好きです。その読書好きがよく読む本というと、やはり小説が多い気がします。朝の短学活前の10分前後を読書にあてる中学校はしばしば見られます。ジャンルも推理小説やSF小説、恋愛小説にホラー小説、ライトノベルなど様々です。村上春樹、東野圭吾、宮部みゆき、湊《みなと》かなえ、住野よるなどは生徒受けする作品が多いようです。ちなみに小説と物語の違いは、今や定義があいまいになっているため、厳密な分類の必要はありません。『○○物語』と題する小説もあれば、ある牛飼いが物語る「童話」も存在します。坪内逍遥《しょうよう》が訳語で「小説」を使ったのが始まりなので、一般にいう小説は明治時代以降の作品ということになっています。

入試の小説からいわゆる文学作品が姿を消して久しい。最近では存命（流行）作家の作品が主流をなしています。個人的には鷗外や漱石、芥川や太宰といった一流の文学作品の復活を期待しています。そして、若い世代に優れた文章の機微に触れてもらいたいと思っています。ということで、小説はまず芥川龍之介から始めましょう。

【41】次の文章は、主人公の杜子春《とししゅん》が鉄冠子《てっかんし》（仙人）の弟子になるために、「何があっても声を出さない」という修行に臨んでいる場面です。これを読んで、あとの問いに答えなさい。

閻魔《えんま》大王は眉《まゆ》をひそめて、しばらく①思案に暮れていましたが、やがて何か思いついたとみえて、「この男の父母は、畜生道《ちくしょうどう》に落ちているはずだから、早速《さっそく》ここへ引き立てて来い。」と、一匹の鬼に言いつけました。

鬼はすぐに風に乗って、地獄の空へ舞い上がりました。と思うと、また星が流れるように、二匹の獣《けもの》をかり立てながら、さっと森羅殿《しんらでん》（地獄をまつる祠《ほこら》があったとされる場所＝閻魔大王のいる場所）の前へ下りてきました。その獣を見た杜子春は、驚いたの驚かないのではありません。なぜかといえば、それは二匹とも、形は見すぼらしいやせ馬でしたが、顔は夢にも忘れない、死んだ父母の通りでしたから。

「こら、その方は何のために、峨眉山《がびさん》（仙人の住む山）の上に座っていたか、まっすぐに白状しなければ、今度はその方の父母に痛い思いをさせてやるぞ。」

杜子春はこうおどされても、やはり返答をせずにいました。

「この不孝者めが。その方は父母が苦しんでも、その方さえ都合がよければいいと思っているのだな。」

閻魔大王は森羅殿も崩れるほどの、すさまじい声でわめきました。

「打て。鬼ども。その二匹の畜生を、肉も骨も打ち砕いてしまえ。」

鬼どもは一斉に「はっ」と答えながら、鉄のむちを取って立ち上がると、四方八方から二匹の馬を、情け容赦《ようしゃ》なく打ちのめしました。むちはりゅうりゅうと風を切って、ところ構わず雨のように、馬の皮肉を打ち破るのです。②馬は、苦しそうに身をもだえて、眼には血の涙を浮べたまま、見てもいられないほどいななき立てました。

「どうだ。まだその方は白状しないか。」

閻魔大王は鬼どもに、しばらくむちの手をやめさせて、もう一度杜子春に答えを促しました。もうその時には二匹の馬は、肉は裂け骨は砕けて、息も絶え絶えに階段の前へ倒れ伏していたのです。

杜子春は必死になって、③鉄冠子の言葉を思い出しながら、かたく眼をつぶっていました。するとその時、彼の耳に、ほとんど声とはいえないくらいの、かすかな声が伝わってきました。「心配をおしでない。私たちはどうなっても、お前さえ幸せになれるのなら、それより結構なことはないのだからね。大王が何とおっしゃっても、言いたくないことは黙っておいで。」

それは確かに懐しい、母親の声に違いありません。杜子春は思わず、目を開けました。そうして馬の一匹が、力なく地上に倒れたまま、悲しそうに彼の顔へ、じっと眼をやっているのを見ました。母親はこんな苦しみの中にも、息子の心を思いやって、鬼どものむちに打たれたことを、恨む気持ちさえも見せないのです。大金持ちになればお世辞を言い、貧乏人になれば口もきかない世間の人たちに比べると、何とありがたい志《こころざし》でしょう。何と健気《けなげ》な決心でしょう。杜子春は老人の戒めも忘れて、転がるようにそのそばへ走り寄ると、両手で半死の馬の首を抱いて、はらはらと涙を落としながら、「お母さん。」と一声叫びました。——

その声に気がついてみると、杜子春はやはり夕日を浴びて、洛陽《らくよう》（中国河南省にある町）の西の門の下に、ぼんやりたたずんでいるのでした。澄んだ空、白い三日月、絶え間ない人や車の波……、すべてがまだ峨眉山へ行かない前と同じことです。

「どうだな。おれの弟子になったところが、とても仙人にはなれはしまい。」

片目の老人は微笑を含みながら言いました。

「なれません。なれませんが、しかし私はなれなかったことも、④かえってうれしい気がするのです。」

杜子春はまだ眼に涙を浮かべたまま、思わず老人の手を握りました。

「いくら仙人になれたところが、私はあの地獄の森羅殿の前に、むちを受けている父母を見ては、黙っているわけにはいきません。」

「もしお前が黙っていたら――」と鉄冠子は急におごそかな顔になって、じっと杜子春を見つめました。

「もしお前が黙っていたら、おれは即座にお前の命を絶ってしまおうと思っていたのだ。――お前はもう仙人になりたいという望みも持って［⑤］。大金持ちになることには、もう愛想がつきたはずだ。ではお前はこれから後、何になったらいいと思うかな。」

「何になっても、人間らしい、正直な暮らしをするつもりです。」

杜子春の声には今までにない晴れ晴れした調子がこもっていました。

芥川龍之介『杜子春』

問一　「①思案」と同じ熟語の構成のものを一つ選び、記号で答えなさい。

ア　進退　　イ　幸福　　ウ　牛肉　　エ　読書

問二　「②馬」とは誰のことですか。

問三　「③鉄冠子の言葉」とは、どのようなものだったと思いますか。十字程度で答えなさい。

問四　――線④とありますが、それはなぜですか。「仙人」「人間」の二語を使って、三十五字程度で答えなさい。
問五　⑤には、否定の意思を表すことばが入ります。正しいものを一つ選び、記号で答えなさい。
ア　いまい　イ　いるまい　ウ　いれまい　エ　いろまい
問六　次のア～オの中から、芥川龍之介の作品に登場する人物を一人選び、その記号を書きなさい。
ア　メロス　イ　カンダタ　ウ　エーミール　エ　ジョバンニ　オ　ルントー

芥川龍之介は、自ら命を絶つ35歳までに三〇〇を超える作品を発表しました。処女小説（『老年』）が22歳のときだから、15年足らずの執筆期間です。その間に発表した小説は、人間のエゴイズムを描いた『羅生門《らしょうもん》』、漱石の激賞を得た『鼻』、一瞬の〝欲〟を見事に表現した『魔術』、人間社会を痛烈に風刺した『河童《かっぱ》』など秀作ぞろいです。教科書にも『蜘蛛の糸』、『杜子春』、『トロッコ』などが掲載されました。作家佐藤春夫は「芥川の文章は鷗外の文章と漱石のそれとを加えて二で割ったような文章を基本にして、さらに独自のものを加えている」と述べています。これは明治から大正、昭和へと日本文学の表現や魂が脈々と継承されていることを表現したものです。そして芥川の珠玉の短編群は小説の神様、志賀直哉や『風立ちぬ』の堀辰雄らが引き継ぎ、以降多くの作家たちに多大な影響を及ぼすことになります。

出典の『杜子春』は、中国の伝奇小説を童話化したものですが、芥川のオリジナリティで主人公や結末は違ったものになっています。問一は、二字熟語の構成を問う問題。【26】の解説にも書きましたが、ここで再度まとめておきます。①上が下を説明するもの（青空・再会）、②下から上に読むもの（読書・登山）、③主語・述語の関係にあるもの（県営・日没）、④似たような意味のもの（寒冷・禁止）、⑤反対の意味を重ねたもの（吉凶・真偽）、⑥接頭辞がついたもの（不安・非常）、⑦接尾辞がついたもの（美的・真性）、⑧同じ漢字を繰り返すもの（深々、淡々）の8パターンを覚えておけば、漢字検定でも役に立ちます。なお問一の「思案」は、パターン④に該当します。問二は「畜生道に落ちた杜子春の「父母」のことです。問三のヒントは冒頭の設問文にあります。短編小説といえども、全文を出題できるスペースがない場合、それまでのあらすじや舞台背景などを設問文で知らせます。これは小説や物語の読解問題を進めていく上で、とても重要な情報になるので見逃さないこと。問四は、作品の主題に関わる問題。杜子春は、人間の心を捨ててまで仙人になりたいわけではなかったようです。また仙人も、最初から杜子春を仙人にする気はなかったのです。（そんなというのも、この修行を完遂していれば、鉄冠子は杜子春の「命を絶ってしまおうと思っていた」のですから。）な仙人ですが、最後まで人間の心を失わなかった杜子春に家を一軒プレゼントするのです。）問五は文法問題。否定の意思は助動詞「まい」を使います。この「まい」は、五段の動詞と助動詞「ます」はその終止形に付き、五段活用以外の動詞および助動詞「せる・させる・れる・られる」にはその未然形に付きます。ここでは「まい」が上一段活用の動詞「いる」に付いているから「いまい」が正しい表記です。（テーマ別研究2　文法の《付記》「主な助動詞の活用例」18・19を参考に。）問六は、著名な作品の主人公（または主な登場人物）を問う問題。アは『走れメロス』（太宰治）、イは『蜘蛛の糸』、ウは『少年の日の思い出』（ヘルマン＝ヘッセ）、エは『銀河鉄道の夜』（宮沢賢治）、オは『故郷』（魯迅《ろじん》）です。

【解答】

問一　イ
問二　杜子春の父母（親・両親も可）
問三　例 何があっても声を出すな。（12字）
問四　例 仙人になるより人間らしい、正直な暮らしの方が自分に合っていると思ったから。（37字）
問五　ア
問六　イ

【42】次の文章は、十二歳の清兵衛《せいべえ》という主人公がひょうたんに熱中したばかりに、授業中にひょうたんをみがいているのを担当教員に見つけられてしまってからの部分です。これを読んで、あとの問いに答えなさい。

彼は青い顔をして家《うち》へ帰るとこたつに入ってただ［①］としていた。

そこに本包みを抱《かか》えた教員が彼の父を訪ねてやってきた。清兵衛の父は仕事へ出て留守《るす》だった。

「こういうことは全体家族で取りしまっていただくべきで……」教員はこんなことを言って、清兵衛の母に食ってかかった。母は［②］恐縮していた。

清兵衛はその教員の執念深さが急に恐ろしくなって、くちびるを震わしながら部屋の隅で小さくなっていた。教員のすぐ後ろの柱には手入れのできたひょうたんがたくさん下げてあった。今気がつくか今気がつくかと清兵衛は［③］していた。

さんざん叱言《こごと》を並べた後、教員はとうとうそのひょうたんには気がつかずに帰っていった。清兵衛はほっと息をついた。清兵衛の母は泣き出した。そして［④］とぐちっぽい叱言を言い出した。

まもなく清兵衛の父は仕事場から帰ってきた。で、その話を聞くと、急にそばにいた清兵衛を捕らえてさんざんになぐりつけた。清兵衛はここでも「将来とても見込みのない奴だ」と言われた。「もう貴様のような奴は出ていけ」と言われた。

清兵衛の父はふと柱のひょうたんに気がつくと、*1玄能《げんのう》を持ってきてAそれを一つ一つ割ってしまった。清兵衛はただ青くなって黙っていた。

さて、教員は清兵衛から取り上げたひょうたんを汚《けが》れた物ででもあるかのように、捨てるように、年寄った学校の*2小使いにやってしまった。小使いはBそれを持ってかえって、くすぶった小さな自分の部屋の柱へ下げておいた。

二カ月程して小使いはわずかの金に困った時に、ふとそのひょうたんをいくらでもいいから売ってやろうと思い立って、近所のこっとう屋へ持っていって見せた。こっとう屋は*3ためつすがめつ[C]それを見ていたが、⑤急に冷淡な顔をして小使いの前へ押しやると、

「五円やったらもろうとこう」と言った。

①小使いは驚いた。⑦、賢い男だった。何食わぬ顔をして、

「五円じゃとても離しえやしえんのう」と答えた。こっとう屋は急に十円に上げた。小使いはそれでも承知しなかった。

結局五十円でようやくこっとう屋は[D]それを手に入れた。――小使いは教員からその人の四カ月分の月給をただでもらったような幸福を心ひそかに喜んだ。が、彼はそのことは教員にはもちろん、清兵衛にもしまいまで全く知らん顔をしていた。だからそのひょうたんの行方《ゆくえ》については誰も知る者がなかったのである。しかしその賢い小使いもこっとう屋がそのひょうたんを地方の豪家に六百円で売りつけたことまでは想像もできなかった。

……清兵衛は今、絵を描くことに熱中している。⑧これができた時に彼はもう教員を恨む心も十あまりの*4愛ひょうを玄能で割ってしまった父を恨む心もなくなっていた。しかし彼の父はもうそろそろ彼の絵を描くことにも叱言を言い出してきた。

志賀直哉『清兵衛とひょうたん』

*1玄能＝かなづち、トンカチ。*2小使い＝学校用務員のこと。*3ためつすがめつ＝隅々までていねいに。*4愛ひょう＝大切にしていたひょうたんのこと。

問一　文中空らんの①～④のそれぞれに最もよくあてはまる副詞を次の中から選び、記号で答えなさい。

ア　ただただ　イ　ダラダラ　ウ　ヒヤヒヤ　エ　ぼんやり　オ　すっきり

問二　文中にあるA～Dの「それ」のうち、一つだけ異なるものがあります。それを選び、記号で答えなさい。

問三　こっとう屋は、どういうつもりで――線⑤の態度に出たのか。適当なものを一つ選び、記号で答えなさい。

ア　あまりにも汚いひょうたんにあきれたため。
イ　小使いがみすぼらしい風体《ふうてい》だったので不審に思ったため。
ウ　ひょうたんがすばらしいものだったので、少しでも安い値段で買い取ろうと考えたため。
エ　小使いが貧乏な様子だったので、少しでも早く帰ってもらおうとしたため。

問四　「⑥小使いは驚いた」とありますが、どういうことに驚いたのですか。二十字以内で答えなさい。

問五　⑦に最もよくあてはまるひらがな一字を記しなさい。

問六　「⑧これ」とは何を指していますか。次から一つ選び、記号で答えなさい。

ア　ひょうたん　　イ　絵を描くこと　　ウ　家族の愛情　　エ　美しいもの

『暗夜行路《あんやこうろ》』を除き、志賀直哉の代表作は短編小説ばかりです。しかも短文でわかりやすく、読後に味わえる爽快感は、芥川がいうように「最も詩に近い」「最も純粋な小説」だからでしょう。『城《き》の崎にて』、『小僧の神様』、『網走まで』などが教科書に載りました。

ひょうたん集めなどというものが、実際にあったのかはわかりません。しかし、ヘルマン・ヘッセの『少年の日の思い出』にはチョウ集めに関する出来事が描かれています。また、私が子どもの頃には、牛乳のふたを集めて友だちと交換したものでした。昔の子どもがお金をかけずに何かを集めていたのは、〝あるある〟なのです。

小説の中で、清兵衛のひょうたんは最終的に「六百円」で売れました。今なら約六十万円の価値（諸説あり）ですが、これは少々〝盛ってる〟かもしれません。でも、私が集めていた昭和40年代の牛乳のふたは、現在ネットオークションや通販で一万円を超える高値で取り引きされているものがあるのです。

問一は副詞の指摘です。極論すれば、副詞はなくても文意は伝わります。だから、どういう説明を加えるべきかを考えましょう。①の直前に「ただ」とあるので、アとウはふさわしくありません。この時代に教師が家庭訪問をし、生活態度の改善を促すというのはよほどのことです。これが②のヒント。③は「副詞＋する」の複合動詞としても意味が通用するものを選びます。④は「ぐちっぽい叱言」に合う副詞を。ちなみに「叱言」は「小言」とほぼ同意ですが、こちらは「不平を漏らす」といった意味合いをもつこともあるそうです。問二の「それ」が全て「ひょうたん」なのはわかりますが、このうちの三つは教員に取り上げられた「ひょうたん」です。問三は買い手と売り手の駆け引きの場面に関する問題です。清兵衛のひょうたんの価値を読み取ること。問四も答えが二つに分かれそう。ひょうたんの値段は高かったのか、それとも安かったのか。最後は「〜こと。」で終えること。問五は逆接の接続詞をあてはめます。問六は指示語の指摘。考えすぎず直前の内容を手がかりにします。

【解答】

問一　①＝エ　②＝ア　③＝ウ　④＝イ
問二　A
問三　ウ
問四　例 ひょうたんに予想以上の高値がついたこと。（20字）
問五　が
問六　イ

【43】次の文章を読んで、あとの問いに答えなさい。

遠いむかしのことだ。①粉ひきがいた。粉ひきには、年ごろの美しい娘がいた。

「だれか、ちゃんとした人がやってきて、ほしいと言ったら嫁にやる。」

ほどなく、男がやってきた。金に不自由もなさそうだ、これといって悪いところも見つからない。そこで娘をやる約束をした。＊1いいなずけの仲になったというのに、娘はちっとも相手の男が好きになれない。［　②　］のだ。

男と会ったり、男のことを思ったりするだけで、*2むしずが走る。

あるとき、男が言った。

「いいなずけだのに、わたしの家に来ないのは、なぜだ。」

「あなたの家がどこにあるのか、知らないんですもの。」

と、娘は答えた。

「村を出て、その先だ。暗い森の中にある。」

娘は、行く道が見つかりそうにないと言った。行きたくないので、口実に言ったまでだ。

「次の日曜日に、きっと来るのだ。もう、客を呼んである。森の道には灰をまいておこう。行く道がわからないとは言わせない。」

日曜日が来た。なぜか、自分でもわからないが、不安でたまらない。胸さわぎがしてならない。娘は両方のポケットに、えんどう豆とひら豆を、押し込んだ。道しるべに役立つかもしれないからだ。

森の入口に灰がまいてあった。娘はその灰をつたっていった。

道みち、右と左に二、三粒ずつ、豆をまいた。一日歩いて森の真ん中にきた。暗い森に、一軒の家があった。見るからに陰気で、気味悪いのだ。③中に入ってみると、人っこひとりいなくて、死んだように静まり返っている。

部屋から部屋を見てまわったが、どこも空っぽで、人の姿は見当たらない。最後に地下室に下りてみると、恐ろしく年とったばあさんが、首を震わせながら座っていた。

「おばあさん、教えてくださいな。」

と、娘は言った。

「④わたしの花むこは、ここにいるの？」

「またひとり、かわいそうな女がきた。」

と、ばあさんが言った。
「知りゃあすまいがね、ひどいところに来たものさ。ここは人殺しどもの隠れ家だ。おまえは婚礼まぢかの花嫁さまのつもりだろうが、なんのことはない、死神との婚礼さ。ごらん、あたしは今、大きな釜で水をグラグラ煮立てている。そうしていろと、言いつけられたものだからね。連中は戻ってきたら、おまえを取っつかまえて、切り刻む。グツグツ煮立てて、食べちまう。なにしろ、人食いの畜生どもなんだから。⑤［　　］、⑥おまえがかわいそうだ。⑦助けてやろう。ここに入れ。隠れるんだ。」
娘を引っ張って、大きなたるのうしろに連れていった。
「ねずみみたいに、おとなしくしていな。ピクリとも動いてはいけない。動いたら、おだぶつさ。夜になって、盗賊どもが寝込んだら、いっしょに逃げ出そう。あたしゃ、長いこと、こんな⑧おりをまっていたのさ。」

グリム／池内紀《おさむ》訳「盗賊の花むこ」

*1 いいなずけ＝本人の意思に関係なく、親または親代わりの者が結婚の約束をすること。
*2 むしずが走る＝非常に不快な状態。

問一　主な登場人物を、次のように図式化してみた。A～Eにあてはまることがらをあとの〔語群〕から選び、記号で答えなさい。

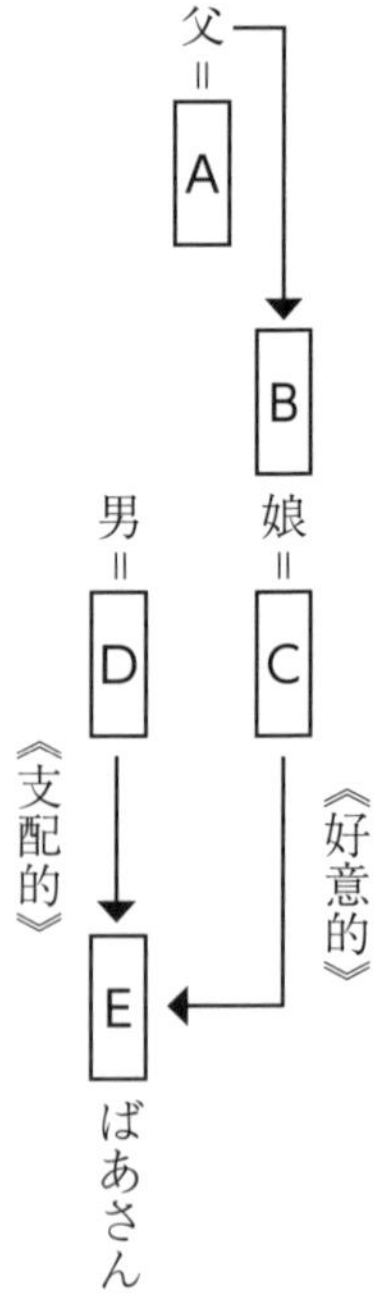

〔語群〕

ア 花嫁　イ 花むこ　ウ 婚礼　エ 美しい　オ 粉ひき　カ 年とった　キ いいなずけ

問二　「①粉ひき」とは、どういう意味ですか。次から一つ選び、記号で答えなさい。

ア　娘の父親の職業　イ　娘の父親の名前　ウ　娘の父親の好物　エ　娘の父親のあだ名

問三　［②］にあてはまることばを、次のア～エより一つ選び、記号で答えなさい。

ア　心がかよわない
イ　心から好きでたまらない
ウ　心をかよわせようとしている
エ　心だけは男に合わせようとしている

問四　［③］にあてはまることばを、次のア～エより一つ選び、記号で答えなさい。

ア　急いで　イ　そっと　ウ　いやいや　エ　どんどん

問五　「④わたしの花むこ」を、ばあさんはどんな言い方で娘に伝えていますか。ばあさんが表現している六つのうち、二つをそのまま抜き出しなさい。

問六　［⑤］にあてはまることばを、次のア～エより一つ選び、記号で答えなさい。

ア　さて　イ　だから　ウ　だけど　エ　そのうえ

問七　「⑥おまえがかわいそう」とありますが、ばあさんはどうして初対面の娘に対して「かわいそう」と感じたのですか。次のア～エのうち、考えられないものを一つ選び、記号で答えなさい。

ア　美しく、純情そうな娘であったから。
イ　これ以上娘たちが殺されるのは、しのびがたいと思ったから。
ウ　この家の事情を知っている娘が、あわれでならなかったから。
エ　みにくい自分に対して、こわがることなく素直にたずねてきてくれたから。

問八　「⑦助けてやろう」とありますが、娘が助かるためにすべきことを二十字以内でまとめなさい。

問九　「⑧おり」と同じ意味のことばを次から一つ選び、記号で答えなさい。

ア　ゲージ　イ　リベンジ　ウ　バトル　エ　チャンス

問十　次にあげる作品のうち、グリム童話集でないものはどれですか。二つ選び、記号で答えなさい。
ア　ヘンゼルとグレーテル　イ　ブレーメンの音楽隊　ウ　赤ずきん　エ　シンデレラ　オ　白雪姫
カ　親指姫　キ　眠り姫　ク　アリとキリギリス

入試で外国文学が出題される頻度は低いです。ある調査によると、かつて高校の国語の教科書に占める外国文学の割合は四分の一ほどあったようですが、現在（令和4年）では3％程度しかないそうです。もはやほとんどの高校生は、国語の授業で外国の文学作品に触れることなく卒業していきます。しかし、『トム・ソーヤの冒険』や『白鯨《はくげい》』、『ドン・キホーテ』、『老人と海』、『ライ麦畑でつかまえて』など名作は数え切れません。中学校の教科書にも『不思議の国のアリス』（ルイス・キャロル）、『子馬』（ショーロホフ）、『赤毛のアン』（モンゴメリ）などが載っていました。
「盗賊の花むこ」はグリム童話集の一つで、作者のグリム兄弟はドイツ出身の民話収集家です。兄のヤーコプは主に言語学と神話学、弟のヴィルヘルムは文芸学の分野で活躍しました。また末弟のルートヴィヒはグリム童話集の挿し絵を手がけました。

問一は登場人物の確認と相関図の穴埋めですが、〔語群〕があり内容的にも複雑ではありません。問二の「粉ひき」とは、今でいう製粉業のことです。穀物を砕いて粉にする仕事は、農業と同じほど古くからあったようです。聖書にも大きな石臼に関する記述が残っています。問三は空らん補充問題。娘は「相手の男が好きになれない」のです。のみならず「男と会ったり、男のことを思ったりするだけで、むしずが走る」のです。この状況だけを切り取ると、なんてひどい父親かと思ってしまいますが、最後まで読むと娘を思う親心がはっきり見えてきます。問四も適語補充。選択肢が副詞なので［③］がなくても意味は通じます。より状況を的確に伝えるものを選びます。「暗い森」、「一軒の家」、「見るからに陰気」、「気味悪い」となると候補は絞れるでしょう。問五でいうばあさんの六つの言い方とは、「人殺しど

小説

もの隠れ家」、「死神との婚礼」、「連中は戻ってきたら」、「人食い」の「畜生ども」、「盗賊ども」です。この中から任意に二つを選べばよい。問六は適当な接続詞を選択肢より選ぶ問題。例によって⑤前後の内容に注目します。⑤の前では、娘は花むこに食べられてしまうと言っています。で、⑤の後では、かわいそうだから助けてやると言っています。逆接が入るのは明らかです。問七は「考えられないものを一つ選び」ます。ウの「この家の事情を知っている娘」というのは誤りです。問八はばあさんのアドバイスをまとめることになりますが、なにより盗賊どもに見つかったら「おだぶつ」なのです。見つからないためにどうすべきかを読み取ってください。「二十字以内」の字数制限を意識し、最後を「〜こと。」で終えるように。問九は語句の意味を問う問題。漢字にするならアは柵、イは雪辱、ウは攻撃、エは機会となります。問十は文学史的問題。グリム童話に収録されていないのは、カの『親指姫』（アンデルセン童話）とクの『アリとキリギリス』（イソップ物語）です。

【解答】

問一 A＝オ　B＝エ　C＝ア　D＝イ　E＝カ
問二 ア
問三 ア
問四 ウ
問五 「人殺し・死神・連中・人食い・畜生ども・盗賊ども」の中から二つを答える。
問六 ウ
問七 ウ
問八 例 たるのうしろに隠れ、動かないこと。（17字）
問九 エ
問十 カ・ク

【44】次の文章を読んで、あとの問いに答えなさい。

*1紀昌《きしょう》はすぐに西に向かって旅立つ。①その人の前に出てはわれわれの技のごとき*2児戯《じぎ》に等しいと言った*3師の言葉が彼の自尊心《じそんしん》にこたえた。もしそれが本当だとすれば、天下第一を目指す彼の望みも、まだまだ前途ほど遠いわけである。おのが技が児戯に類するかどうか、兎《と》にも角にも早くその人に会って腕を比べたいとあせりつつ、彼はひたすらに道を急ぐ。足裏を破り脛《すね》を傷つけ、巌《いわお》をよじ、桟道《さんどう》を渡って、一月《ひとつき》の後に彼はようやく目指す山頂にたどり着く。

気負い立つ紀昌を迎えたのは、羊のような柔和《にゅうわ》な目をした、しかしひどくよぼよぼの爺《じい》さんである。年齢は百歳をも超えていよう。腰の曲がっているせいもあって、白いひげは歩く時も地にひきずっている。

相手が*4つんぼかも知れぬと、大声にあわただしく紀昌は来意を告げる。おのが技の程を見てもらいたい旨《むね》を述べると、あせり立った彼は相手の返事をも待たず、いきなり背に負うた＊5楊幹麻筋《ようかんまきん》の弓をはずして手に執《と》った。そうして、＊6石碣《せっけつ》の矢をつがえると、折から空の高くを飛び過ぎていく渡り鳥の群れに向かって狙《ねら》いを定める。弦《つる》に応じて＊7一箭《いっせん》たちまち五羽の大鳥が鮮やかに碧空《へきくう》を切って落ちてきた。

一通りできるようじゃな、と老人が穏やかな微笑を含んで言う。だが、それは結局②射之射というもの、③好漢いまだ不射之射を知らぬと見える。

ムッとした紀昌を導いて、老隠者《ろういんじゃ》は、そこから二百歩ばかり離れた絶壁の上まで連れてくる。脚下《あしもと》は文字通りの屛風《びょうぶ》のごとき＊8壁立千仞《へきりつせんじん》、はるか真下に糸のような細さに見える渓流をちょっとのぞいただけで、たちまちめまいを感ずるほどの高さである。その断崖《だんがい》から半ば宙《なか》に乗り出した危石《きせき》の上につかつかと老人は駆け上がり、振り返って紀昌に言う。どうじゃ。この石の上で先刻の業《わざ》を今一度見せてくれぬか。今さら引っ込みもならぬ。老人と入れ代わりに紀昌がその石を踏んだ時、石はかすかにグラリと揺らいだ。強《し》いて気を励まして矢をつがえようとすると、ちょうど、崖の端から小石が一つ転がり落ちた。その行方《ゆくえ》を目で追うた時、覚えず紀昌は④石上に伏した。脚はワナワナと震え、汗は流れて踵《かかと》まで至った。老人が笑いながら手をさし伸べて彼を石から下ろし、自ら代わってこれに乗ると、では射というものをお目にかけようかな、と言った。まだ動悸《どうき》がおさまらず、蒼《あお》ざめた顔をしてはいたが、紀昌はすぐに気がついて言った。しかし、弓はどうなさる？　弓は？　老人は素手《すで》だったのである。弓？と⑤老人は笑う。弓矢のいるうちはまだ射之射じゃ。不射之射には、＊9烏漆《うしつ》の弓も＊10粛慎《しゅくしん》の矢もいらぬ。

ちょうど彼らの真上、空のきわめて高い所を一羽の鳶《とび》が悠々《ゆうゆう》と輪を描いていた。その胡麻粒《ごまつぶ》ほどに小さく見える姿をしばらく見上げていた甘蠅《かんよう》が、やがて、見えざる矢を無形の弓につがえ、満月のごとく引きしぼってひょうと放てば、見よ、鳶は羽ばたきもせず中空から石の如《ごと》く落ちてくるではないか。

紀昌は慄然《りつぜん》とした。今にしてはじめて⑥芸道の深淵《しんえん》をのぞき得た心地であった。

中島　敦《あつし》「名人伝」

（問題作成のため一部表記を改めました。）

*1紀昌＝中国の趙《ちょう》の邯鄲《かんたん》に住んでいた天下第一の弓の名人を目指す若者。*2児戯＝子どもの遊び。*3師＝紀昌ははじめ名手飛《ひ》衛《えい》に入門した。*4つんぼ＝聴力を失い、耳が聞こえないこと。*5楊幹麻筋の弓＝柳のつるに麻の糸をまいた弓。*6石碣の矢＝円形もしくは楕円形の石碑《せきひ》をつけた矢。*7一箭＝一本の矢。*8壁立千仞＝壁のような険しい崖が高く立っていること。*9烏漆の弓＝うるしを塗った黒い光沢のある弓。*10粛慎の矢＝古代中国の北方民族が使った矢。

問一　「①その人」の名前を書きなさい。

問二　「②射之射」とはどういうことですか。十字以内で説明しなさい。

問三　「③好漢」とはだれですか。名前を書きなさい。

問四　「④石上に伏した」のはなぜですか。文中のことばを使って五十字程度で理由を書きなさい。

問五　「⑤老人は笑う」とありますが、なぜ老人は笑ったのですか。二十字程度で理由を答えなさい。

問六　「⑥芸道の深淵」を表すことばを文中から四字で抜き出しなさい。

中島敦といえばデビュー作『山月記』が有名で、高校の国語の教科書にもしばしば採用されています。『名人伝』は、中島晩年の短編小説で、名人が極致に達した結末は一読に値します。持病があって、わずか33歳で没したのが残念でなりません。

問一でいう「その人」が、「よぼよぼの爺さん」であることはわかるでしょう。また「老人」、「老隠者」の表現も見えますが、「名前」で書かれたところは一箇所しかありません。問二の「射之射」とは、この場合、矢を使って鳥を撃ち落とすことです。ちなみに「不射之射」とは、矢を使わないでも矢を使ったのと同様の結果が得られることです。問三の「好漢」とは、性質がさっぱりしていて気持ちのよい好青年のこと。「漢」が男の意味を表すことがあります（熱血漢、大食漢、悪漢、痴漢など）。問四と問六は語句の意味がわからないと答えられません。「石上に伏す」とは、

「ばったりと手をつき腹ばいになる」こと。紀昌の今いる場所を読み取れればわかるでしょう。問五で老人が笑うまでにすでに二回笑っています。最初は紀昌があいさつ代わりに「五羽の大鳥」を射落としたあとに、「穏やかな微笑」を見せました。次は紀昌が場所を変えて同じ業をしようとして「石上に伏した」あとに「笑いながら手をさし伸べて」います。三つの笑い全てに共通するのは、「射之射」です。弓矢があるからバランスを崩し、平常心で射られなくなるのでしょう。「あわただしく」、「来意を告げ」、「ムッとした」表情の紀昌と老人の笑顔が対照的でおもしろい。問六の「芸道の深淵」とはこの場合、「弓道の奥義、つまり奥が深くてそう簡単にたどり着けないところ」のことです。そこに「不射之射」がありました。実際これは究極の技術で、たとえば親指と人差し指でピストルの形をつくって手首をちょっと動かすだけで発砲するようなものです。あるいは何も持っていないのに、管弦の音を奏でるようなものです。

【解答】

問一　甘蠅（老人）
問二　弓と矢を使うこと。（9字）
問三　紀昌
問四　**例**紀昌が立つ崖の石がグラリと揺らぎ、崖の端から小石が一つ転がり落ちたことで、立っていられなくなったから。（51字）
問五　**例**弓矢を使わなくても射ることができるから。（20字）
問六　不射之射

【45】次の文章を読んで、あとの問いに答えなさい。

昔、京都に近い注1愛宕《あたご》山《やま》に、座禅とa読経に余念のない①高僧が住んでいた。その小さな寺は、村から遠く離れていた。そんな淋しい所では、人の助けがなくては日常の生活に必要なものは手に入れることができなかった。だから信心深い村人が毎月決まって米や野菜を持ってきて、この高僧の生活を支えていた。

これら善良な村人の中に、一人の猟師がいた。この男はこの山に獲物を求めて度々やってきた。ある日のこと、この猟師がお寺へ一袋の米を持ってきた時、僧は言った。

「そなたに一つ話したいことがある。この前、そなたが見えて以来、ここで不思議なことが起きている。どうして②愚僧のような者の目の前で、こんなことが起こるのかわからない。しかし、知ってのとおり、長年わしは毎日座禅と読経をしているので、今度のことはそのb功徳かとも思われる。が、それも確信はもてない。実は毎晩、注2普《ふ》賢《げん》菩《ぼ》薩《さつ》が白象に乗ってこの寺へお見えになる。今夜はここに泊まるがよい。わしと一緒にその仏様を拝むことができるからのう。」

小説

「そんな尊い仏様が拝めるとは全くありがたいことです。喜んで御一緒いたします。」

そう言って猟師は寺に泊まった。しかし僧が勤行につとめている間、猟師はこれからあらわれる奇跡について考えてみた。本当にそんなことが起こりうるのだろうか。この寺には小僧がおり、そこで猟師は折を見て小僧に尋ねた。

「和尚様のお話では毎晩普賢菩薩があらわれるそうだが、お前さんも見なさったかね。」

「はい。もう六度も普賢菩薩のお姿を拝みました。」と小僧は答えた。猟師は小僧の正直さを少しも疑わなかったが、この答えによって疑いは増すばかりであった。しかし、小僧の見たものはいずれ自分も見ることができるのだろうと思い直し、出現の時を心待ちにしていた。

真夜中の少し前に、僧は普賢菩薩の見える時刻が近いことを告げた。小さな寺の戸は開け放たれた。僧は東を向いて戸口に注3ぬかずいた。小僧はその左にぬかずき、猟師は僧のうしろにかしこまった。

九月二十日――その日は不気味で暗く、風の強い夜であった。三人は長い間、普賢菩薩があらわれるのを待っていた。するとようやく、東の方に星のような一点の白い光が見えた。その光はどんどん近づき、近づくにつれてますます大きくなり、山の斜面をくまなく照らし出した。やがて光は形を作り、六本の牙をもった雪のように真っ白な象に乗った尊いお姿があらわれた。次の瞬間、光り輝く菩薩を乗せた白象は寺の前に着いた。そして月光の山のようにあやしくも不気味にそこに立った。

これを見て僧と小僧はひれ伏したまま、普賢菩薩に向かって無心に経文を唱え出した。③猟師は突然、手に弓をとって二人の背後に立ちあがった。そして弓を満月のように引き絞ると、光り輝く菩薩目がけて長い矢をひゅっと放った。すると矢は菩薩の胸に深く、羽根のところまで突き刺さった。

突然、激しい落雷のようなごう音とともに白い光は消え、その姿も見えなくなった。寺の前にはただ暗闇と風があるだけだった。

「ああ、この恥知らずが！」

僧は悔恨《かいこん》と絶望のあまり涙を流しながら叫んだ。「④なんということをしてくれたのか！　いったいお前はどうしてくれるのだ！」

しかし猟師は僧の非難にもいっこうに平気で、怒りすらあらわさず聞いていた。それから彼はきわめて穏かに口を開いた。

「和尚様、どうか落ちついて私の話をお聞き下さい。和尚様は、ただ一筋に励んだ座禅と読経の功徳によって普賢菩薩を拝むことができたとお考えになりました。しかし、もしそうなら仏様は和尚様にだけお姿を見せるはずです。私やこの小僧さんには見えるはずがありません。私は無学の猟師で殺生を[d]生業としております。命をとるということは、仏様がもっともきらうところです。それなのにどうして、普賢菩薩を拝むことができましょうか。仏様は、まわりのどこにでもおられるが、私たち凡人は注4無知蒙昧《もうまい》のために拝むことができないと教えられております。和尚様は清らかな生活を送っておられる、学問のあるお方ですから、仏様を拝める悟りも開いておいででしょう。ですが、暮らしのために殺生をしているような人間に、どうして尊いお姿を拝める力などありましょう。私も小僧さんも和尚様のご覧になったとおりのものを見ました。ですから和尚様、私たちが見たものは普賢菩薩ではなくて和尚様をだまして、ことによると、命を取ろうとしている化け物に違いありません。どうか夜が明けるまでお気をしずめてください。そうすればきっと、今申し上げたことの証拠をご覧に入れましょう。」

夜明けとともに猟師と僧は、その姿の立っていた所を調べて、うすい血痕《けっこん》を発見した。その痕《あと》をたどっていくと、数百歩離れたくぼ地に、猟師の矢を突き立てた大きな狸の死骸があった。

［⑤］は博学で信心深い人物であったが、狸に容易にだまされた。［⑥］は無学で信心のない男であったが、確かな常識を備えていた。

小泉八雲の文章による

注1 愛宕山＝比叡山と並ぶ信仰の山。注2 普賢菩薩＝全てにおいて最も優れた善を説くとされる仏様。注3 ぬかずく＝丁寧に拝礼すること。注4 無知蒙昧＝何も知らないこと。無学で愚かなこと。

小説

問一　文中のa〜dの漢字のよみがなを書きなさい。
問二　「①高僧」と「②愚僧」は同一人物であるが、なぜこのような違いが生じるのか。三十字以内で説明しなさい。
問三　［③］にあてはまることばを次から一つ選び、記号で答えなさい。
ア　そこで　イ　ところが　ウ　また　エ　さて
問四　「④なんということ」とはどういうことですか。十字程度で答えなさい。
問五　［⑤］、［⑥］にあてはまる人物を文中よりさがしなさい。
問六　この文章の題名を文中よりさがして答えなさい。

小泉八雲（ラフカディオ・ハーン）はギリシャ生まれの作家、日本研究家です。妻のセツは日本人で、八雲の日本研究を献身的に支えました。八雲は54歳の時、狭心症により東京の自宅にて死去しました。代表作の『怪談』に収められている「耳無芳一《みみなしほういち》の話」、「雪女」、「むじな」などは特に有名です。なお『怪談』は小林正樹によって映画化され、つのだじろうの手で漫画にもなっています。

「幽霊の正体見たり枯れ尾花」ということわざがあります。「幽霊だと思ってびっくりしたがよく見ると、風に吹かれて揺れる枯れすすきだった」ということで、人は恐ろしいと思っていると、何でもないものまで恐ろしく見えてくるものです。『徒然草』には「猫また」の話（主人が飼い犬を化け物と勘違いする話）があるし、古典落語の演目には「おすわどん」（前妻の幽霊のささやきは屋台のそば屋の呼び声だった）という話もあります。私も一人暮らしをしていたころ、ゾンビの出る怖い夢を見たことがありました。襲われそうになり、はっと目を覚ますと、目の前にゾンビのにやけた顔があったのです。まさに寝耳に水。が、なんとその正体は、頭からずれた〝枕のしわ〟だったのです。

問一の漢字の読み問題は、主に仏教関係のことばですが、入試にも出たことがあります。aは「どっきょう」、bは

「こうとく」、cは「きんぎょう」と読まないように。dは「せいぎょう」、「すぎわい」とも読みますが、これは一般的ではありません。問二は「貴殿」と「拙者」の関係と同じで、尊敬語と謙譲語の違いを説明しましょう。問三は、これまでもよく解説してきた接続語を選ぶ問題。空らんの直前は、「ひれ伏し」て「経文を唱え」、直後は「立ちあが」り矢を「放った」のだから逆接が入ることがわかるでしょう。問四は、簡潔に答える必要があるので「何をどうしたか」のみ書くようにします。最後は「こと」で終えるように意識してください。問五は主要人物の確認です。深く考える必要はありません。最後の問六は超難問。題名を文中からさがす場合、一単語または二文節の場合が多い。繰り返し書かれたことばには「普賢菩薩」があります。だが、実際は幻（狸が化けたもの）だったのだから、題名にはふさわしくありません。小説の場合、説明文や論説文のようにキーワードから題名やタイトルを見つけるのは適当ではないかもしれません。一度しか出てこなくても、読んでみて心に残ったことばがあれば候補にしてみましょう。

【解答】

問一　a＝どきょう　b＝くどく　c＝ごんぎょう　d＝なりわい（せいぎょう・すぎわい）

問二　例 高僧は他者が使う言い方で、愚僧は自分が使う言い方である。（28字）

問三　イ

問四　仏様を弓矢で射たこと。（11字）

問五　⑤＝僧（和尚）　⑥＝猟師

問六　常識

【46】次の文章を読んで、あとの問いに答えなさい。

ポンプ小屋の扉周りを点検していたその警官を見つけて、僕たちのキャプテンが（審判の依頼を）a コウショウした。警官は一瞬ぱっとうれしそうな表情をして、すぐに元の顔に戻り、それから少し厳しい顔になってちらっと腕時計を見た。そして一つ「うん」という感じでうなずいて、今すぐ戻ってくるからなと言い残して、全速力で自転車をこいで広場を出ていった。その様子に僕はなんとなく不安な気持ちになったが、まあ審判は決まったことだしというところで、僕たちは試合開始の準備に取りかかった。そしてまだ先攻後攻も決まらないうちに、警官はこれが自転車かというほどのスピードで戻ってきた。彼は服装を一変させており、セーターにズボン、そして運動靴という[b]ケイソウになっていた。

「さあ、やろう。」

と警官が広場中に聞こえるような甲高《かん》い声で叫んだとき、僕は①具体的に不安になった。それからは全く②彼のペースであった。ストライク、ボール、アウト、セーフの判定はごく的確に、そしてワンダウン、ツーダウン、チェンジの指示もまた明確を極めた。そして回が進むにつれて警官の行動は少しずつ大胆になってきて、キャッチャーの捕球姿勢のアドバイスや守備位置の調整の指示などが目立ってきた。打者に対しては、もっとバットを短めに持てだとか、球をよく見ろなどと言い始め、チェンジの合間には自ら手に取って、バッティングの指導などをやるのだ。

僕は［A］が的中して、むしろ［B］になっていたので、いつもなら五割近いアベレージを保っていた打撃も、ごく［C］でぼてぼてのゴロばかりであった。だから野手が難なくそのゴロをさばき一塁へ送球するのを横目で見ながら、塁間《るいかん》半ばで走るのをやめることになるのだが、警官は③それが気にくわない。打ったら全力で走れ、頭から滑り込めという具合に叱咤《しった》するのだ。当たり損ねの球を打ってしまったという失敗を、塁間半ばで走ることを放棄するという行為で、なんとか償《つぐな》おうとする④僕なりの美学がそこにはあるのだが、そのあたりのことが彼にはわからないのだ。そういった美学に裏打ちされたやり方を認めたりはしないのだ。

僕は全く［D］であり、それゆえにゴロはトンネルするし、一塁には暴投《ぼうとう》するしで、攻守ともにさんざんな成績であった。しかしゲームそのものは、警官のおかげといおうか、それなりに締まって展開し、一点差の[c]キンコウした好ゲームになっていた。そして最終回、一点差を追う僕たちのチームは最後の反撃に移ったわけだが、トップバッターの僕はこれまた警官のおかげ、いやあまり警官がうるさいので、ぼてぼてのゴロでも懸命に走って一塁セーフになった。いや、僕だって走るべきときには走るのだ。その場は走るべきときであって、それくらいの判断は教えられなくても十分に知っているのだ。だが、それとて若い警官にはわかっていない。彼は塁上の僕に向かって、それでいいと手を振った。僕が決死の盗塁を敢行したのは、警官の激励があったからでは決してなく、それが僕にとって、その日初めての出塁だったからである。僕は頭から二塁ベースへ滑り込んで、また警官が手を振った。僕は二盗に成功してちょっと上気していたのか、警官に手を振り返したような気がする。そして三塁へも盗塁を決めたときには、僕のほうから先に手を振った。

僕はだいぶ興奮していたらしく、次のピッチャーゴロでホームを突いた。だれかが「戻れ、戻れ。」と叫んだが、僕は全力疾走して滑り込んだ。キャッチャーのミットが僕の横っ面《つら》をたたいたとき、僕の手がホームベースにタッチした。そしてキャッチャーと僕はからみ合ったまま審判の声を待ったのだが、声がない。僕は⑤警官を見上げた。彼は顔を紅潮させて「ううっ。」と声を詰めていた。そして一瞬、間をおいてから、うなるように、「アウト!」と言った。キャッチャーが「やった。」と叫んで跳び起きた。だれかが「ばっかだな、おまえ。」と言って僕の頭をたたいた。貴重な同点ランナーが無謀な走塁をしたので、僕たちのチームは負けた。

ホームプレートの両わきに選手を整列させて、両キャプテンに握手をさせるのを最後の仕事にして、警官は白い自転車に乗って帰っていった。僕たちも道具をまとめてぞろぞろと広場を出た。だれかが「あれはセーフだ。」と僕の滑り込みのことを言った。「きたねえよ。」と別のだれかが言った。「八百長《やおちょう》じゃねえの。」とまた別のだれかが言った。⑥僕は後ろのほうを黙って歩いていた。

僕はあれがアウトだということがわかっていた。滑り込んだとき、いや、三塁ベースを離れたときから、アウトになると思っていた。少し調子に乗りすぎたと思っていた。それなのに判定がばかに遅かったことが、むしろ意外であった。そしてあの警官の紅潮した顔が忘れられなかった。彼は僕の滑り込みがセーフであってほしいと思ったのに違いなかった。そして僕の無謀な走塁に腹を立てていたのだと思う。そしてまた、それでもなお頭から突っ込んだ僕のプレーを好ましく思い、その混乱の前にタッチアウトの事実があったのだと思う。そして一瞬遅れて「アウト。」と判定を下したその警官は、僕の初めの予想に近い形の⑦できる人に違いなかった。

五味太郎「クロスプレー」

問一 ――線a～cのカタカナを漢字で書きなさい。

問二 「①具体的に不安になった」とありますが、その警官の言動を三つ簡潔に書きなさい。

問三 「②彼のペース」とは、どういうことですか。本文のことばを使って二十字以内で答えなさい。

問四 文中の空らんA～Dにあてはまることばを次の中から選び、記号で答えなさい。

ア 不安　イ 不快　ウ 不幸　エ 不調　オ 不思議　カ 不自然　キ 不愉快

問五 「③それ」のさしている内容を十五字以内で抜き出しなさい。

問六 「④僕なりの美学」とありますが、それが変わったことを示す四字のことばを文中よりさがしなさい。

問七 「⑤警官を見上げた」とありますが、このときの「僕」の心境として最もふさわしいものを選びなさい。

ア きっと褒めてくれるだろう。

イ 絶対にセーフに決まっている。

ウ 無謀な走塁に警官は怒っているかも。

エ アウトっぽいけど頼むからセーフと言ってくれ。

問八 ――線⑥とありますが、「僕」がチームメイトとの会話に参加しなかったのはなぜですか。その理由を表す一文を抜き出し、最後に「から」をつけて答えなさい。

問九 「⑦できる人」とは、この場合、どういう意味で使っていますか。次から一つ選び、記号で答えなさい。

ア 公平な立場で判定を下す人。

イ 判定を戸惑うほど心優しい人。

ウ　一生懸命なプレーを認めてくれる人。
エ　広場の野球でもしっかり審判をする人。

作者の五味太郎は東京都出身、デザイナーの経験を経て絵本の創作活動を始めます。同時に作詞や随筆なども手がけ、多彩な才能を発揮しています。この「クロスプレー」は平成の初めに教科書にも掲載されたことがありました。エッセイに近い自伝的小説ですが、ジャンル的には「僕」を主人公にした短編小説に属します。一人称で書かれていますが、私的体験談にとどまらない深い味わいを醸し出しています。

今でこそVAR（Video Assistant Referee）が多くのスポーツで取り入れられるようになりましたが、ひと昔前までは審判の目が絶対的にモノを言う時代でした。まして広場や空き地での少年野球の審判などは、素人丸出しの怪しい判定であふれかえっていました。そういえば、放課後広場で野球をする少年は、もうほとんど見かけなくなりました。ですから私は、『サザエさん』に出てくるカツオ君の（野球帽をかぶりバットとグローブをもって広場に向かう）姿に強い懐古と親近感を覚えます。

ここでの「クロスプレー」とは当然、最終回の本塁上での「僕」とキャッチャーとの交錯をさしますが、はたしてそれだけでしょうか？　キャプテンが審判を頼んだら、「これが自転車かというほどのスピードで戻ってきた」やる気満々の警官に引き気味の「僕」。「僕なりの美学」を理解してもらえず、一方の警官も「全力で走」らず「頭から滑込」まない「僕」を「叱咤」します。二人の関係は遠く離れた〝ねじれの位置〟にありました。それが最終回の「僕」の出塁をきっかけに近づいていきます。二盗、三盗と成功し、二人の関係は「僕のほうから先に手を振」るほどに近づきました。そしてあの「無謀な走塁」からの「クロスプレー」です。最終段落の描写は、「僕」と「警官」との目に見えない〝クロスプレー〟を描いているような気がします。

問一は漢字の書き問題。同音異義語の多い漢字もありますが、文意に沿って書きましょう。問二のポイントは、「具体的に」書くところです。警官が広場中に聞こえるような甲高《かん》い声で「さあ、やろう。」と叫んだことのほかにも「僕」を「不安」がらせた「警官の言動」をさがしてください。問三は「本文のことばを使って二十字以内」というところがヒントになっています。また、「どういうこと」ときいているので、これも最後を「〜こと」で終わらせるようにします。「彼のペース」の反対は「僕らのペース」ということになるのでしょうが、それはすなわち試合が円滑に進んでいくことです。しかし、実際はそうではないので「彼のペース」なのです。問四は適語補充問題。解答らんが4つのところ、選択肢が7つあるので解答を難しくしていますが、オはどこにも入りそうもないし、ウだとちょっと大げさ過ぎると思います。AとDの空らんは「僕」の心理状態として、「なんとなく不安」→「具体的に不安」→「A が的中」→「全く D 」の流れになっています。問五は指示語の指摘です。「十五字以内」の字数制限があるので、文末(基本は形式名詞)を意識して「抜き出し」てください。問六は、まず「僕なりの美学」を確認する必要があります。それは「当たり損ねの球を打ってしまったという失敗を、塁間半ばで走ることを放棄する」行為です。これを否定する「四字のことば」を見つけてください。問七は記号を選ぶだけの選択問題ですが、少し奥が深そうです。まず、本塁でのクロスプレーにジャッジが出ないので審判である「警官を見上げた」のは間違いないはずです。このときの「僕」は「だいぶ興奮していたらし」いのだから、心理状態も普通ではなかったかもしれません。一方、「三塁ベースを離れたときから、アウトになると思って」ホームに突っ込んでいるのだから、「僕」がいうように「調子に乗りすぎた」わけです。その理由は、言うまでもなく警官に褒められたいからにほかなりません。そんな「僕」のプレーを「警官」も好意的に感じていたと思います。だからアウトだとわかっていても、すぐに声が出なかったのでしょう。このように考えると、問七の「最もふさわしいもの」は、ウかエに絞られるのではないでしょうか。そして、この瞬間は明らかに「僕らのペース」でジャッジされたのです。問八にある「チームメイトとの会話」とは、全体的に審判である警官の判定に対する批判が中心でした。判定に対して「僕」の結論はすでに出ていたわけですから、口をはさむ余地などなかったのでしょう。問九でいう「できる人」は、野球や審判に限ったことではありません。もっと大切な、人として「できる人」ということです。VARでは決して表に出ない「紅潮した顔」や「ううっ。」といった声。結果に至る過程を大事にする人は、たとえ残念な結果になろうとも、きっとそれをプラスにいかせると思います。

【解答】

問一　a＝交渉　b＝軽装　c＝均衡
問二　猛スピードで戻ってきたこと。
服装を一変させていたこと。
問三　「さあ、やろう」と甲高い声で叫んだこと。
警官の行動が大胆になってきたこと。（17字）
問四　A＝ア　B＝イ　C＝エ　D＝キ
問五　塁間半ばで走るのをやめること。（15字）
問六　全力疾走
問七　ウ
問八　僕はあれがアウトだということがわかっていたから。
問九　ウ

テーマ別研究❽

古　典

よく古典は英語と同じ感覚で勉強するのがいいといわれます。古語を覚え文語文法を把握し構文を理解し、その上で古文の読解に取り組むというのは、英単語を覚え英文法を把握し構文を理解し、その上で英文の読解に取り組むのとよく似ています。確かに古典と英語には共通点がありそうです。普段話したり書いたり読んだりしない点では一致しています。しかし両者には決定的な違いがあります。それは、英語が今でも世界中で使われているのに対し、古典は特定の研究者などを除き、だれも使っていない点です。このことは古典と英語の勉強法が必ずしも一致しないことを示しています。

洋画には字幕版と吹替版が存在します。ところが時代劇には字幕版も吹替版も存在しません。一部時代背景を思い起こさせる人称や動詞などが使われたとしても（「拙者は武士でござる。」）、字幕が表示されることはありません。字幕を必要とする場合は、現代語に「吹き替え」て作られるからです。このことからもわかるように、古典で大切なのは古語や文法や構文や文章ではなく、内容そのものにあります。時代劇の台本すら現代文で書かれているのに、中学生は古典を（ほぼ）そのまま読んで理解しなければなりません。読むだけではない。「学習指導要領」では、「音読するなどして」古典の「世界に親しむこと」を目指しています。古典をマスターするのは、ものすごくハードルが高いといわざるを得ません。でもこのハードルを下げるのは簡単です。古典の内容をほぼ現代語で読めばいいのです。

古典に限らず、およそ書物のほとんどは、その時代を生きる人々を対象に書かれたものです。結果として優れた作家の作品が時代を超えて読み継がれていくのであって、執筆当初から遠い未来の読者をターゲットに文章を書くことは、読者が特定の人物を想定する場合（日記や遺書など）を除き、あり得ません。ということは、いわゆる古典作品は今を生きる私たちを読者として想定していなかったのです。『源氏物語』の読者はリアルタイムでこの話のわかる貴族階級のごく限られた範囲でした。だから多くの省略が可能だったし、吉田兼好が『徒然草』を書いたのも、これといった目的があったわけではありません。今を生きる私たちに対して書かれていないのだから、古典をそのまま読むのが難しいのは当たり前。現代語仕様で読んだ方がいい理由がここにもあります。

現在だれも使っていない古典を学ぶ意義について、ここで模範的な回答など用意しません。正直に言ってしまえば、授業で習うからです。入試に出るからです。あえて私的回答を述べるとすれば、〝知的好奇心〟に尽きます。たとえば仮に「日本最古の物語は宇宙人を語る！」というタイトルの記事があったらどう思いますか。もちろん個人差はありますが、ちょっとだけのぞいてみたくなりませんか。この記事は『竹取物語』に関するものです。

日本初の物語といわれる『竹取物語』は、竹の中から登場した「かぐや姫」が、竹取の翁《おきな》と嫗《おうな》に経済的幸運をもたらし、五人の貴公子の求婚を巧みに断り、帝と和歌のやりとりをするものの、月の世界へ帰ってしまう物語です。ここで語られる「かぐや姫の昇天」には、〝未知との遭遇《そうぐう》〟を経験したのではないかと思わせる描写があります。「夜中の12時頃なのに、周囲が真昼のように明るくて、そばにいる人の毛穴まで見える。大空から月の世界の人が降りてきて、地上から約1.5メートルのところで浮いている。こうした超常現象を目の当《ま》たりにして、姫の護衛たちも気持ちが萎《な》えてしまった。」——忠実な現代語訳ではないが、このようなことが『竹取物語』に書かれています。まさにSF小説。しかも具体的。既存の伝説を踏まえたとしても、これが「物語の祖」だとすると、作者は超人に等しい文才と想像力の持ち主だといえます。しかし、宇宙人との遭遇があったとしたら説明がつくし、未だそれを完全否定する根拠もありません。

「ブラックジャックは江戸時代にもいた⁉」——これは、浅井了意《りょうい》の『伽婢子《おとぎぼうこ》』のスクープです。「蝨瘤《しらみこぶ》」と題された話は以下のとおりです。宮崎県のある商人の背中に腫れものができます。患部はとてもかゆく、大きくなっていきました。そのため商人は食欲もなくなり激やせしてしまいます。内科外科あらゆる医者に診てもらいますが、いっこうによくならない。しかし、そのころ南蛮船に乗ってチャクルスという名医が来日していました。彼は商人の奇病を見抜き、神がかり的な治療でもって見事にこの難病を治したのでした。

今述べた二つの話は、中学生だと原文での内容把握は難しい。しかし現代文ならわかります。私は古典学習の〝第一歩〟は、原文を現代語で読んで内容を理解し、興味をもつことだと思います。もしも万が一、ここに紹介する往時の作者たちが生きていたら、きっと形式や文法より、話の内容そのものを知ってほしいと願うでしょう。そしてそれを読んだ私たちの感想を聞きたがるはずです。なぜなら人は少なからず〝知的好奇心〟をもっているのだから。

【47】次の古文の線部を、あとの《現代語訳》を参考に訳しなさい。

古《いにしえ》よりも、後世《こうせい》のまされること、よろづの物にも事にも多し。その一つを言はんに、古は、橘《たちばな》を並びなき物にして①めでつるを、近き世には、蜜柑《みかん》といふものありて、この蜜柑にくらぶれば、橘は数にもあらず②けおされたり。そのほか柑子《こうじ》、柚《ゆ》、香橙《くねんぼ》、橙《だいだい》などのたぐひ多き中に、蜜柑ぞ味ことにすぐれて、中にも橘によく似てこよなくまされる物なり。この一つにておしはかるべし。あるいは古にはなくて、今ある物も多く、古はわろくて、今のはよきたぐひ多し。これをもて思へば、今より後も、また③いかにかあらん。今にまされる物多く出《い》で来《く》べし。今の心にて思へば、古は④よろづに事たらずあかぬ事多かりけん。されどその世には、⑤さはおぼえずやありけん。今より後また、物の多くよきが出で来《こ》ん世には、⑥今をもしか思ふべけれど、今の人、事たらずとはおぼえぬがごとし。

本居宣長《もとおりのりなが》『玉勝間《たまかつま》』

《現代語訳》

昔よりも、後の世（の方）がまさっていることは、いろんな物にも事にも多い。その一つを言えば、昔は、橘を並ぶものがないように（おいしく）食べていたが、近い世には、みかんというものがあって、このみかんにくらべると、橘はものの数でもないように圧倒される。そのほかこうじ、ゆず、くねんぼ、だいだいなどの種類の多い中で、みかんは味が特にすぐれて、（柑橘類《かんきつるい》の）中でも橘によく似てこのうえなくすぐれたものである。この一つで察しがつくだろう。あるいは昔にはなくて、今はあるものも多く、昔は悪くて、今（あるもの）はよいという種類も多い。これをもって思うと、今から後も、またどんなふうになるであろうか。今よりすぐれたものがたくさん出てくるだろう。今の心で思うと、昔はいろんなところで十分でなく満足しないことが多かったであろう。しかしその時代には、そんなふうに感じなかったかもしれない。今から後もまた、よいものがたくさん出てくるであろう世の中には、今の時代をそう思うだろうが、今を生きる人は、不十分だと感じないものである。

『玉勝間』（全十四巻、目録一巻）は江戸時代の国学者、本居宣長の随筆です。頻度は減りましたが、最近でも入試で見かけます。「古よりも後世のまされること」は、最終巻に収録されており、先見の明に優れた筆者をよく表した文章です。昔より今の方があらゆる点で優れているのは、自明の理です。しかし日進月歩の著しい現代の話ではありません。今から二五〇年程前の話です。だから「古よりも後世のまされる」例として「昔は橘、今みかん」をあげています。技術的進歩のめざましい現在なら「昔は黒電話、今スマホ」とか「昔ロボット、今ＡＩ」といったところでしょうか。

二〇〇五年に上演された映画『ALWAYS 三丁目の夕日』のポスターに「携帯もパソコンもＴＶもなかったのに、どうしてあんなに楽しかったのだろう。」と書かれていました。これはまさに「今の心にて」の述懐です。今思えば確かに全く不便な時代でした。それが「どうしてあんなに楽しかった」かといえば、あの時代に携帯もパソコンも存在しなかったからです。携帯やパソコンがなくても楽しいのではなく、存在しないから知らなかっただけのことです。宇宙旅行や空飛ぶ自動車が実用化された未来の人々は、今の私たちの生活について、なんて不便な時代だったのかと思うでしょうが、私たちにしてみれば「事たらずとはおぼえぬがごとし」なのです。

古文を読んでだいたいの内容がつかめる人もいれば、語彙《ごい》も含めてほとんどわからない人もいるでしょう。しかしその差はさほど問題ではありません。ここで問題にしているのは、現代語訳を読んで古文の箇所に目星をつけることです。例えばこの文章では、冒頭の「古」が現代語訳では「昔」となっていることがわかります。また「後世」が「後の世」、「まされること」は「まさっていること」に訳されています。「よろづの物」は「いろんなもの」、「多し」は「多い」。こうした地道な現代語訳との照合を重ねることで、古典の内容をつかむようにしていってください。本章では問題文のあと（【解答】の直前）に《現代語訳》がありますので、これらを参考にしてください。

【解答】

① 食べていたが
② 圧倒される
③ どんなふうになるであろうか
④ いろんなところで十分でなく満足しないこと
⑤ そんなふうに感じなかったかもしれない
⑥ 今の時代をそう思うだろうが

古典学習の〝第二段階〟は、自分で古文を現代文に訳して内容を理解することです。これがある程度できるようになると、入試問題の古文も解けるようになります。ところがここで多くの人がつまずきます。現代文に直すところで「正解」を求めてしまうからです。真面目でがんばり屋の生徒がぶつかりやすい〝壁〟です。でも、これを見てほしい。兼《けん》好法師《こうほうし》(吉田兼好はペンネーム)の『徒然草』、冒頭文とその現代語訳AとBとCです。

つれづれなるままに、日暮らし、硯《すずり》に向かひて、心にうつりゆくよしなしごとを、そこはかとなく書きつくれば、あやしうこそものぐるほしけれ。

《現代語訳A》

特にこれといってすることもないままに、一日中、硯に向かって、心に次々と浮かんでは消えていくたわいもないことを、とりとめもなく書きつけると、妙に気持ちがおかしくなりそうだ。

《現代語訳B》

何かしたいがすることもない、ひとり居の所在なさに任せて、終日、硯を前にして、次々と心に浮かんでは消えてゆく、わけもないことを、順序もなく書きつけていくと、ふしぎなほど、いろいろな思いがわいてきて、ただごとでないような感興を覚える。

《現代語訳C》

退屈しのぎに、一日中、机に向かって、心に浮かぶ些細《ささい》なことを、これといった目的もないのに書きつけていると、不思議と気分が乗ってくる。

Aは中学校で使っている教科書の現代語訳です。「つれづれなるまま」や「心にうつりゆくよしなしごと」、「そこはかとなく書きつくれば」の部分が模範解答のように丁寧に訳されています。Bは日本古典文學大系30『方丈記 徒然草』（岩波書店）の現代語訳です。発行年はずいぶん昔ですが、全体的に原文に忠実です。Cは私が授業で生徒に伝えた現代語訳です。ABより原文から遠い分、解答としての点数は低いが、わかりやすさを優先しました。それでも説明をしないと生徒には理解されません。徒然草の冒頭を描いた画像は、どれも硯は机の上に置いてあります。だから「硯に向かう」という訳よりも「机に向かう」の方がしっくりきます。この表現にも「執筆する」の意味があります。「心に移りゆく」は「心に浮かびそして消える」ことです。「よしなしごと」の現代語訳は、ABCそれぞれ「たわいもないこと」、「つまらないこと」、「些細なこと」で大差ないが、これは兼好の〝遜謙《そんけん》〟に他ならない。（こうした表現上の謙遜は『徒然草』に限ったことではない。『和泉《いずみ》式部集』にも「つれづれなりし折に、よしなしごとにおぼえしこと」があるし、『讃岐典侍日記《さぬきのすけにっき》』には「つれづれのままによしなし物語」、堤《つつみ》中納言物語にも「つれづれにはべるままに、よしなしごとども、かきつくるなり」とあります。）なぜなら「心に移りゆくよしなしごと」を「そこはかとなく書」いただけで「ものぐるほしけれ」にはならないからです。序段を含めて二四四段からなる『徒然草』は、兼好によって二年ほどで一気にまとめられたとする説が有力で、「あやしうこそものぐるほしけれ」をわかりやすくするには、「（些細なことでもこうして書きつけていると）不思議と気分が乗ってくる」の方が兼好の気持ちに近いような気がします。（これについては異論が多い。あくまでも私見です。）このように現代語訳は十人十色で、たった一つの正解があるわけではないのです。正解にこだわらず自分なりの現代語訳を考えてみてください。

古典学習の〝最終段階〟は、作品を通して作者の思想、人生観などにふれることです。『徒然草』を読むと、兼好の性格や嗜好《しこう》、友情論や女性の好みなどまでかいま見ることができます。このことは、先人の師を得たに等しい。大げさな言い方をすれば、人生の岐路に立ったとき、その身の振り方を教えてくれるかもしれないのです。『菅家後集《かんけこうしゅう》』から菅原道真《みちざね》を、『方丈記《ほうじょうき》』から鴨長明《かものちょうめい》を、『折たく柴の記』から新井白石を学べるのです。孔子や聖徳太子、宮本武蔵や松尾芭蕉を師と仰ぐには、古典が不可欠なのがわかるでしょう。

日本に残っている最古の書物は、奈良時代に作られたとされる『古事記』（全三巻）が有力です。内容は主に神話を含む歴史記述ですが、多くの歌謡も挿入されています。表記は変体漢文といって、漢文にあて字が入り込み、語順も現行の漢文とは少し異なります。

高校入試に出題される古典は、万葉集をはじめとする一部の作品を除き、かなが発明された平安時代に入ってからのものがほとんどです。しかも出典の時代には、著しい傾向が見られます。次の《資料》を見てください。

《資料》千葉県公立高校入試問題　古典出典一覧（過去40年間50回分）

年度	作品（ジャンル）	作者	時代
昭和59年	『笈《おい》の小文《こぶみ》』（俳諧《はいかい》紀行）	松尾芭蕉《ばしょう》	江戸時代
昭和60年	『発心集《ほっしんしゅう》』（説話）	鴨長明《かものちょうめい》	鎌倉時代
昭和61年	『紫文《しぶん》要領』（注釈書）	本居宣長《もとおりのりなが》	江戸時代
昭和62年	『古今著聞集《ここんちょもんじゅう》』（説話）	橘成季《たちばなのなりすえ》	鎌倉時代
昭和63年	『醒睡笑《せいすいしょう》』（笑話）	安楽庵策伝《あんらくあんさくでん》	江戸時代

古典

平成元年	『花月草紙《かげつそうし》』（随筆）	松平定信《まつだいらさだのぶ》	江戸時代
平成2年	『折《おり》たく柴《しば》の記』（随筆）	新井白石《あらいはくせき》	江戸時代
平成3年	『落柿舎《らくししゃ》ノ記』（俳文）	向井去来《むかいきょらい》	江戸時代
平成4年	『西遊記《さいゆうき》』（紀行）	橘南谿《なんけい》	江戸時代
平成5年	『日本永代蔵《えいたいぐら》』（町人物）	井原西鶴《いはらさいかく》	江戸時代
平成6年	『平家物語』（軍記）	作者不明	鎌倉時代
平成7年	『雨月《うげつ》物語』（怪奇）	上田秋成《あきなり》	江戸時代
平成8年	『笈の若葉』（紀行）	建部綾足《たけべあやたり》	江戸時代
平成9年	『楽郊紀聞《らくこうきぶん》』（怪奇）	中川延 良《えんりょう》	江戸時代
平成10年	『曾我《そが》物語』（軍記）	作者未 詳《みしょう》	鎌倉時代
平成11年	『軽口御前男《かるくちごぜんおとこ》』（笑話）	米沢彦八《ひこはち》	江戸時代
平成12年	『韓非子《かんぴし》』（漢文）	韓非《かんぴ》（中国）	戦国時代
平成13年	『落栗《おちぐり》物語』（説話）	松井成教《しげのり》	江戸時代
平成14年	『飛鳥川《あすかがわ》』（随筆）	中山三 柳《さんりゅう》	江戸時代
平成15年	『仮名世説《かなせせつ》』（随筆）	大田南畝《おおたなんぽ》	江戸時代
平成16年	『宇治拾 遺《うじしゅうい》物語』（説話）	編著者不明	鎌倉時代
平成17年	『私可多咄《しかたばなし》』（笑話）	中川喜雲《きうん》	江戸時代
平成18年	『堪忍記《かんにんき》』（説話）	浅井了意	江戸時代

平成19年	『たはれ草《ぐさ》』（随筆）	雨森《あめのもり》芳洲《ほうしゅう》	江戸時代
平成20年	『耳袋《みみぶくろ》』（随筆）	根岸鎮衛《やすもり》	江戸時代
平成21年	『俊頼髄脳《としよりずいのう》』（説話）	源俊頼《としより》	平安時代
平成22年	『今昔物語集』（説話）	作者不明	平安時代
23年前期	『続古事談《ぞくこじだん》』（説話）	編著者不明	鎌倉時代
23年後期	『正法眼蔵随聞記《しょうぼうげんぞうずいもんき》』（説話）	孤雲懐奘《こうんえじょう》	鎌倉時代
24年前期	『徒然草《つれづれぐさ》』（説話）	吉田兼好《よしだけんこう》	鎌倉時代
24年後期	『注好選《ちゅうこうせん》』（説話）	作者不明	平安時代
25年前期	『浮世《うきよ》物語』（町人物）	浅井了意	江戸時代
25年後期	『土佐日記』（紀行）	紀貫之《きのつらゆき》	平安時代
26年前期	『十訓抄《じっきんしょう》』（説話）	編著者未詳	鎌倉時代
26年後期	『日本永代蔵』（町人物）	井原西鶴	江戸時代
27年前期	『筆のすさび』（随筆）	菅茶山《かんちゃざん》	江戸時代
27年後期	『沙石集《しゃせきしゅう》』（説話）	無住一円《むじゅういちえん》	鎌倉時代
28年前期	『仮名世説』（随筆）	大田南畝	江戸時代
28年後期	『雑談集《ぞうだんしゅう》』（説話）	無住一円	鎌倉時代
29年前期	『雲萍雑志《うんぴょうざっし》』（随筆）	柳沢淇園《きえん》	江戸時代
29年後期	『落栗物語』（随筆）	松井成教	江戸時代

30年前期	『孔雀楼筆記《くじゃくろうひっき》』（随筆）	清田儋叟《せいたたんそう》	江戸時代
30年後期	『牛馬問《ぎゅうばもん》』（随筆）	新井白蛾《はくが》	江戸時代
31年前期	『無名抄《むみょうしょう》』（随筆）	鴨長明	鎌倉時代
31年後期	『一休ばなし』（笑話）	作者未詳	江戸時代
2年前期	『筑波問答《つくばもんどう》』（歌論）	二条良基《よしもと》	室町時代
2年後期	『奇談雑史《きだんざっし》』（怪奇）	宮負定雄《みやおいやすお》	江戸時代
令和3年	『平治《へいじ》物語』（軍記）	作者未詳	鎌倉時代
令和4年	『ものくさ太郎』（説話）	作者不明	江戸時代
令和5年	『宇治拾遺物語』（説話）	編著者不明	鎌倉時代

千葉県の場合、江戸時代からの出題が全体の六割を占めます。これに鎌倉時代の作品を加えると九割近くになります。つまり、高校入試で出題される古典作品のほとんどが江戸時代もしくは鎌倉時代なのです。出題されるジャンルにも特徴があって、説話、随筆、笑話で六割を超えます。この傾向は全国的に見ても大同小異です。蛇足ですが、作者らんの「不明」と「未詳」の表記は、厳密にいえば「不明＝わからないこと」、「未詳＝今はまだわからないが、今後わかるかもしれないこと」ですが、個人的には「不明」で統一してもいい気がします。『竹取物語』の作者は源順《みなもとのしたごう》、源融《みなもとのとおる》、僧正遍昭《そうじょうへんじょう》、紀貫之、紀長谷雄《きのはせお》、菅原道真など多くの知識人が候補にあがっており、『徒然草』の中に『平家物語』の作者は「行長入道（信濃前司行長）」とありますが、いずれも定説には至りません。

それでは入試に準拠した体裁で問題を解いていきますが、まずは解き方についての提案があります。

【48】次の文章を読んで、あとの問いに答えなさい。

注1伊予《いよ》入道は、幼きより絵をよく描き侍《はべ》りけり。父、うけぬことになむ①思へりける。注2無下《むげ》に幼少の時、父の家の注3中門の廊の壁に、土器《かわらけ》の割れにて、注4不動《ふどう》の立ち給《たま》へるを②描きたりけるを、客人《まらうど》誰《たれ》とかや、③たしかに聞きしを忘れにけり、④これを見て、「誰《た》が描きて候《さぶら》ふにか。」と驚きたる気色《けしき》にて問ひければ、主《あるじ》うち笑ひて、「これは注5まことしき者の描きたるには候はず。愚息《ぐそく》の小童《こわらは》が描きて候ふ。」と⑤言はれければ、いよいよ尋ねて、「注6しかるべき天骨《てんこつ》とはこれを申し候ふぞ。⑥このこと制し給ふことあるまじく候ふ。」となむ言ひける。⑦げにもよく絵見知りたる人なるべし。

橘成季『古今著聞集』

注1伊予入道＝源頼義《みなもとのよりよし》の別名。平安時代中期の武士で、河内《かわち》源氏二代目棟梁《とうりょう》。注2無下に幼少の時＝とても幼かった時。注3中門の廊の壁＝中門にある廊下の壁。注4不動の立ち給へる＝不動明王がお立ちになっている（姿）。注5まことしき者＝専門の絵かき。注6しかるべき天骨＝生まれついての天才。

問一　「①思へりける」を現代仮名づかいになおし、すべてひらがなで書きなさい。

問二　文中②～⑤の主語にあたる人物を次のア～エから選び、記号で答えなさい。

ア　伊予入道　イ　父　ウ　客人　エ　作者

問三　「⑥このこと」とはどんなことですか。現代語で書きなさい。

問四　「⑦げにもよく絵見知りたる人」とはだれのことですか。文中のことばで答えなさい。

現代文の読解については、説明文にしても小説にしても大きく2パターンあって、どちらがいいとは一概には言えません。2パターンの一つは、問題文に書かれたとおり、まず問題の文章を読んで、設問の箇所にきたら問題文を読むというパターン。もう一つは、問いの文を読んでしまってから文章を読んでいくというパターンです。前者の方が時間を要しない分、じっくり取り組める利点があります。でも、こと古典に限れば、圧倒的に後者が有利です。この【48】に関していえば、いきなり「伊予入道は、幼きより……」と読んでいくのではなくて、まず注釈に注目します。注1で（主たる）登場人物がわかります。注2でいつの時の話なのかがわかります。注3で描いた場所がわかり、注4では何を描いたのかがわかります。また注5と注6が絵かきについての説明だとわかるでしょう。この6つの情報を知ってから古文を読むのと、知らないで読むのとでは雲泥《うんでい》の差が出ます。次に大切なのが問いの文です。問一で仮名づかいの出題がわかり、問二で古文に出てくる人物がわかります。問三は指示語、問四が人物の指摘であることがわかり、問二の選択肢が大きなヒントになるかもしれないと予想がつきます。したがって、まず注釈を読み、次に問いの文に目を通してから古典の文章を読んでいくことを提案（おすすめ）します。古典が苦手な人は、問題集を買ったら問題などは解かなくていいから、すべての問題の注釈と問いの文だけを順番に読んでみてください。そこには古文がないのだから、比較的スムーズに読破できてしまいます。問題集から古典の問題を解くパターンを会得してしまえば、あとは数（問題）をこなしていくことで、古典アレルギーが軽減していくこと請け合いです。

問一は、かなづかいの問題で、出題頻度が最も高い。古典では一般に「歴史的かなづかい（古典かなづかい）」が用いられます。そこで古文に見られるかなづかいについて解説します。第一に覚えておきたいポイントは、歴史的かなづかいの「は・ひ・ふ・へ・ほ」が、現代かなづかいの「わ・い・う・え・お」に対応するということです。たとえば「いはく」は「いわく」、「使ひけり」は「使いけり」、「いふ」は「いう」、「かへる」は「かえる」、「とほる」は「とおる」と書けばよいのです。ここでは「思へけり」の「へ」を「え」に変えて、すべてひらがなで答えること。第二のポイントはワ行の「i」と「e」を知っておくこと。つまり「わいうえお」は昔は「わゐうゑを」であり、「ワイウエオ」は「ワヰウヱヲ」でした。ただし、今でもたまに「よゐこ」や「ウヰスキー」、「ヱヴァンゲリオン」などの表記を見ることがあります。それはこうしたかなを使ってはいけないというきまりがないからです。もちろん名前にも使えますが、つけられる子どものことを思えば、控えた方が賢明でしょう。（でもひょっとしたら〝キラキラネーム〟の次は〝いにしえネーム〟が再び受け入れられる時代が来るかもしれません。）問二は主語（主体）を明らかにする問題。古典はとにかく省略が多い。主語だけでなく、述語も助詞も名詞もしばしば省かれます。しかし慣れてくると、特定の助詞があるときに主語が変化したりしなかったり、英語の関係代名詞のような構文に出会い、直前の人やものが省略されたりしていることに気づくでしょう。まずは文中に出てくる人物をおさえ、その人が何をしたのかを読み取れるようにしましょう。問三の「このこと」は現代文でも見かける表現であり問題でもあります。直前に述べられた内容を把握し、最後に「〜こと。」をつけます。問四の「げにもよく絵見知りたる人」とは、「とてもよく絵のことを知っている人」です。

《現代語訳》

伊予入道は、幼い頃から絵を上手に描いていた。父は、それ（絵を描くこと）を不満に思っていた。

伊予入道が幼かった頃、父の家の中門にある廊下の壁に土器の破片で不動明王のお立ちになった姿が描いてあったのを、お客の誰といったか、確かに聞いたのだが忘れてしまった、（その客が）これを見て、「誰が描いたのですか。」と驚いた様子で尋ねると、主人（伊予入道の父親）は笑って、「これは専門の絵かきが描いたものではありません。私の子どもが描いたものです。」と言うと、（客は）さらにことばを続け、「生まれついての天才とはこれを申すのですぞ。絵を描くことをお止めしてはなりません。」と言った。（この客人は）とてもよく絵のことを知っている人であったようだ。

【解答】

問一　おもえりける
問二　②＝ア　③＝エ　④＝ウ　⑤＝イ
問三　（伊予入道が）絵を描くこと。
問四　客（人）

古典問題を解く流れをひと通り確認できたら、様々なジャンルの古文に触れることが必要になってきます。先述したように入試では説話、随筆、笑話の出題頻度が高いので、よく知られた笑話を一つ紹介しましょう。

【49】次の文章を読んで、あとの問いに答えなさい。

①かの注1旦那《だんな》、注2養叟和尚《やうそうをしょう》を斎《とき》に呼ぶとて（食事に呼んだ際）、「一休も御供《おとも》に」と申し、かの返報《へんぽう》せばや（あの時の仕返しを）とたくみけるが、入口の門の前に橋ある家なりければ、橋のつめに、高札《たかふだ》をかなにて書きて立てける。

此《こ》のはしをわたる事かたくきんぜいなり（禁止する）

と書き付けける。養叟「斎の時分よし」とて、一休を召し連れ、かの人の方へ御出あるに（出向かれたところ）、橋の札を御覧じて、「此のはしわたらでは内へ入る道なし。一休いかに」と②有りければ、一休申さるるは、「いや此のはしわたること」と、かなにて仕《つかま》りたるあいだ（お書きになる以上）、まん中を御渡りあれ」とて、真中《まんなか》をうちわたり、内へ③入り給へば、かの者出合ひ、「きんぜいの札を見ながら、いかではしわたり給ふぞ」ととがめければ、「いやわれわれらは、はしはわたらず、真中を渡りける」と仰《おおせ》らるれば、④亭主も口をとぢ侍《はべ》る（口を閉じたままでございました）。

作者未詳「一休ばなし」

注1 ここでいう「旦那」とは、特定寺院の経済的支援者のことで、これまでも一休のとんちにやり込められていた。注2 一休和尚は幼いころ「養叟和尚」のもとで修行をしていた。

問一　「①かの旦那」の別の言い方を漢字二字で書き抜きなさい。

問二　「②有りければ」の主語を次から選び、記号で答えなさい。

ア　かの旦那　　イ　和尚　　ウ　一休　　エ　作者

問三　「③入り給へば」を現代かなづかいに直しなさい。

問四　「④亭主も口をとぢ侍る」とありますが、それはなぜですか。「はし」ということばを使ってその理由を答えなさい。

問五　この話に出てくる人物は全部で何人ですか。

問六　一休の生きた時代を次から選び、記号で答えなさい。

ア　平安時代　　イ　鎌倉時代　　ウ　室町時代　　エ　江戸時代

〝とんち和尚〟で知られる一休さんですが、実像ははっきりしないところがたくさんあります。後小松天皇の落胤《らくいん》（私生児）説もあり、知力に優れていたのは確かですが、奇行の破戒僧でもあったようです。晩年には四十歳ほど年下の盲目女性を愛し、87歳でこの世を去ったといわれています。この話は、「屏風《びょうぶ》のとら」や「水あめ」などとともに残る〝一級（一休）の〟とんち話です。

さて、古文を見て気づいた人もいると思いますが、この問題のように文章末に注釈がなく、古文の左側に付記する場合があります。このような体裁だと、ついつい古文と平行して読んでしまいがちですが、内容がわかりづらければ、やはり古文の注釈としてとらえた方がよいでしょう。このような出題は公立高校の入試問題に多いようです。

問一の「かの旦那」の別称は「かの人」、「かの者」もありますが、「漢字二字」の条件を満たすものは一つしかありません。問二は文脈から主語を特定する問題。古典では定番問題の一つです。直前のカギ括弧を言った人物を答えます。問三も、おなじみの仮名づかい問題。歴史的かなづかいの「は・ひ・ふ・へ・ほ」は、現代かなづかいの「わ・い・う・え・お」に対応することを知っておけば、だいたいの仮名づかい問題は対処できます。【48】の問一のように「すべてひらがなで」の表記がなければ、漢字はそのままにしておきましょう。問四は古文の内容把握。字数制限がないので、「はし」の「橋」と「端」を上手に表現してください。なお、古文の内容把握は、たとえば笑話なら「何がおもしろいのか」、説話なら「何を戒《いまし》めているのか」をしっかりつかむことが大切です。問五でいう登場人物の数に作者は含めません。問六に関してですが、一休は明徳五年（一三九四年）の元旦生まれで、室町時代の僧侶です。

《現代語訳》

例の旦那が、養叟和尚を食事に呼んだ際、「一休さんもご一緒に（どうぞ）」と言って、あの時の仕返しをとたくらんで、（旦那の家は）入口の門の前に橋のある家であったので、橋の先に、（目立つように）高いところに札をかなで書いて立てておいた。

このはしをわたることをかたく禁止する

と書きつけてあった。和尚が「食事の時間だ」といって、一休を連れて、旦那の家の方に出向かれたところ、橋の札をご覧になって、「このはしをわたらないで（家の）中へ入る方法はない。一休よ、どうする」と言われたので、一休が申すには「いいえ（和尚様）、このはしをわたることと、かなでお書きになる以上、真ん中をお渡りください」といって、（橋の）真ん中をわたって、中へお入りになったので、旦那が出てきて、「禁止の立て札を見たのに、どうしてはしをおわたりになったのか」と責め立てたところ、「いいえ私たちは、はしはわたっておりません、真ん中を渡りました」とおっしゃったので、亭主（例の旦那）も口を閉じたままでございました。

【解答】

問一 亭主
問二 イ
問三 入り給えば
問四 例 亭主は「橋を渡るな」と立て札を書いたつもりだったが、ひらがなで「はし」と書いたため、一休は「端を渡るな」と解釈し、橋の真ん中を渡ったため。
問五 三人
問六 ウ

【50】次の文章を読んで、あとの問いに答えなさい。

諾楽《むべらく》の京の越田《こしだ》の池（奈良平城京の南一条にあったという池）の南、蓼原《たではら》の里の中の蓼原堂に、薬師如来《やくしにょらい》の木像有り。帝姫阿倍《みかどひめあべ》の天皇の御代《みよ》に当たりて（治世の頃において）、その村に二つの目盲《めし》ひたる女有り。これが生めるひとりの女子、年は七歳なり。寡《やもめ》にして（未亡人で）夫無し。極めて貧しきことたぐひ無し。食を索《もと》ふこと得ずして（求めたが得られず）、将《まさ》に①飢ゑて死なむとする。自ら謂《い》へらく（独り言で言ったことには）、「宿業《しゅくごう》の招く所にして、ただ（これほど飢えるのは前世の宿命のためで）現報のみにはあらじ。徒らに空しく（このまま何もせずに）飢ゑて死なむよりは、如かじ（いいだろう）、善を行ひ念ぜむには。」とおもふ。子に手を控かしめて（引かせて）、その堂に至り、薬師寺の像に向かひて、目を願ひて曰はく（視力回復を願って言うには）、我が命一つを惜しむにあらず、我が子の

古典

命を惜しむなり。一つはこれ②二人の命なり。願はくは我に眼を賜へといふ（視力をください）。壇越《だんえつ》見矜《みあはれ》みて（たまたま居合わせた壇越がそれを見て）、戸を開きて裏に入れ、像の面に向かひて、称礼せしむ（お祈りさせてやった）。二日を経て副《そ》ひたる子（付き添っている子）見れば、その像の臆《おく》より（薬師像の胸の中から）、桃の脂のごときもの、忽然《こつぜん》に出で垂る。子③母に告げ知らす。母、聞きて食はむと欲ひ、この故に子に告げて曰はく、「取りて吾が口に含めよ。」といふ。食えば甚だ甘し。④すなはち二つ目開きぬ。定めて知る（このことから確かなことは、）、心を至して（込めて願えば）願を発す、願はば得ずといふこと無し（願ったことを得られないということはない）、と。これ⑤あやしきことなり。

景戒《けいかい》『日本霊異記《にほんりょういき》』

問一　「①飢ゑて」を現代かなづかいに改め、すべてひらがなで書きなさい。

問二　「②二人の命」とは、だれとだれの命ですか。

問三　「③母に告げ知らす」とありますが、子は何を母に告げたのですか。現代語で答えなさい。

問四　「④すなはち二つ目開きぬ」の現代語訳として正しいものを次から一つ選び、記号で答えなさい。

ア　すぐに二つ目の願いがかなった。
イ　すぐに両目は見えるようになった。
ウ　そのまま二つの目は開かなかった。
エ　まもなく二人目の子が口を開いた。

問五　「⑤あやしきこと」とは、どんなことですか。六十字以内で答えなさい。

問六　この話で筆者が特に伝えたいことは何ですか。二十五字程度で答えなさい。

『日本霊異記』は平安時代初期に書かれた日本初の説話集です。奇跡や怪異についての話が多く、『今昔物語集』や『宇治拾遺物語』などの仏教説話集にも影響を与えたといわれています。著者の景戒は薬師寺（奈良県）の僧でしたが、彼の事績を示す文献資料はほとんどなく、その全体像は謎に包まれています。

問一のポイントは「飢」と「ゑ」が読めるかどうかです。問二は親心を読み取ること。問三は母親が全盲のため娘が付き添い、身近なことを伝えているのです。問四は正しい現代語訳を選択する問題。古語の「すなはち」は「そのまま」または「すぐに」と訳します。まぎらわしいのは「開きぬ」で、これは完了を表します。ちなみに「開かぬ」は打ち消しになります。だから「花咲きぬ」と「花咲かぬ」では、花が「咲いてしまった」と「咲いていない」のように大きな違いがあります。（「心あての花咲きぬと見えて」小沢蘆庵《ろあん》『六帖詠草《ろくじょうえいそう》』）。問五の「あやし（怪し）」は出題頻度の高い古語の一つで、「不思議だ」、「変だ」の他に、「気がかりだ」や「不都合だ」など様々な現代語訳があります。漢字は違いますが「あやし（賤し）」には「身分が低い」、「みっともない」の意味もあります。ここでの「あやしきこと」は、「薬師像の胸の中から桃の脂のようなものが出てきたこと」だけでは不完全です。問六は先述した「何を戒めているのか」を答えることになります。答えの内容が一部前問と重複しますが、仏教説話集には「仏様に手を合わせ拝むことで功徳《くどく》が得られる」という背景が根底にあります。その具体的出来事を答えてください。

《現代語訳》

奈良平城京の南一条にあったという池の南側の、蓼原の里の中の蓼原堂に、薬師如来の木像があった。帝姫阿倍の天皇の治世の頃において、その村に両目の見えなくなった女がいた。この女が生んだひとりの女の子がいて、年は七歳だった。（盲目の女は）未亡人で夫がいなかった。極めて貧しいことは比べるものもないほどだった。食べ物を求めたが得られず、まさに飢え死にしようとしていた。（盲目の女が）独り言で言ったことには、「これほど

古典

飢えるのは前世の宿命のためで、現世の報いだけではないだろう。このまま何もせずに空しく飢えて死ぬよりは、いいだろう、善行をして（神仏に）祈願するほうが。」と思った。子に手を引かせて、その堂（蓼原堂）に着き、薬師如来の像に向かって、視力回復を願って言うには、私の命一つを惜しむのではありません、我が子の命を惜しむのです。（私の）一つ（の命）はこれ二人（盲目の女と七歳の娘）の命なのです。願わくば私に視力をくださいと言う。（たまたま居合わせた）壇越がそれを見てあわれに思い、戸を開けてお堂の内側に入れ、像の面に向かって、お祈りさせてやった。（それから）二日経って（お堂の中で過ごして）、付き添っている子が見ると、薬師像の胸の中から、桃の脂のようなものが、突然出て垂れた。（そのことを）子は母に教えた。母はそれを聞いて（桃の脂のようなものを）食べたいと思い、このために子に告げて言うには、「（桃の脂を）取ってわたしの口に含めておくれ。」と言う。（それは）食べるととても甘かった。すぐに両目は見えるようになった。このことから確かなことは、心を込めて願えば、願ったことを得られないということはない、と（いうことである）。これは不思議なことである。

【解答】

問一　うえて
問二　母親とその娘
問三　薬師像の胸の中から桃の脂のようなものが出てきたこと。
問四　イ
問五　**例**心を込めて願ったら、木像の胸から桃の脂のようなものが出てきて、それを飲んだら母親の目が見えるようになったこと。（55字）
問六　**例**信心深い盲目の母の目が見えるようになったこと。（23字）

【51】次の文章は、平家が壇ノ浦で滅びてから戦場で源氏方に助けられた女院（建礼門院）が京都の寂光院《じゃっこういん》で尼になっていると聞いて、右京大夫《うきょうのだいぶ》が久しぶりに会いに行く場面です。これを読んで、あとの問いに答えなさい。

女院、注1大原におはします（いらっしゃる）とばかりは聞きまゐらすれど（聞いておりましたが）、注2さるべき人に知られでは（知らなかったので）、①まゐるべきやうもなかりし（参上することもできませんが）を、②深き心をしるべにて（道しるべにして）、わりなくて（いてもたってもいられず）尋ねまゐるに、やうやう近づくままに、山道のけしきよりまづ涙は先立ちていふかたなきに（その悲しさは言うまでもないが）、御庵のさま、御住まひ（質素なたたずまい）、ことがら、すべて目もあてられず。昔の御ありさま見まゐらせざらむだに（ご存じない人でさえ）、大方のことがら、いかがこともなのめならむ（どうしてこれが普通でありましょうか）。まして、夢うつつともいふかたなし（夢とも現実とも言いようがない）。［③］深き注3山颪《やまおろし》、近き梢に響きあひて、かけひの水のおとづれ（かけ樋を流れる水の音）、鹿の声、虫の音、いづくものことなれど、ためしなき悲しさなり。都は［④］の錦をたち重ねて、さぶらひし人々六十余人ありしかど、見忘るるさまに⑤おとろへたる墨染めの姿して、わづかに三四人ばかりぞさぶらはるる。その人々にも、「⑥さてもや」とばかりぞ、我も人も言ひ出でたりし。むせぶ涙におぼほれて（胸がいっぱいで）、言も続けられず。

今や夢　昔は夢と　まよはれて　いかに思へど　うつつとぞなき

『建礼門院右京大夫集』

注1 大原＝京都府左京区大原町（寂光院）。注2 さるべき人＝「さるべき人」を大原までの案内人とする一方、女院がいることを知っている源氏方の人とする説もある。注3 山颪＝山から吹き下ろす風。

問一 「①まゐるべきやう」を現代かなづかいになおしなさい。

問二 「②深き心」とは、だれのどのような心をいいますか。

問三 文中③および④には季節が入ります。あてはまる季節を漢字一字で書きなさい。

問四 「⑤おとろへたる墨染めの姿」とは、だれの姿ですか。次から一つ選び、記号で答えなさい。

ア 華やかだった頃とは対照的な女院。
イ みすぼらしい墨染めの衣を着た侍女。
ウ 年取った喪服姿の近隣住人。
エ 歳月が流れ、もはや現実に希望のもてない作者。

問五 「⑥さてもや」に込められた気持ちを次から一つ選び、記号で答えなさい。

ア 悲しみ　イ 不安　ウ 怒り　エ あきらめ

建礼門院右京大夫は建礼門院（平徳子《たいらのとくし》）に仕えた女性です。その建礼門院は高倉天皇の皇后で、安徳天皇の母。安徳天皇は歴代天皇の中で最も若くして崩御《ほうぎょ》した天皇として知られています（満6歳）。一族の悲劇は『平家物語』や『源平盛衰記』に詳しいのでここでは割愛しますが、『建礼門院右京大夫集』はその悲劇の産物でした。そこには、過ぎ去りし日々を求めた内容であふれています。人は思い出を文章にする時、多かれ少なかれ過去を美化してしまいます。まして栄華の女房社会に身をおいた右京大夫です。だからこそ彼女が建礼門院との再会を願う気持ちはよくわかります。しかし、おしなべて結果は満足のいくものではありません。

オフコースの歌に『夏の終わり』があります。その歌詞に「そっとそこにそのままでかすかに輝くべきもの 決してもう一度この手で触れてはいけないもの」と書かれています。また、村下孝蔵の『初恋』のアナザーバージョンに「どうしてなんだろう あの頃をいつも思い出してる」とあります。思い出は思い出として「輝くべきもの」、「思い出《だ》」すものであり、「もう一度」はないのです。小野小町も嘆いたように、「我が身世に経《ふ》る眺め」なのです。しかしそれでも、残り少なくなった人生の生きる希望の一つに、その先への展望ではなく、かけがえのない人との思い出のシーンがあってもいいのではないでしょうか。少なくとも建礼門院右京大夫にはそういう生き方をした時期が確かにあったのです。私もまた、年を重ねれば重ねるほど「あの頃をいつも思い出してる」自分に気づかされます。

問一は二箇所変える必要があります。問二の「だれの」というところで迷うかもしれませんが、尊敬語や謙譲語を手がかりに「女院」なのか「さるべき人」なのか作者なのかを判断します。問三は難問。③の直後に「山颪」（冬の季語）があるから「冬」としたいところですが、「冬深き」場所に「鹿の声、虫の音」はおかしい。④は「見渡せば柳桜をこきまぜて都ぞ春の錦なりける」（『古今和歌集』素性《そせい》法師）をふまえます。問四は「女院・侍女・近隣住人・作者」の中から選びます。問五の「さてもや」の「や」は詠嘆（＝声に出して深く感動すること）を表す助詞ですが、これに込められた気持ちは、仕える人の少なさより女院の変わりはてた姿そのものに向けられています。

《現代語訳》

女院（建礼門院）が、大原にいらっしゃるとだけは聞いておりましたが、大原までの案内人を知らなかったので、参上することもできませんが、（女院に対する）深い心を道しるべにして、いてもたってもいられず訪ね参ったところ、だんだん（大原に）近づくにつれて、山道の様子からまずは涙が先に流れてその悲しさは言うまでもないが、質素なたたずまいの様子、お住まい、ことがら、すべてが目も当てられない（ほどひどいものでした）。昔のご様子をご存じない人でさえ、ここでのだいたいのこと（をご覧になれば）、どうしてこれが普通でありましょうか。まして（昔のお姿を存じ上げている私としては）、夢とも現実とも言いようがない。秋深い山おろしが、近くの梢に響きあって、かけいの水の音、鹿の声、虫の音、どこでも同じことであるけれど、例のない悲しさであ

古典

る。かけ樋《とい》を流れる水の音、鹿の声、虫の音は、どこでも同じものであるけれど、(今の私にとっては)かつてない悲しさです。都(での頃)は(美しい)春の錦(の着物)を着て、お仕えしていた人々は六十余人もいたけれど、(今では顔も)見忘れるほどにおとろえた墨染めの(尼僧の)姿をして、わずかに三、四人ほどがお仕えされる(だけである)。その人々にも、「それにしてもまあ」とばかり、私も人々も言い出した。むせぶほど涙に胸がいっぱいで、(もはや)言葉も続けられない。

今のこの生活が夢なのか 昔の栄華が夢なのか 迷ってしまい どう思っても これが現実とは思えません

【解答】

問一　まいるべきよう

問二　作者(右京大夫)の女院を思う心。

問三　③＝秋　④＝春

問四　イ

問五　ア

【52】次の文章を読んで、あとの問いに答えなさい。

昔、豊後《ぶんご》の国球珠郡《くずのこおり》(大分県玖珠郡)に広き野のある所に、大分郡に住む人その野に来たりて、家造り田作りて、住みけり。ありつきて(定住して)、家富み、楽しかりけり。酒飲み遊びけるに①とりあへず、弓を射けるに的のなかりけるにや、餅をくくり(円形に型どり)て的にして射けるほどに、その餅白き鳥になりて飛び去りにけり。

②それよりのち次第に衰へて、惑《まど》ひうせにけり（人々も途方に暮れ、去ってしまった）。あとは空しき野になりたりけるを、天平年中（聖武天皇の時代、八世紀中頃）に速見郡《はやみぐん》に住みける訓迩《くに》といひける人、さしもよく（あれほどよく）賑《にぎ》わひたりし所のあせにける（衰退してしまった）を、③惜しとや思ひけん、またここに渡りて田を作りたりけるほどに、その苗みな枯れ失せければ、驚き恐れて、またも（もう）作らず④捨てにけりと言へることあり。

餅は福の源《みなもと》なれば、福神《ふくのかみ》去りにけるゆゑに、衰へけるにこそ。福の体《てい》（かたち、円形のこと）なれば、年始にもてなすべし。二人向かひて餅を引き割るをば、福引きと言ひならはせるも、⑤ゆゑなきにあらざるか。

編著者不明『塵袋《ちりぶくろ》』

問一　「①とりあへず」を現代かなづかいに改めなさい。

問二　「②それより」とは、いつのことですか。最も適当なものを次のア～エから選び、その記号を書きなさい。

ア　大分郡に住んでいた人が広い野に来たときから。
イ　家や田を作って住み始めたときから。
ウ　定住して家が富んで楽しく過ごすようになったときから。
エ　的の代わりに餅を的にしたときから。

問三　「③惜しとや思ひけん」とありますが、どんなことが惜しいのですか。次の文の空らんにあてはまることばを十字以内で答えなさい。

せっかく栄えた土地や家を［　　　　］こと。

問四　「④捨てにけり」とありますが、何を捨てたのですか。文中より七字で書き抜きなさい。

問五　「⑤ゆゑなきにあらざるか」とは、どういうことですか。最も適当なものを次のア〜エから選び、その記号を書きなさい。

ア　新しい土地を開拓するなら、福の神をないがしろにしてはいけないということ。
イ　他人が開拓した土地を、むやみに利用しようとしないこと。
ウ　食べ物を粗末にあつかう人は、決して幸福にはなれないということ。
エ　福引きとは餅を引き合うことなので、由来があるということ。

問六　この古文には、「餅を的にするなかれ」という教訓が込められています。そう読むように次の漢文に返り点をつけなさい。

勿《な》カレ的ニスル餅ヲ

原典に奈良時代初期に編纂された『豊後国風土記《ぶんごのくにふどき》』があります。このころすでに全国を統一した朝廷は、諸国の実情を把握する必要がありました。その報告書の一つが諸国に残された風土記です。これを鎌倉中期に「つれづれなるままに」まとめたものが『塵袋』でした。(平凡社「塵袋1」参照)。

食べ物を粗末にするなという教訓と、働く者はおごらず勤勉であれという教訓は古今東西変わりませんが、餅が白い鳥になって飛び去るという話は独創的です。視覚から案を得たのかもしれません。白い鳥が「福の神」として語られていますが、そういえば早苗の時期に白鷺《しらさぎ》が田中《でんちゅう》をついばむ姿を見たことがあります。また、刈り終わった雪解けの田に、群れをなす白鳥の姿を見たこともありました。田んぼに白い鳥が降り立つのは吉兆なのかもしれません。

餅もまた「福の源」として語られます。福餅や鏡餅、紅白餅といった縁起物の中には、紀元前から由来をもつものもあります。餅は「つく」ことから幸運が「つく」になぞられ、杵と臼がそれぞれ男女の和合にたとえられ、子孫繁栄にもつながっています。正月に二人が向き合って餅を引き合うのは、お互いの取り分の多少によってその年の吉凶を占う正月の縁起遊びであったようです。現在の福引きの由来がここにあることはほぼ間違いないようです。

問一はお決まりのかなづかいの問題。問二は、「家富み、楽しかりけり」の人々が「衰へて、惑ひうせにけり」になってしまったきっかけが「それより」です。問三に関していうと、「訓迩」なる人物が良地である「広き野のある所」が衰退した理由を知っていたかについては語られていません。問四は「捨てにけり」というより「あきらめてしまった」印象の方が強い。問五の「ゆゑなきにあらざるか」は、二重否定になっているので「理由がないこともない」、つまり「理由がある」となります。問六は書き下し文を参考に訓読文に返り点をつける問題。漢文の詳細は後述しますが、ここではレ点をつけることになります。レ点は上下がひっくり返るので、「餅を的にするなかれ」にするには「勿的餅」を「③②①」の順番にしなければなりません。だから、レ点を二つ使うことになります（P242第4のポイント参照）。

《現代語訳》

昔、大分県玖珠郡《くすぐん》に広い野原がありその所に、大分郡に住んでいた人がやって来て、家を建て田を作って、住むようになった。（そこに）定住して、家も裕福になり、楽しく過ごしていた。（そんなある日）酒席の余興の場で、弓を射ようとしたのだが的がなかったのだろう、とりあえず（宴席にあった）餅を円形に型どり的にして弓を射たところ、的にしたその餅が白い鳥になって（その場から）飛び去ってしまった（ということだ）。

そのことがあってから次第に（家の繁栄が）衰え、人々も途方に暮れ、去ってしまった。その後は（誰もいない）空しい野原だけとなってしまったが、聖武天皇の時代、八世紀中頃のことだが、速見郡に住んでいた訓迩《くに》という人物が、かつてあれほどよく栄え賑わっていた場所なのに衰退してしまったのは、残念だと思ったのだろう、再びこの場所にやってきて田んぼを作り直したが、その苗が全部枯れてしまったので、（訓迩は）驚き恐れて、もう二度と（田を）作ろうとはせず、（その場所を）捨ててしまったということである。

餅は幸福のもとであるのだから、福の神が去ってしまったことが理由で、（家も田も）衰えてしまったということだろう。幸福は円形であるので、新年に（人々に）もてなすべきである。二人が向かい合って餅を引っぱり合う

古典

のを、福引きと言われるようになったのも、（こうした）理由があってのことだろう。

『塵袋』（第九「福餅」）

【解答】

問一　とりあえず
問二　エ
問三　手放してしまった（8字）
問四　賑わひたりし所
問五　エ
問六　勿《な》カレレ的ニスルレ餅ヲ

【53】次の文章を読んで、あとの問いに答えなさい。

（農業を営《いとな》む人が、自分の田んぼで今にも死にそうな状態の病気の鶴を見つけ、）①たくはへたる*1人参《にんじん》にて鶴の病を養ひしに、*2日あらず病*3癒《い》えて飛び去りけり。

さて翌年の十月、鶴二羽かの農人が家の庭近く舞ひくだり、稲*4二茎《にけい》を落とし、一声づつ鳴きて飛び去りけり。あるじ拾ひ取りて見るに、その丈《たけ》*5六尺にあまり、穂もこれにつれて長く、穂の一枝《ひとえだ》に稲四五百粒あり。あるじ*6思へらく、さては去年《こぞ》の病鶴《びょうかく》恩に*7報《むく》はんために異国よりくはへ来たりしならん、*8何にもあれ、いとめづらしき稲なりとて、*9領主に*10奉《たてまつ》りけるに、しばらくとどめおかれしのち、そのままあるじにたまはり、②よくやしなへとおほせによりて、*11苗のころにいたり、心をつくして植ゑつけけるに、③鶴が与へしにかはらず④よく生ひいでければ、*12国の守《かみ》へも奉りき。

鈴木牧之《ぼくし》『北越雪譜《ほくえつせっぷ》』

*1人参＝（ここでは体力回復の効果がある）朝鮮人参のこと。*2日あらず＝何日もたたないで。*3癒えて＝治って。*4二茎＝稲二本。*5六尺＝約百八十センチメートル。*6思へらく＝思うには。*7報はん＝報いよう。*8何にもあれ＝いずれにしても。*9領主＝城をもたない小大名。*10奉りけるに＝差し上げたところが。*11苗のころ＝稲の苗を作るころ。*12国の守＝国守。一国以上を領有する大名。

問一 「①たくはへたる」を現代かなづかいになおしなさい。

問二 「②よくやしなへ」とありますが、だれがそう言ったのですか。文中のことばで書き抜きなさい。

問三 ――線③とありますが、これは「鶴が与へし（稲）にかはらず」とすれば意味がわかりやすくなります。この場合の「かはらず」とは、稲がどのようであったということですか。それがわかる部分を三十四字（句読点も字数に含む）で抜き出し、はじめの五字を書きなさい。

問四 「④よく生ひいでければ」の口語訳として適当なものを次のア～エより一つ選び、記号で答えなさい。

ア よくできたので
イ 見事に生長したので
ウ たくさん茂ったので
エ うまく収穫できたので

問五 本文の話の内容に合っているものは次のどれですか。次のア～オより一つ選び、記号で答えなさい。

ア 鶴が運んできた稲は、丈は短かったが、穂は長かった。
イ 鶴からもらった稲の実で、主人が苗を育てたのは、鶴を助けた年の翌年であった。
ウ 主人は、鶴が稲を運んできたのは恩返しをしたのだろうと思った。
エ 主人は、鶴が運んできた稲とは違う稲を領主からもらった。
オ 主人は、大名に向かって、稲の実をたくさん差し上げますと言った。

著者の鈴木牧之は江戸時代後期の文人です。傾いていた家業を刻苦精励《こっくせいれい》し立ち直らせました。家業のかたわら徳昌《とくしょう》寺《じ》の虎斑禅師《とらふぜんじ》に詩歌を、狩野梅笑《かのうばいしょう》に画を学びます。その成果が『北越雪譜』によく表れています。内容は、江戸後期における越後魚沼の生活を記録したものですが、詳細を見ると雪国の風俗や暮らしなどが図入りで記録されています。また当地の方言や珍しい話、不思議な話も書かれており興味深いです。問題文はその中の一つで〝異聞「鶴の恩返し」〟とでもいうべきものです。よく知る「鶴の恩返し」は、「翁（若者）が罠にかかった鶴を助け、その鶴が女性に姿を変えて機を織り、恩を返す」話でしょう。『北越雪譜』では、「農夫が病んでいる鶴を助け、その鶴が稲一本に米が四五百粒ものもみが付く稲二本を落としていった」というもの。普通の穂には約八十～百粒のもみが実ります。いずれにしても「動物報恩譚《ほうおんたん》」にはおもしろい話がたくさんあります。

問一は、よくあるかなづかいの問題。歴史的かなづかいの「は・ひ・ふ・へ・ほ」が、現代かなづかいの「わ・い・う・え・お」に対応することを忘れないでください。問二は主語の指摘。「おほせによりて」（「言う・命ずる」の尊敬語）に続くので、身分の高い登場人物に焦点を絞ります。問三は内容把握。文中にある「あるじ拾ひ取りて見るに」も「あるじ拾ひ取りて（稲）見るに」とすればわかりやすくなるでしょう。問四は口語訳の問題。選択肢がある場合、これに頼ると逆に迷うことがあります。まず自分で訳してみて、それに最も近い記号を選ぶのも解法の一つです。問五は内容合致を問う問題。アは「丈は短かった」が誤り。イは、鶴が主人に稲を運んだのが「翌年の十月」とあるので、主人が苗を育てたのは、その次の年の春ということになります。エは「違う稲」という部分が間違い。オにある「稲の実をたくさん差し上げます」とは言っていません。

《現代語訳》

（農業を営《いとな》む人が、自分の田んぼで今にも死にそうな状態の病気の鶴を見つけ、）蓄えていた朝鮮人参で鶴の病気を介抱したところ、何日もたたないで（鶴の）病気は治り飛び去っていった。

さて翌年の十月、鶴二羽が例の農夫の家の庭近くに舞い降りて、稲二本を落とし、一声ずつ鳴いて飛び去った。主（農夫）が拾い取って見ると、その長さは約百八十センチメートル以上で、稲穂もこれに伴って長く、稲穂一本に米が四五百粒も付いていていた。主が思うには、さては去年病気した鶴が恩に報いようとして異国からくわえて来たのであろう。いずれにしても、たいそう珍しい稲であるといって領主に差し上げたところが、しばらくそれを見たあと、そのまま主に返され、うまく育てよと仰せがあったので、稲の苗を作るころになり、心を込めて植え付けたところ、鶴からもらったのと変わらずよく育ったので、国守にも献上した。

【解答】

問一　たくわえたる
問二　領主
問三　その丈六尺
問四　イ
問五　ウ

【54】次のA～Eの説明に該当する短歌をあとの〔歌群〕から一首ずつ選び、記号で答えなさい。

A　西行の三夕《さんせき》の歌。藤原俊成《としなり》の注1判詞《はんし》には「注2幽玄《ゆうげん》」とある。
B　大伴家持の歌。独特の感性で感情生活を歌い上げた秀作。
C　注3反実仮想を用いた理知的な歌。在原業平《ありわらのなりひら》の作品。

古典

D　藤原定家と恋愛関係にあったといわれる式子内親王《しょくしないしんのう》の歌。

E　注4東歌。会話が歌になったようで、妻の思いやりを感じる。

〔歌群〕

ア　玉の緒よ 絶えなば絶えね ながらへば 忍ぶることの 弱りもぞする　（新古今和歌集）

イ　あひにあひて 物思ふころの わが袖に やどる月さへ ぬるる顔なる　（古今和歌集）

ウ　信濃道《しなのじ》は 今の墾道《はりみち》 刈り株《ばね》に 足踏ましなむ 履《くつ》着けわが背《せ》　（万葉集）

エ　わが宿《やど》の いささ群竹《むらたけ》 吹く風の 音のかそけき この夕べかも　（万葉集）

オ　思ひつつ 寝ればや人の 見えつらむ 夢と知りせば 覚めざらましを　（古今和歌集）

カ　東《ひんがし》の 野にかぎろひの 立つ見えて かへり見すれば 月かたぶきぬ　（万葉集）

キ　吹くからに 秋の草木の しをるれば むべ山風を あらしといふらむ　（古今和歌集）

ク　世の中に 絶えて桜の なかりせば 春の心は のどけからまし　（古今和歌集）

ケ　心なき 身にもあはれは 知られけり 鴫《しぎ》立つ沢の 秋の夕暮れ　（新古今和歌集）

コ　さびしさは その色としも なかりけり まき立つ山の 秋の夕暮れ　（新古今和歌集）

注1判詞＝歌合などで歌の優劣を判定して述べることば。注2幽玄＝和歌の美的理念の一つ。①高質な美、②高遠な美、③奥深い美をいう。注3反実仮想＝事実と反対のことを想定すること。「もし～だったら……だろうに」のような言い方。注4東歌＝東北地方の民衆の素朴な歌で、作者は不明。

三大和歌集（『万葉集』・『古今和歌集』・『新古今和歌集』）からの出題。A～Eの歌だけでなく、時代は前後しますが、ア～コの和歌についても順次解説していきます。

アはDの答えで、式子内親王の歌です。女性皇族の結婚の難しさから生涯独身だったといわれています。「玉の緒」は命を表し、この命が「絶えるなら絶えてしまってもよい」、つまり死んでもよいといっています。なかなか強烈な歌です。式子内親王は後白河院の第三皇女で、新古今時代の代表的な女流歌人の一人です。藤原俊成の弟子でもありました。イは伊勢の作品。『古今集』の女流歌人といえば六歌仙（当時の代表的歌人で、和歌の道を極めた六人の達人）の小野小町が有名ですが、入収歌数が最も多い女流歌人は22首の伊勢です。この歌は彼女の恋歌の代表作で、新古今時代の歌人にも受け入れられ、相当数本歌取りされています。ウはEの答え。これは文化人類学的な資料も兼ねます。第一に歌の作られた時期（7世紀末~8世紀中頃）に信濃の国（長野県）に新道ができたこと。第二に当時は裸足か、わらじのような簡素なはきものが主流だったということ。第三に無名の農家（？）の妻が夫に対する愛情を歌で表現したことです。『古今集』や『新古今集』が専ら貴族の歌を集めたのに対し、『万葉集』は当時の庶民の歌も収録されている点に一つの価値を見出すことができるでしょう。エはBの答え。大伴家持の歌からは、父旅人《たびと》（酒を讃えた歌）や山上《やまのうえの》憶良《おくら》（老年を憂う歌）のような強烈な個性は感じられません。その分、彼の花鳥風月に対する洗練された感性は、『古今集』はもちろん『新古今集』にも通じる美的世界への道を開きました。オは小野小町の歌。この歌には夢でもいいから好きな人と一緒にいたいという思いが込められています。一方小町は、「夢路《ゆめじ》には 足も休めず 通へども うつつにひと目 見しごとはあらず」（巻十三658）の歌も残しています。「どれだけ夢で会えても、現実のあなたには及びません」というような意味です。恋に生きる女性（に限らず）のやるせない気持ちが見て取れます。カは宮廷歌人、柿本人麻呂《かきのもとのひとまろ》の作。長歌に続く反歌（長歌のあとに添えて意味を補う短歌）四首のうちの一首です。彼は恐らく日本初のプロと呼べる人物ではないでしょうか。プロの定義はスポンサーをもち、自分の人的資産となる知識や経験、技術などを個人や組織、企業やチームなどに提供し相応の報酬を得ることです。この場合のスポンサーはまぎれもなく天皇家です。広大な所有地をもつ天皇家ならではの叙景歌ですが、「かたぶきぬ」「月」を父に、「立つ」「かぎろひ」を皇子にたとえたといわれます。キは『小倉百人一首』にも所収されている文屋康秀《ふんやのやすひで》の作。漢字の「山」と「風」の二字を合わせると「嵐」の字になることからの文学上の遊戯。彼も六歌仙の一人で、残りの四人は在原業平と僧正遍昭《そうじょうへんじょう》、喜撰法師《きせんほうし》、大伴黒主《くろぬし》です。クはCの答え。反実仮想（「せば〜まし」の構文）だけだと、オの小町の歌も該当するので要注意。春はもともとのどかな季節であるはずなのに、桜があるばかりに心が休まらないというのです。「桜」を「意中の人」に変えれば、業平の一途な気持ちが伝わってくるのではないでしょうか。「この世界に君がいるせいで、私は落ち着いて過ごせない……。」告白冥利《みょうり》に尽きますね。ケとコはそれぞれ西行と寂蓮《じゃくれん》の「三夕の歌」。「三夕の歌」とは、『新古今和歌集』における三つの優れた「秋の夕暮れ」の歌をいいます。この二首に藤原定家の「見渡せば 花ももみぢも なかりけり 浦の苫《とま》屋《や》の 秋の夕暮れ」を加えます。「三夕の歌」を比較してみると、西行が「あはれ」といい、寂蓮が「さびしさ」といっているのに対し、定家は何ともいわないで、ただ象徴的に暗示しているところに「有心体《うしんたい》」（情意のこもった風体《ふうてい》）の特徴がうかがえます。なお「さびしさは……」の作者僧寂蓮は『新古今集』の撰者の一人でしたが、その完成を待たず64歳で亡くなりました。

三大和歌集を簡単にまとめてみましょう。『万葉集』は現実的な生活に即して感動がありのままに表れている点に特色があります。歌の対象は過去でも未来でもなく〝時は今〟でした。そこにはいわば上代人らしい素朴さ、純粋さが感じられます。『古今集』は万葉集の素朴な感動から離れて著しく理知的傾向となり、平安貴族階級にふさわしく上品な表現を重んじるようになりました。時間のとらえ方も変わってきました。たとえば過去に出会った異性を、今、目の前にある橘の香りから思い出したり（五月待つ 花橘の香をかげば 昔の人の 袖の香ぞする＝詠み人知らず）、今日の春風から去年の夏に谷川で遊んだワンシーンを思い出し、さらにその川面《かわも》の雪どけまで想像するようになりました（袖ひちて むすびし水の こほれるを 春立つけふの 風やとくらむ＝紀貫之）。つまり過去から未来までを歌の対象としたのです。『新古今集』は、その名前が古今に対する新しいものを示したように、『古今集』以来の平安朝の美的世界に幻想的・絵画的なものを加えていきました。そこには「幽玄」という美的理念が反映され、高い芸術性を求めました。藤原定家は自身の日記『名月記』にこう記しています。「紅旗征戎非ズ二吾事ニ一（紅《こう》旗《き》征《せい》戎《じゅう》吾事《わがこと》に非《あら》ず）＝戦いは自分に関係ない」。――極めて閉鎖的で、現実を遮断したこの時代の貴族の芸術至上主義を端的に書き残していたのです。

《大意》

ア　私の命よ、絶えるのならば絶えてしまえ。このまま長く生きていれば、耐えしのぶ力が弱って心に秘めた恋がばれてしまいそうだから。

イ　何度もあなたとお逢いしているのに、相変わらず恋こがれて涙する私の濡れた袖に映る月までもが、涙で濡れた顔をしています。

ウ　信濃路は、このごろ切り開いたばかりの新道です。うっかりすると切り株を踏んでしまいますよ。はきものをお履きなさい、あなた。

エ　わが家のわずかばかりの竹に吹く風の音が、かすかに聞こえてくる、この静かな春の夕暮れよ。

オ　あの人のことを思って眠りについたので、あの人が夢に現れたのだろう。もし夢とわかっていたのなら、目を覚まさずにいたものを……。

カ　東の方の野には明け方の太陽がちらちらさすのが見えて、振り返って西の方を見ると、月ははや西に傾いてしまっている。

キ　吹くと同時に秋の草や木がしおれるので、なるほど山から吹く風を荒らしの連想をもった嵐というのであろう。

ク　この世の中に、もしもまったく桜の花というものがなかったとしたら、春の季節における人の心は、もっとのんびりと落ち着いていたであろうに……。

ケ　風流がわからない、この俗世のことを捨てた出家の身にも、しみじみとした情趣《じょうしゅ》は感じられることだ。鴫の飛び立つ沢の、この秋の夕暮れは。

コ　さびしさはとりたててどの梢《こずえ》の色がさびしいというわけではない。だが、木々が茂っていて、秋らしい色の感じられないこの山の秋の夕暮れは、なぜかさびしさを感じるものだ。

古典

【解答】

A＝ケ　B＝エ　C＝ク　D＝ア　E＝ウ

古典といえば日本の古文だけではありません。古典中国語で書かれた漢文があります。孔子の『論語』や司馬遷《しばせん》の『史記』、そしてこれから紹介する「漢詩」や「故事成語」も入試でしばしば出題されます。基本的なスタンスは日本の古文と同じで、現代語で内容を知るのが漢文攻略の第一歩ですが、表記に著しい特徴がありますので、最初は戸惑うはずです。しかし（漢詩の場合）、ポイントは5つです。このポイントをおさえることで、みなさんの漢文対策に役立ててください。

【55】次の文章を読んで、あとの問いに答えなさい。

春暁《しゅんぎょう》　孟《もう》浩然《こうねん》

春眠①不《ず》レ覚エレ暁ヲ　　春眠 ［①］

②処処ニ聞ク二啼鳥ヲ一　　処処《しょしょ》に啼鳥《ていちょう》を聞く

夜来風雨ノ声　　夜来風雨の声

③花落ツルコト知ル多少

花落つること知る多少《たしょう》

「春暁」の書き出しを知らない人はいないといわれるほど有名な冒頭です。第一句と第二句で春ののどかな雰囲気を表し、第三句では一転して春の嵐を描いています。その変化を利用し、最終句では④二つの風景を巧みAに融合させ、雨上がりの晴れやかな情景を浮かび上がらせています。典型的な［⑤］をなす五言絶句の傑作です。

朝寝坊ができるような穏やかな生活は、役所勤めの多忙な人間にはできません。おそらくこの詩は作者が官僚を辞して、後の隠居生活のころの作だろうといわれています。孟浩然は、中国の湖北省Bに生まれました。注1科挙《かきょ》の試験Cに失敗し、一時は山中でひっそりと暮らしていましたが、四十歳のころ、唐の都長安Dに出てからその詩才が認められるようになります。注2王維《おうい》の紹介で朝廷にも出入りができる身分になりますが、彼の詩句の一部が注3玄《げん》宗皇帝《そうこうてい》の不快を買い追放されます。その後政府役人に就くことはなく、不遇な生涯を送ったといわれています。享《きょう》年《ねん》五十二歳。注4盛唐四大家の一人で五言詩を得意とし、自然派詩人の王維と並び称せられる人物でした。

注1 科挙＝中国の官吏《かんり》採用試験のこと。注2 王維＝唐の高級官僚で、時代を代表する詩人の一人。注3 玄宗皇帝＝唐の第9代皇帝。
注4 盛唐四大家＝杜甫《とほ》（詩聖）・李白《りはく》（詩仙）・王維（詩仏）・孟浩然の四人をさす。

問一　題名の「春暁」とは、どういう意味ですか。次から一つ選び、記号で答えなさい。
ア　春の明け方　イ　春の昼下がり　ウ　春の夕方　エ　春の夜ふけ

問二　――線①参考に、［①］の書き下し文を完成させなさい。

問三　「②処処」の意味を次から選び、記号で答えなさい。
ア　いつでも　イ　あちこちで　ウ　少し前から　エ　どこにいても

問四　——線③を口語訳すると、次のどれが最も適切ですか。次から一つ選び、記号で答えなさい。

ア　少しだけ花が散ってしまった。
イ　少しくらい花が散ってしまった方がよい。
ウ　きっと多くの花が散ってしまったことだろう。
エ　どうして多くの花は散ってしまったのだろうか。

問五　「④二つの風景」とありますが、それを説明している部分を三字以上十字以内で二つ書き抜きなさい。

問六　——線A〜Dの「に」のうち、一つだけ品詞の異なるものがあります。その記号を選びなさい。

問七　文章中の⑤にあてはまる四字熟語を次から選び、記号で答えなさい。

ア　春夏秋冬　　イ　起承転結　　ウ　意味深長　　エ　百花繚乱

漢詩とは中国の古典詩、およびそれに倣《なら》って作った詩をいいます。したがって日本人でも漢詩は作れます。古くは霊《れい》峰《ほう》富士を歌った山部赤人《やまべのあかひと》、江戸初期の石川丈山《じょうざん》。博学無比の林羅山《らざん》、荻生徂徠《おぎゅうそらい》、頼山陽《らいさんよう》。夏目漱石や芥川龍之介にも優れた作品が見えます。漢詩には形式や押韻《おういん》といったさまざまな約束事があって、作詩を難しくしたり受験生を悩ませたりします。そこで、先述したように5つのポイントをおさえる必要があります。最初のポイントは〝形式〟です。漢詩は大きく二つに分けられます。一つは「絶句」で四行詩。もう一つが「律詩」で八行詩です。ぱっと見て絶句か律詩かを間違えることはありません。横の行数を数えたら、次は縦の漢字の数を数えます。これも二分され、一行の字数が五字なら「五言詩」、七字なら「七言詩」です。絶句で五字なら「五言《ごごん》絶句」、律詩で七字なら「七言《しちごん》律詩」となります。したがって「春暁」の形式は「五言絶句」です。なお律詩では第三句と第四句、第五句と第六句は対句にしなければなりません。第2のポイントは〝押韻〟です。押韻とは響きの音をそろえることです。厳密にいえば「漢音で」母音をそろえることです。だから漢字によっては発音が合っていないように聞こえる場合があります。押韻は五言詩では「偶数句末」、七言詩では「一行目と偶数句末」の字が韻を踏むことになっています。「春暁」では「暁《ぎょう》・鳥《ちょう》・少《しょう》」が韻を踏んでいます。第3のポイントは〝文体〟です。三つの文体を覚えましょう。一つは漢字以外なにも加えられていない文で「白文《はくぶん》」といいます。中国人向けのものです。中国語と日本語では主語・述語・修飾語などの語順が違うので、白文に読む順番を左下に小さく付けたものを「訓読文《くんどくぶん》」といいます。さらに訓読文には右下に小さく送りがなも付きます。入試漢文で出題される問題文の多くは訓読文です。訓読文の順序に従い送りがなを付け、日本人向けに漢字仮名交じり文に書き改めたものを「書き下《くだ》し文」といいます。「春暁」で見ると上段が「訓読文」で、下段が「書き下し文」です。第4のポイントは〝返り点〟です。高度な返り点（上中下点や甲乙丙点《こうおつへいてん》）を除き、レ点《れてん》と一・二点の訓読さえ間違えなければ入試で十分通用します。まずはレ点。この記号は、これが付いた文字の一字下の文字を先に読み、次に上の文字を読みます。要するにレ点を中心として上下がひっくり返ります。たとえば訓読文「我ハ読ムレ書ヲ」の場合、読む順番は「①③②」となり、書き下し文は「我は書を読む」となります。一・二点は一から二へ戻って読みます。レ点と違うのは、二字以上隔てて用いるところです。たとえば訓読文「我ハ学ブ二漢詩ヲ一」の読む順番は「①④②③」で、書き下し文は「我は漢詩を学ぶ」です。もちろん返り点がなければ上から順番に読んでいきますが、気をつけたいのは次のような場合です。「従フ二心ノ所ニ一レ欲スル」はレ点と一点が一緒になっています。この場合、レ点でひっくり返ったあと、さらに二点まで戻って読むことになります。したがってこの漢文の書き下し文は「心の欲《ほっ》する所に従《したが》ふ」となります。なお、訓読文の漢字に「ふりがな」がついた場合、書き下し文にする際は漢字にせず「ひらがな」で書くことになっています。最後のポイントは〝置き字〟です。置き字とは、漢字としては存在しますが、訓読の際は読まない漢字のことです。置き字は、接続助詞や英語の前置詞の役目をもったり語調を整えたりするのですが、実際は訳したりしません。置き字として出てきそうな主な漢字は、「於《ヲ》・于《ウ》・乎《コ》・而《ジ》・矣《イ》・焉《エン》」の六つです。

5つのポイントを総括しましょう。①形式（五言絶句や七言律詩など）、②押韻（特定の句末の発音をそろえる）、③文体（白文、訓読文、書き下し文）、④返り点（レ点と一・二点）、⑤置き字（読まない漢字）。――頭文字のイニシャル（KOBKO）で覚えましょう。

問一は「春暁」の「暁」に注目します。この漢字は訓読みで「あかつき」と読みます。「暁」とは、夜半過ぎから夜明け近くのまだ暗い時間までをいいます。問二は訓読文を書き下し文にする問題。ポイント④を参考に。特に「不《ず》」は否定を表す助動詞で、ふりがなが付いていますから、ひらがなにしなければなりません。問三の「処処」は「あちらでもこちらでも」というような意味になります。問四の「多少」は、意味のとらえ方が大事です。私たち日本人の感覚だと、「多少自信がある」とか「多少の持ち合わせならある」というように使い、意味は「少し」なのですが、中国では「多少」の「多」に重きを置くようです。なお、「春暁」の結句には、様々な書き下し文が存在します。私は中学生の時、「花落つること知りぬ多少ぞ」と教わった記憶があります。このほかに「知んぬ多少ぞ」、「知る多少ぞ」も見ました。訳す人によって〝多少〟の違いがありますね。有名な漢詩には多様な書き下し文が存在するのでしょう。問五の「二つの風景」では、二句と三句の違いをつかむこと。問六は文法問題。三つの格助詞に一つの形容動詞が混じっています。形容動詞の言い切り（終止形）は「だ」であり、「な」に変えると連体形になります。格助詞の「に」は「だ」や「な」に変えることができません。問七は四字熟語を選ぶ問題。「起承転結」は漢詩に用いられる構成法が由来です。「絶句」が「起承転結」によって書かれているため初句を起句、二句を承句、三句を転句、最終句を結句といいます。この構成法は律詩にもあてはまり、二句一組を「聯《れん》」と呼び、一二句を首聯《しゅれん》、三四句を頷聯《がんれん》、五六句を頸聯《けいれん》、七八句を尾聯《びれん》として「起承転結」を表現します。「春望」（【57】の詩）がこれに該当します。

《現代語訳》

春の眠りは心地よいので、朝が来たのがわからないほどだ。
庭のあちこちから鳥のさえずりが聞こえてくる。
そういえば昨夜は風や雨が強かったが、
きっと多くの花が散ってしまったことだろう。

【解答】

問一　ア
問二　暁を覚えず
問三　イ
問四　ウ
問五　春ののどかな雰囲気
　　　春の嵐
問六　A
問七　イ

【56】次の漢文を読んで、あとの問いに答えなさい。

涼州詞《りょうしゅうし》　王翰《おうかん》

葡萄ノ美酒[注1]夜光ノ杯
欲スレバ飲マント[注2]琵琶馬上ニ催ス
①酔ウテ臥ストモ二[注3]沙場ニ一君莫カレレ笑フコト
古来[注4]征戦幾人カ回ル

古典

注1 夜光杯＝ここではガラス製の杯（コップ）をいう。注2 琵琶＝胡地（未開の土地）特有の馬上の楽器。注3 沙場＝砂漠の戦場。注4 征戦＝戦争に行くこと。

葡萄《ぶどう》の美酒夜光の杯
飲まんと欲すれば琵琶馬上に催《もよお》す
［　①　］ ②君笑うこと莫《な》かれ
古来征戦幾人か③回る

問一　この漢詩の形式を答えなさい。
問二　この漢詩の押韻をすべて指摘しなさい。
問三　――線①を書き下し文になおしなさい。
問四　――線②では、何を「笑うな」といっているのですか。
問五　「③回る」の意味にもっとも近い漢字を次から選び、記号で答えなさい。
ア　勝つ　イ　迷う　ウ　帰る　エ　死ぬ

「涼州詞」とは、楽府《がふ》の題名です。楽府とは古体詩の形式の一つ。涼州は唐の西北の国境にありました。辺地の風景や征役《せいえき》の苦しさを主題にするものが多い（旺文社「漢詩の解釈と鑑賞辞典」）。作者王翰は盛唐の詩人ですが、自らは塞《さい》外《がい》（万里の長城の外）の地へ赴いた経験はありません。若いころから豪放で好酒名馬を飼い、妓女楽人《ぎじょがくじん》を囲い、才のまま自由奔放に生きたといいます。その言動はすでに王侯のようでした。二十代半ばに唐の政治家張説《ちょうえつ》に招かれ秘書となり官職に就きますが、張説の失脚後は酒に溺れ、やるべきことをせず、家財も使い果たしたようです。中央から地方へと左遷が続く中、道州（湖南省）司馬にて死去。没年未詳。残された詩はわずか14編ですが、この「葡萄美酒夜光杯」ではじまる「涼州詞」は唐代七言絶句の最高傑作の一つといわれています。転句の自己弁護が結句で一転して緊張感を伴います。明日戦死するかもしれない中での刹那《せつな》。この快楽をだれが笑えるというのでしょう。

問一は漢詩の形式を答える問題。四行詩で一行に七字の構成であることをおさえます。問二は押韻の指摘。一・二・四行目の最後がそれぞれ「杯（hai）・催（sai）・回（kai）」で韻を踏んでいます。問三は訓読文を書き下し文にする問題。頻度の高い設問です。漢字と送りがなを無視して返り点に着目すると「〇〇二〇〇一」となっているので、読む順番は「①④②③」です。順番が決まれば、これに漢字と送りがなをつければよい。問四と問五は漢詩の内容につながる問題。問四は戦時中に酒で泥酔した自分の姿を弁護しています。その理由が結句にあります。問五の「回」は「かえ（る）」と読みます。

《現代語訳》

ぶどうの美酒をガラスの杯に満たして、
飲もうとすると、だれかが馬上で琵琶を鳴り響かせ、まるで酒興を促しているようだ。
酒に酔って砂漠の戦場に寝伏しても、君よ、笑わないでくれ。
昔から戦争に行った者のうち、何人が無事に帰ってきたというのか。
（ほとんどの者は無事に帰れないのだから。）

古典

【解答】
問一　七言絶句
問二　杯・催・回
問三　酔うて沙場に臥すとも
問四　泥酔した自分（の姿）
問五　ウ

【57】次の文章を読んで、あとの問いに答えなさい。

春望《しゅんぼう》　　杜《と》甫《ほ》

国破レテ山河在リ
城春ニシテ草木深シ
感レジテハ時ニ花ニモ濺レギ涙ヲ
恨レンデハ別レヲ鳥ニモ驚カスレ心ヲ
烽火連ナリ二三月ニ一

国破れて山河《さんが》在《あ》り
城春にして草木《そうぼく》深し
①<u>時に感じては花にも涙を濺《そそ》ぎ</u>
別れを恨んでは鳥にも心を驚かす
烽火《ほうか》三月《さんげつ》に連なり

家②書抵万金
白頭掻ケバ更ニ短ク
渾ベテ欲スレ不ざラントレ勝ヘレ簪ニ

家書《かしょ》万金《ばんきん》に抵《あ》たる
白頭《はくとう》掻《か》けば更に短く
③

問一　この漢詩の形式を答えなさい。
問二　この漢詩の押韻をすべて指摘しなさい。
問三　――線①における作者の気持ちとして、最も近いものを選び、記号で答えなさい。
ア　戦乱の中、涙もろくなった自分を嘆き、若かりしころをしみじみと思う気持ち。
イ　厳しい冬を耐え、春に咲く花々を見ていると、その生命力に感動する気持ち。
ウ　花はもともと人の心を和ませるはずなのに、戦乱の世ではその花さえも涙を流す対象になってしまう気持ち。
エ　命あるものは必ず滅びるという運命のもと、このきれいな花さえも枯れてしまうことを嘆く気持ち。
問四　――線②の白文を下の書き下し文を参考に訓読文にしなさい。
問五　最終句の訓読文を参考に［　③　］に書き下し文を書きなさい。

作者の杜甫（七一二～七七〇）は生没年がはっきりしています。本籍は現在の湖北省ですが、生まれは江南省です。両親を早く亡くし若いころから貧乏でした。諸国を遊歴し長安に出て科挙を受験しますが合格しませんでした。七五五年に官職に就きますが、離れて暮らす妻子の元へ旅に出たのち、安禄山の乱がおきます。その際、乱軍にとらえられ、長安に監禁されました。しかし翌年、変装して脱出し、難を逃れました。乱の鎮定後は上官から直言を憎まれて地方に

古典

転出しますが、大飢饉に遭って生計が立たず（杜甫は愛息を餓死で亡くしている。）、官職を捨て、妻子を連れて放浪の旅に出ました。七六五年、揚子江を下って現在の四川省奉節《ほうせつ》に移住しました。しかし三年後にはまた旅に出て、湖北省から長安へ帰ろうとしましたが果たせず、南下の旅を続けた末、舟中で死にました。享年59歳。（岩波文庫『唐詩選（下）』唐詩選詩人小伝　前野直彬《なおあき》注解参照）。

「春望」は唐詩選にこそ選ばれていませんが、おそらく最もよく知られた五言律詩の一つです。ほとんどの教科書に載っており、『奥の細道』（「平泉」）にも引用され、さらに寺山修司の著書『馬敗れて草原あり』のネーミングはこの詩をふまえたものです。首聯から頸聯までの対句が明確で、特に首聯と頷聯の対句は、破壊された長安の状況や家族との別離を自然の不変性と対比することで自身の悲哀を強調しています。その悲惨は尾聯で常軌を逸します（白頭掻《はくとうか》けば更に短く渾《すべ》て簪《しん》に勝《た》えざらんと欲《ほっ》す）。人生の憂いと悲しみをテーマにした作品です。

「春望」は春の眺めのことです。「涙を濺ぎ」は涙を流すこと。「烽火」は戦いののろしを意味します。「三月」は「さんげつ」と読み、三ヶ月だけでなく数ヶ月（長い間）の意味でも使われます。「家書」は家族からの便り（手紙）。「万金」は大金のことです。「簪」はかんざしのことで、それを留めることもできないほど髪が少なくなったと嘆いているのです。

問一・問二は前回と同じでよく出る問題。問三は情景と心象の描写把握。戦時中の出来事が含まれていないものは消去してもかまいません。したがって答えはアかウにしぼられますが、アの「若かりしころ」というのがここでは不適切でしょう。問四は書き下し文を参考にしながら白文を訓読文にする問題。書き下し文から「①②⑤③④」の順番に読むことがわかります。上下でひっくり返っているところはないので、一・二点を使うことになります。問五は仮に漢字がわからなくても、送りがなはつけられるはず。ポイントは「不《ざ》」をひらがなにするところです。

《現代語訳（意訳）》

私たちの都長安は破壊されてしまったが、山や河は昔のままに残っている。
長安は春になり、草木が生い茂っている。
この光景に心を痛め、安らぐはずの花の存在にも涙を流し、
家族との別れを恨んで、鳥のさえずりにも心が乱れて気が気でない。
戦いののろしはもう三ヶ月（数ヶ月）にもなり、
だからこそ家族からの便りは万金に匹敵する。
白髪の頭をかきむしると髪は抜け、
もはやかんざしで冠を留めることもできなくなった。

【解答】

問一　五言律詩
問二　深・心・金・簪
問三　ウ
問四　家 書 抵タル二万 金ニ一
問五　渾《すべ》て簪《しん》に勝《た》えざらんと欲《ほっ》す

【58】次の文章を読んで、あとの問いに答えなさい。

広瀬《ひろせ》淡窓《たんそう》の私塾、桂林荘《けいりんそう》の特色は、塾生活の規約、履修《りしゅう》課程、成績評価の方法によくあらわれています。特に先生が問題を出し、生徒がそれに対する答案を提出する。それを採点して、成績や進級を決めていく。こうした現在でも広く行われている方式は、淡窓が始めたといわれています。

また、淡窓は儒学者として、詩を作ることを重視していました。その中で最も知られているのは、三十代初めに作った「桂林荘雑詠　諸生に示す」という題名の七言絶句四種の連作でありましょう。中でも「其の二」は、とりわけ有名です。

① 休メヨレ道フヲ他郷多シト二苦辛一
② 同袍有リレ友自ラ相親シム
③ 柴扉暁ニ出ヅレバ霜如シレ雪ノ
④ 君ハ汲メ二川流ヲ一 A我拾薪

① 道《い》ふを休《や》めよ他郷《たきょう》苦辛《くしん》多しと
② 同袍《どうほう》友有《あ》り自《おのづか》ら相《あい》親しむ
③ 柴扉《さいひ》暁《あかつき》に出《い》づれば霜雪の如《ごと》し
④ 君は川流《せんりゅう》を汲《く》め我は薪《たきぎ》を拾はん

前半二句は、いったん勉学の志を立てたからには、他郷で学ぶつらさに負けず、仲間と一緒にがんばりなさい、という励ましです。後半二句は、そういう仲間たちと励む日々の、ある朝のひとこまです。「柴扉」とは、枝を折って作った扉のことです。このことからもB桂林荘がどんな私塾であったか、想像がつきます。

桂林荘は一種の全寮制で、塾生一人一人にC何らかの仕事が与えられていたようです。この詩は、そういう塾生たちに学問の何たるかを示した作品でもあったのです。

宇野直人《うのなおと》「知っておきたい日本の漢詩」
（問題作成のため一部改めました。）

問一　この詩で韻を踏んでいる漢字をすべて書き出しなさい。
問二　①～④の中で、倒置法が使われている番号を答えなさい。
問三　①～④の中で、たとえが使われている番号を答えなさい。
問四　――線Aの白文を、あとの書き下し文を参考に訓読文になおしなさい。
問五　――線Bとありますが、桂林荘はどんな塾であったと思いますか。かんたんに答えなさい。
問六　――線C「何らかの仕事」の内容が書かれている番号を①～④から答えなさい。

日本人の優れた漢詩を一つ紹介しましょう。広瀬淡窓は江戸時代の教育者です。桂林荘は日本最大級の私塾「咸宜園《かんぎえん》」の前身であり、教育者広瀬淡窓の「敬天思想」の源流をなすものでもありました。その咸宜園出身者には「蛮社の獄」の高野長英、淡窓が認めた天才大村益次郎、第23代内閣総理大臣清浦奎吾《きようらけいご》、日本写真の開祖上野彦馬らがいます。23歳で教鞭《きょうべん》を執《と》り、延べ四千人を超える門下生をもつ淡窓は、23歳で教壇に立ち、延べ四千人近い生徒を教えた私にとって憧憬《しょうけい》の師でありました。

特別に難しい訓読や押韻はありません。しかし、この書き下し文を一読して内容を理解できる生徒はそう多くないでしょう。それは、「道ふ」、「休めよ」といった難読動詞の存在と倒置や比喩、対句を駆使した表現にあります。題名にある「雑詠」とは特に題をつけずに、心に浮かんだことを詠んだ詩のことです。「諸生」は桂林荘で学ぶ門下生たちのこと。「道ふ」は「言ふ」、「他郷」とは異郷の地、つまり桂林荘をさします。「苦辛」は「苦労」と同意。「同袍」の

「袍」は「綿入《わた》れ」のこと。綿入れといっても今ではほとんど耳にしませんが、綿を入れた衣服や布団などのことです。ここでは防寒用に表布と裏布との間に綿を入れて仕立てた衣服をいいます。庶民が着用した粗末な防寒服をイメージすればよいでしょう。それに「同」がついて「同袍」は、困窮の時でもこれを共用する親しい間柄を意味します。「柴扉」

は後述する問五の解説を参照してください。

問一はこれまでもよく見てきた押韻の問題。ここでもう一度確認しますが、押韻は五言詩は「偶数句末」の字が韻を踏みます。七言詩は「一行目と偶数句末」の字が韻を踏みます（漢詩のポイント②参照）。問二の倒置法と問三のたとえ（比喩）は、部分指摘ではなく行の番号で答えます。問四は「①③②」の順番で読むのだから、上下がひっくり返っています。この場合に使うのは「レ点」です。問五は「柴扉」がヒント。柴扉とは柴《しば》を編んで作った門のこと。「枝折《しおり》戸《ど》」（竹または木の枝を折って作った粗末な戸）とする解説もあります。いずれにせよ現代では、校門は学校の顔としてしっかりしたものが多いのだから、桂林荘が施設ではなく淡窓先生の人柄で集《つど》ったことがよくわかります。問六は結句に着目します。

《現代語訳》

言うのをやめなさい。異郷の地での苦労を。
（ここには）一枚の綿入れを使い合う仲間がいて、自然と親しくなれるだろう。
早朝に柴扉（枝折戸）を開けて外に出ると、霜が雪のように降りている。
君は川から水をくんできてくれ、私は薪を拾ってこよう。

《意訳》

桂林荘での愚痴は言うまい。
親友は自然と生まれるものだ。
清貧な中でこそ心は鍛えられる。

共同生活を充実させていこう。

【解答】

問一　辛・親・薪
問二　①
問三　③
問四　我ハ拾ハンレ薪ヲ
問五　例 とても貧しい塾。
問六　④

【59】次の文章を読んで、あとの問いに答えなさい。

「①」

注1 宋人有ニリ耕スレ田ヲ者一。田中有リレ株。兎走リテ触レレ株ニ、折リテレ頸ヲ而死ス。因リテ釈テテ二其ノ耒ヲ一而守リレ株ヲ、冀フ二復タ得ムトレ兎ヲ一。②兎不ずシテレ可カラ二復タ得ベ一、而身ハ為レリ二宋国ノ笑ヒト一。

《書き下し文》
宋人《そうひと》に田を耕す者有《あ》り。田中《でんちゅう》に株有り。兎《うさぎ》走りて株に触れ、頸《くび》を折りて死す。因《よ》りて其《そ》の耒《すき》を釈《す》てて株を守り、復《ま》た兎を得んことを冀《こいねが》ふ。兎復た得べからずして、身は宋国《そうこく》の笑ひと為《な》れり。

古典

《現代語訳》

宋の国の人で、農作地を耕す者がいました。その土地の中に切り株がありました。（ある日）ウサギが走ってきてその株にぶつかり、首を折って死んでしまいました。これを見た男はすきを捨てて（＝農作業をやめて）株を見守り、また（切り株にウサギが飛び込み楽をして）ウサギを手に入れたいと願っていました。（しかし当然のことながら）［　②　］、その人は③宋の国の笑い者となりました。

「待ちぼうけ」

北原白秋

待ちぼうけ　待ちぼうけ
ある日せっせと　野良稼《かせ》ぎ
そこに兎がとんで出て
ころりころげた　④木の根っこ

待ちぼうけ　待ちぼうけ
⑤しめた　これから寝て待と（う）か
待てば獲物が駆けてくる
兎ぶつかれ　木の根っこ

待ちぼうけ　待ちぼうけ
昨日くわ取り　畑《はた》仕事
今日は頬づえ　日向《ひなた》ぼ（っ）こ
うまい切り株　木の根っこ

待ちぼうけ　待ちぼうけ
今日は今日はで　待ちぼうけ
明日は明日はで　森のそと
兎待ち待ち　木の根っこ

待ちぼうけ　待ちぼうけ
もとは涼しい 注2 きび畑
いまは荒野《あれの》の 注3 ほうき草
寒い北風　木の根っこ

注1 宋＝古代中国春秋時代の宋。注2 きび＝古くから栽培されている穀物。注3 ほうき草＝耐塩性が高い一年草。今では需要も高いが、ここではいわゆる雑草として表現されている。

問一　「 ① 」にはこの漢文の題名が入ります。〔A群〕から題名の故事成語を、〔B群〕からその意味を選び、記号で答えなさい。

〔A群〕

ア　一挙両得　　イ　杞憂　　ウ　愚を守る　　エ　守株

〔B群〕

ア　必要のない心配をすること。

イ　愚かにも偶然の幸運をあてにすること。

ウ　才知を隠して、愚か者のふりをすること。

エ　一つのことから二つのものを同時に得ること。

問二　――線②の現代語訳を次から一つ選び、記号で答えなさい。

ア　兎をまた手に入れることができて

イ　兎を再び手に入れることができずに

ウ　兎を二匹同時に得ることはできずに

エ　兎を得ることはもうできないと知って

問三　その人が「③宋の国の笑い者」となった理由を四十字程度で書きなさい。

問四　「待ちぼうけ」の詩は、この漢文をもとに作られたものですが、「④木の根っこ」を表す漢字一字を《書き下し文》より書き抜きなさい。

問五　「⑤しめた」と思った出来事を《書き下し文》より一文で抜き出し、はじめの四字を書きなさい。

問六　「待ちぼうけ」の詩が原典にないオリジナリティをもったところを次のア〜エより一つ選び、記号で答えなさい。

ア　ある日せっせと　野良稼ぎ

イ　待てば獲物が駆けてくる

ウ　兎待ち待ち　木の根っこ

エ　もとは涼しいきび畑

問七　この詩は一九二四年（大正13年）に、満州唱歌の一つとして発表されました。作曲者は誰ですか。次から選び、

記号で答えなさい。

ア　山田耕筰《こうさく》　イ　瀧廉太郎《たきれんたろう》　ウ　中山晋平《しんぺい》　エ　岡野貞一《ていいち》

教科書で紹介される故事成語はたくさんあります。「矛盾」や「蛇足」、「五十歩百歩」、「漁夫の利」などはその代表です。しかし、訓読文で書かれた故事成語は意外と少ない。その理由は、複雑な返り点が出てくるからです。たとえば「矛盾」の書き下し文の冒頭は「楚人に盾と矛とを鬻《ひさ》ぐ（売る）者有り」ですが、訓読文だと「楚人ニ有リ下鬻グ二盾ト與一レ矛トヲ者上」となり、上下点あり置き字（「與」）ありで、ここから始めると漢文アレルギーが出てしまいそうです。漢文もまた古文と同じです。つまり白文より訓読文、訓読文より書き下し文、書き下し文より現代語訳でかまいませんので、まずは内容をしっかり読み取ることを優先してください。内容を理解させるために、入試に出る漢文はレ点と一・二点が中心なのです。問題文【59】の故事成語は難しい返り点も多くないので、実力テストや入試でもしばしば見ることができます。

問一の〔A群〕は訓読文の中に「守株」があります。ここで他の故事成語もあわせて確認します。「一挙両得」は〔B群〕のエ、「杞憂」は〔B群〕のア、「愚を守る」は同じくウとセットです。問二の現代語訳は《書き下し文》を参考にします。「得べからず」は「得る（手に入れる）ことができずに」と訳します。問三は話の内容がわかれば、なぜ笑われたのかもわかるでしょう。ウサギを手に入れることができたのは全くの偶然なのに、畑仕事を放棄する時点で笑い者の対象です。また、たまたまウサギがぶつかった切り株をずっと見守り続けたことでも笑われます。「待ちぼうけ」の詩からすると、畑に出て頬づえをついて日向《ひなた》ぼっこをしていたら、これも笑いのネタになりそうです。しかし、きび畑が荒れ野になるまで放っておいたら、それはもう笑えません。問四の「木の根っこ」はすなわち「株」のことです。問五は「待てば獲物が駆けてくる」ことがわかったから「しめた」というわけです。これを《書き下し文》から見つけてください。問六は内容の照合問題。消去法でいくと、アの「ある日せっせと野良稼ぎ」は「田を耕す者有り」に対応しています。イの「待てば獲物が駆けてくる」は「兎走りて株に触れ、頸を折りて死す」のことで、ウの「兎待ち待ち木の根っこ」は「株を守り、復た兎を得んことを冀ふ」のことですから、答えは残ったエということになります。エの「きび畑」の説明は原典の『韓非子《かんぴし》』には書かれていません。ちなみに「耕レ田ヲ」の「田」は、平らにならした耕作地のことで、中国では田んぼも畑も一括して「田」といいます。問七は知識問題。アの山田耕筰は旧名「耕作」でしたが、改名の理由は薄毛になったからのようです。耕作の「作」に竹冠を付けると、竹冠は「ケ」が二つ、つまり〝お毛毛〟というわけです。代表作に童謡「赤とんぼ」（三木露風《ろふう》作詞）、「砂山」、「ペチカ」（北原白秋作詞）があります。イの瀧廉太郎は、音楽の教科書などでは新字体で「滝」と表記されています。肺結核でわずか23歳の生涯でしたが、「荒城の月」（土井晩翠《ばんすい》作詞）、「花」（武島羽衣《はごろも》作詞）、「鳩ぽっぽ」、「雪やこんこん」、「お正月」（東くめ作詞）などなど数多くの作曲を手がけ、明治時代を代表する音楽家の一人でした。ウの中山晋平も多くの傑作を残しました。代表曲に「シャボン玉」、「証城寺《しょうじょうじ》の狸囃子《たぬきばやし》」（野口雨情《うじょう》作詞）、「てるてる坊主」（浅原六朗作詞）などがあります。エの岡野貞一《ていいち》は多くの学校唱歌や校歌の作曲を手がけました。代表曲に「故郷《ふるさと》」、「春の小川」、「春が来た」、「もみじ」（高野辰之《たつゆき》作詞）などがあります。

【解答】

問一　〔A群〕＝エ　〔B群〕＝イ
問二　イ
問三　**例**偶然起きたことがもう一度起きると信じて、畑仕事をせずに切り株を見守り続けたから。（40字）
問四　株
問五　兎走りて
問六　エ
問七　ア

テーマ別研究❾

その他

最後のテーマ別研究は、これまでの1~8に属さないジャンルを集めました。紹介するのは演説の原稿、新聞記事、課題作文、戯曲《ぎきょく》、クイズ問題とその解説文です。これらは特殊なジャンルに属するので、入試に出題される可能性は低いかもしれません。必要がなければ、このテーマ別研究は読まなくても差し支えないでしょう。ただ、様々な種類の文章に目を通すのは有意義なことです。

はじめは聞き取りです。本来なら文などを耳で聴いてから答えるのですが、ここでは、読者各位が読むことで聞いたことにしてください。それでは始めます。

【60】次の演説を聞いて（文章を読んで）、キング牧師の夢を十五字程度で簡潔に答えなさい。

I Have A Dream!（私には夢がある！）

私には夢がある。それは、いつの日か、この国が立ち上がり、「すべての人間は平等であるということが、誰の目にも明らかな真実だと考える」というこの国（アメリカ）の信条を、本当の意味で実現させるという夢である。

私には夢がある。それは、いつの日か、ジョージア州の赤い土の丘で、かつての奴隷の息子たちと、かつての奴隷支配者の息子たちが、親友として同じテーブルにつくという夢である。

私には夢がある。それは、いつの日か、不正と抑圧の炎で焼けつかんばかりのミシシッピ州でさえ、自由と正義のオアシスに変身するという夢である。

私には夢がある。それは、いつの日か、私の四人の幼い子どもたちが、肌の色によってではなく、人格そのものによって評価される国に住むという夢である。

私には夢がある。それは、邪悪な人種差別主義者たちのいる、アラバマ州でさえも、いつの日か、黒人の少年少女が、白人の少年少女と兄弟姉妹として手をつなげるようになるという夢である。

私には夢がある。それは、いつの日かすべての谷が隆起し、すべての丘と山が低くなり、荒地が平原となり、いびつな土地がまっすぐになり、「神の栄光が姿を現し、すべての人間が一緒にそれを見る」という夢である。

マーティン・ルーサー・キング牧師の演説より（一九六三）

リンカーンの奴隷解放宣言から一六〇年、キング牧師の演説から六〇年。アメリカの人種差別は確実に浄化されつつあり、この動きは日本でも広まりました。同時に肌の色に関する表現がとてもデリケートになりました。一九八八年、世界的に広く読まれた童話『ちびくろサンボ』が一斉絶版されてしまいます（現在は購入可能）。翌年、藤子不二雄のテレビアニメ『ジャングル黒べえ』が封印され、二度と地上波で再放送されることはなくなりました。さらにその翌年、カルピスの黒人モデルがポスターから姿を消します。そして二〇〇〇年にはついに色鉛筆から「肌色」が消えました。しかしながら黒のイメージは決して払拭されたわけではないのです。「黒歴史」「暗黒」「容疑者は黒」……色のもつイメージはもはやいかんともしがたい。しかしそれはそれ。人種や好みとは全く別問題なのです。一番人気のあるクルマの色は白ですが、二番目は黒です。その差はわずか３％。この二色が他色を圧倒しています。また日本で一番売れている服の色は、何を隠そう黒なのです。黒い服は重厚感があり、落ち着いた雰囲気を醸し出します。

キング牧師のこの部分は即興だったといわれますが、世界的にも高く評価され、ジョン・F・ケネディの大統領就任演説とともに20世紀のアメリカを代表する名演説の一つです。ここから「キング牧師の夢」を見つけるわけですが、文中に「私には夢がある」と明記されているので、６つの「夢」は比較的見つけやすいと思います。まとめると、

①すべての人間は平等であることを実現させる夢。
②奴隷の息子と支配者の息子が、親友として同じテーブルにつく夢。
③不正と抑圧の州が自由と正義に変身する夢。
④私の子どもたちが人格によって評価される国に住むという夢。
⑤黒人と白人の少年少女が兄弟姉妹として手をつなげるようになる夢。

⑥すべての人間が一緒に神の栄光を見る夢。

ということになるのでしょうが、これでは問題文にある「簡潔に答えなさい」を満たしていません。そこでこの6つの夢から「A Dream」を導くことになります。この作業が大切なのです。一方で和訳された段階で、すでにキング牧師の夢を忠実に伝え切れていないとする意見もありますが、ここではそこまでこだわらなくてもよいでしょう。

①〜⑥で重複しているのは①と⑥の「すべての人間」、類義語として②の「息子」と④の「子どもたち」、⑤の「少年少女」。この三つは「すべての人間」の中に含まれるので、キング牧師の夢の対象は「すべての人間」であることがわかります。それでは「奴隷の息子」も「黒人の少年少女」も「いつの日か」、どうなることが牧師の夢なのでしょうか。次の注目ワードは①が「平等」、②は「親友」、③が「自由」で、④は「人格」。⑤が「兄弟」で、最後の⑥は「一緒」——〝共通点〟がわかりますか？　それはただ「幸せ」になること。それこそがキング牧師の夢なのです。

【解答例】

すべての人間が幸せになること。（15字）

聞き取り問題は公立高校の入試に採用されることが多く、私立高校の入試ではあまり見られません。自分が受験（受検）する入試の出題傾向を把握し、出題予定がなければ取り組む必要はありません。もし聞き取りが出題される可能性の高い高校を受験するのであれば、対策を講じる必要があります。まず、問題文も放送されるのか、問題文は問題用紙に書かれているのか。問題文が放送されそうな場合、聞き取りの途中でも設問を放送するか、それとも最後にまとめて質問を放送するか。些細なことかもしれませんが、そういうところも知っておくと当日慌てなくてすむでしょう。

聞き取りは伝言ゲームではないので、一字一句を書きとめる必要はありません。メモのコツは見出しまたはキーワードになりそうなことばと「5W1H」をおさえることです。すなわち「いつ（When）、どこで（Where）、誰が（Who）、何を（What）、なぜ（Why）、どうしたか（How）」に関わることを聞き逃さないこと。もちろんこの「5W

その他

1H」の全てが放送されるとは限らないし、たとえば「誰が」が二人以上かもしれないし、「どこで」が一カ所とも限りません。なお、メモは見返したときに自分だけがわかればいいので、オリジナルの速記や略語、頭文字で残しておくのもオッケーです。聞き取り問題では使い慣れると〝KY語〟や〝ダイ語〟のような自分流のメモが効果を発揮します。

【61】次の文章は、ニューヨークのサン新聞に届いた投書です。これを読んで、サンタクロースの存在理由を六十字程度で述べなさい。

本紙は、以下に掲載される投書に対してただちにお答え申し上げるとともに、このようにまっすぐな方が読者におられることを、心から嬉しく思います。

「こんにちは、しんぶんのおじさん。わたしは8さいの女の子です。じつは、友だちがサンタクロースはいないというのです。パパは「わからないことがあったら、サンしんぶん」というので、ほんとうのことをおしえてください。サンタクロースはいるのですか？

ヴァージニア・オハンロン」

ヴァージニア、それは友だちの方がまちがっているよ。きっと、何でもうたがいたがる年ごろで、見たことがないと、信じられないんだね。自分のわかることだけが、ぜんぶだと思ってるんだろう。でもね、ヴァージニア、大人でも子どもでも、何もかもわかるわけじゃない。この広いうちゅうでは、にんげんって小さな小さなものなんだ。ぼくたちには、この世界のほんの少しのことしかわからないし、ほんとのことをぜんぶわかろうとするには、まだまだなんだ。

じつはね、ヴァージニア、サンタクロースはいるんだ。愛とか思いやりとかいたわりとかがちゃんとあるように、サンタクロースもちゃんといるし、そういうものがあふれているおかげで、人のまいにちは、いやされたりうるおったりする。もしサンタクロースがいなかったら、ものすごくさみしい世の中になってしまう。ヴァージニアみたいな子がこの世にいなくなるくらい、ものすごくさみしいことなんだ。サンタクロースがいないってことは、子どものすなおな心も、つくりごとをたのしむ心も、ひとを好きって思う心も、みんなないってことになる。見たり聞いたりさわったりすることでしかたのしめなくなるし、世界をいつもあたたかくしてくれる子どもたちのかがやきも、きえてなくなってしまうだろう。

サンタクロースがいないだなんていうのなら、ようせいもいないっていうんだろうね。だったら、パパにたのんで、クリスマスイブの日、えんとつというえんとつぜんぶを見はらせて、サンタクロースをまちぶせしてごらん。サンタクロースが入ってくるのが見られずにおわっても、なんにもかわらない。そもそもサンタクロースは人の目に見えないものだし、それでサンタクロースがいないってことにもならない。ほんとのほんとうっていうのは、子どもにも大人にも、だれの目にも見えないものなんだよ。ようせいが原っぱであそんでいるところ、だれか見た人っているかな？　うん、いないよね、でもそれで、いないってきまるわけじゃない。世界でだれも見たことがない、見ることができないふしぎなことって、だれにもはっきりとはつかめないいんだ。

あのガラガラっておもちゃ、中をあければ、玉が音をならしてるってことがわかるよね。でも、目に見えない世界には、どんなに力があっても、どれだけたばになってかかっても、こじあけることのできないカーテンみたいなものがかかってるんだ。すなおな心とか、あれこれたくましくすること・したもの、それから、よりそう気もちや、だれかを好きになる心だけが、そのカーテンをあけることができて、そのむこうのすごくきれいですてきなものを見たりえがいたりすることができる。うそじゃないかって？　ヴァージニア、いつでもどこでも、これだけはほんとうのことなんだよ。サンタクロースはいない？　いいや、今このときも、これからもずっといる。ヴァージニア、何ぜん年、いやあと十まん年たっても、サンタクロースはいつまでも、子どもたちの心を、わくわくさせてくれると思うよ。

※その後、ヴァージニアはニューヨークで学校の先生になり、47年間子どもたちを教え続けたそうです。

青空文庫「サンタクロースはいるんだ」

（YES, VIRGINIA, THERE IS A SANTA CLAUS）

ニューヨーク・サン新聞　1897年9月21日 社説欄

フランシス・ファーセラス・チャーチ（大久保ゆう 訳）

サンタクロースが本当にいるのなら、今すぐここに連れてこい。それができないのなら、納得できる証拠を見せてくれ。——こんなことを言われると正直困ってしまいます。クリスマスイブのひと晩に20億人ともいわれる世界中の子どもたちにプレゼントを配ることは物理的に不可能だし、それを入れる大きな白い袋も実在しません。もちろんマッハで移動できるトナカイだっているわけがない。世の中にはヴァージニアの友だちのような考えをもつ子どもは、きっとたくさんいるはずです。

私たちがよく知るサンタクロースは、赤い服を着て白いひげを生やした笑顔の老人で、一〜八頭立てのトナカイがそりを引きながらイブの夜に子どもたちにプレゼントを配る人物です。毎年その時期になると、町のあちこちでサンタクロース（に扮《ふん》した人）に出くわします。もちろん彼らは〝本物〟のサンタクロースではない。では、〝本物〟とは何をいうのでしょう。お化けがいると思っている人は圧倒的少数派です。でも、お化け屋敷で驚いたり悲鳴を上げたりする人は多い。時には泣き出してしまう人さえいます。この人たちは何に恐怖を感じているのでしょう。勝利の女神を見たことがなくても、勝利の女神が微笑《ほほえ》んだ瞬間を目撃した人は数知れない。「神のお告げ」で阪神タイガースを退団した外人スラッガーもいました。お正月に今春の吉報を願って、受験生が手を合わせる対象はだれ？

私たちは目に見えなくても存在する多くのものを知っています。金子みすゞは「昼のお星」で表現し（「星とたんぽぽ」)、パブロ・ピカソは「想像できることはすべて現実だ」と言いました。「見える見えない」の違いはたいして重要でないのかもしれません。重要なのは「いるかいないか」なのです。そして、「いるかいないか」は個人の判断に任せられているのです。サンタクロースを信じる人には、サンタクロースは「いる」のです。だからグリーンランド国際サンタクロース協会なるものが存在し、「公認サンタクロース」の資格を取得することができるのです(合格率はかなり低い)。

新聞記事にあるように「もしサンタクロースがいなかったら」、「子どものすなおな心」や「つくりごとをたのしむ心」、「ひとを好きって思う心」もなくなってしまいます。目に見えないが想像できるものなら「いる」と思って楽しんだ方が、心は豊かになるし人生はおもしろいに決まっています。

【解答例】

> 愛や思いやりやいたわりのように、目に見えないものも存在する。サンタクロースの存在理由は、子どもたちの心をわくわくさせるためにある。(65字)

課題作文はその名のとおり、提示された課題に対する作文です。入試の課題作文は字数と時間の制限があり、したがって受かる文章を書かなければなりません。高校(または学科など)によっては受験科目が課題作文だけ(いわゆる筆記試験がない)のところもあります。該当者は早めに対策を講じるようにしてください。ここで一つ提案しますが、自分なりのパターンをもっていると、書き出しや文章構成で時間を費やすリスクが減ります。私のおすすめは次の3パターンです。

☆パターン1→「起承転結」

「起承転結」は漢詩の形式の一つですが(【55】参照)、文章構成のお手本でもあります。たとえば「給食の廃止について」という課題をこのパターンで書いてみましょう。

起 私は給食の廃止について、反対の立場です。
（自分の立場をはっきりさせる。）

承 その理由は、給食を作ったり運んだりする人の仕事を奪うことになるからです。また私の場合、弁当にすると好きなものばかり食べてしまい、栄養のバランスが保てなくなりそうだからです。
（その立場をとった理由を述べる。）

転 給食廃止に賛成な人は、配膳や片付けの時間の解消や自分に合った量だけ持ってくるので、食品ロスが減るというかもしれません。
（自分の立場と違う意見を予想して書く。）

結 しかし配膳や片付けの時間は、当番や仲間の協力で減らすことができます。また、自分に合った量も当番に申し出ることで解消できます。せっかく縁があって同じクラスになった仲間です。同じ教室で同じ時間に同じものを食べることで、連帯感や仲間意識は必ず深まります。以上の理由で、私は給食を廃止せず続けてほしいと思います。
（反対意見を論破し、自分の立場を説得させる。）

☆パターン2→「序破急《じょはきゅう》」

「序破急」はもともと日本の雅楽《ががく》の世界から生まれた概念ですが、文章の三段構成を示す典型としてもよく使われます。次の文章は、ある商品（育毛剤）のPR作文です。消費者が興味を示し、食指が動く文章にするには、少ない段落でまとめた方がいいのです。

序 最近、加齢による抜け毛で悩んでいませんか？　朝起きると枕に髪の毛がたくさん付いている……。そんな悩みは、あなただけではありません。
（読者の悩みに共感する。）

破 50歳を超えたそんなあなたに、「毛ハエール」という商品がおススメです。この商品は夏に咲く、あのひまわりの成長力に目をつけ、そのエキスを独自の手法で開発し、商品化したものです。自然が原料なので頭皮に優しく、においも気になりません。さらにお値段もお手頃の80ml二千円（税込み）です。
（悩みに対する答えを提示する。）

急 「抜け毛の悩みが解消しました」といった感謝のお便りも会社に多数届いているようです。この機会にあなたも一本、試してみてはいかがですか？
（読者に満足感や幸福感を体験させる。）

☆パターン3→「なたもだ」

「なたもだ」は、国語作文教育研究所の故宮川俊彦氏が提唱した文章構成です。「なぜ」「たとえば」「もし」「だから」の頭文字をとったもので、はじめから提起理由、例示、反証、結論のパターンが決まっているので、文章構成で迷う心配がなくなります。次の文章は「車椅子に優しい町づくり」に関する作文です。

なぜ町で車椅子の人を見かけないのだろう？　車椅子人口は日本全国に四〇〇万人以上だと聞いている。これは決して少ない数字ではない。私はこの疑問について考えていこうと思う。
（提起理由）

たとえば私の町を例に考えてみたい。私の町には三年前に完成した、比較的大きな公園がある。ここは車椅子用のトイレもあるし車椅子専用のスロープもある。もちろん障害者用の駐車場も完備している。しかし私は、ここで車椅子の人を見たことがない。その理由は、この公園の存在を知らないからではないだろうか。

もしこの公園で車椅子の人を対象にしたコンサートかイベントを計画したらどうだろう。もちろん開催にあたり経済面の問題や日程の調整など、超えなければならないハードルは多い。（例示）
だからこそ開催の意義がある。車椅子でも安らげる公園だとわかれば、多くの車椅子利用者がこの公園を訪れ、彼らを普通に町で見かけるようになっていくだろう。（反証）
（結論）

採点する側からすると作文は点数化するのが難しく、定期テストなどでもできれば敬遠したいというのが本音です。しかしそうもいってられないので、ある程度の採点基準を設けて公平性を保っています。私の採点基準は次に示すとおりです。

①出題条件を満たしているか。
②一マスあけて書き始めているか。
③字数（行数）制限の範囲に達しているか。あるいは収まっているか。
④最後の一文が完結した形になっているか。
⑤誤字・脱字などはないか。
⑥著しい文法の誤りはないか。
⑦不適切な表現、または明らかな虚偽はないか。

①はテーマとの合致や一段落目に意見、二段落目にその理由といった出題条件を満たすことです。「具体例や体験を

ふまえて」とあれば、それを書かなければなりません。この条件から外れると、大きく減点されてしまうでしょう。②は形式段落のこと。普通、課題作文はテストの終わり近くにあるので、最後に取り組む受験生が多い。（本来はこの限りではない。自分の得意なジャンルから解いていくのがベストです。）答案作成が時間との戦いとなり、あわててしまって一マス目から書き始めてしまうことがあるので、十分気をつけて。③は①とほぼ同じですが、制限字数の過不足でどれだけ減点されるかはわかりません。だから仮に課題の字数を満たさなくても、あきらめず努力することが大切です。④は途中で終わっていないかの確認です。最後が中途半端だと、当然減点の対象になります。⑤は書き方の問題で、誤字・脱字などの訂正の仕方を明記している場合があれば、それに従うこと。あまりにも誤字や脱字が多いとおっちょこちょいな印象を与えかねません。⑥にある「文法の誤り」で一番多いのが主語と述語の不一致です。これは一文が長いと陥りやすくなります。次の文章を読んでください。「私の勤務している学校では、毎年ある海水浴場で二泊三日の臨海学校を開き、山の中学生全員を海に親しませ、泳ぎを覚えさせながら心を鍛えて、生徒にもよい影響が出ていますが、この計画を立てる際に困るのは宿泊所の問題です。……」――一文が長いと主述の関係がはっきりしなくなります。この場合、「私の勤務している学校」と「宿泊所の問題」との関係がわかりづらい。文を分けて「私の勤務している学校では、毎年ある海水浴場で二泊三日の臨海学校を開いています。そこで山の中学生全員を海に親しませ、泳ぎを覚えさせながら心を鍛えて、生徒にもよい影響が出ています。この計画を立てる際に困るのは宿泊所の問題です。」のように一文を短くすることで、主述の関係がはっきりします（【7】参照）。この他に、これは「著しい文法の誤り」ではないが、近年文頭に順接の接続詞として、「なので」の使用が目立ちます。もともとは断定の助動詞「だ」の連体形と、接続助詞「ので」が組み合わさってできたことばである（【12】②C参照）ので、個人的には少々違和感を覚えます。普通に「だから」とか「したがって」を使った方が採点者の印象はいいような気がします。⑦の「不適切な表現」の例としては、体験談での不要な個人名や人物への非難、罵詈雑言《ばりぞうごん》などがあげられます。また「明らかな虚偽」には、読んでもいない本の感想やなりすましの体験談などがあります。

最近、チャットGPTを使った文章の生成が話題になっています。汎用性《はんようせい》が高く、ほとんどのテーマに対し自然な文

その他

章を作ることができるため、これからの課題作文のコーチングに一役買って出るかもしれません。様々な功罪が指摘される中、チャットGPTの文章を換骨奪胎《かんこつだったい》しながら書く力を身につけていくことは、新しい文章上達法の一つになっていくかもしれません。

【62】下のグラフは睡眠時間と学習成績の関係を示したものである。これを見てわかることを第一段落に、自分が思うことを第二段落に書きなさい。なお字数は150字～200字とし、書き方は原稿用紙の使い方に準ずることとする。（なお、このグラフは実際のデータを表すものではなく、この問題のために作られた架空のものです。）

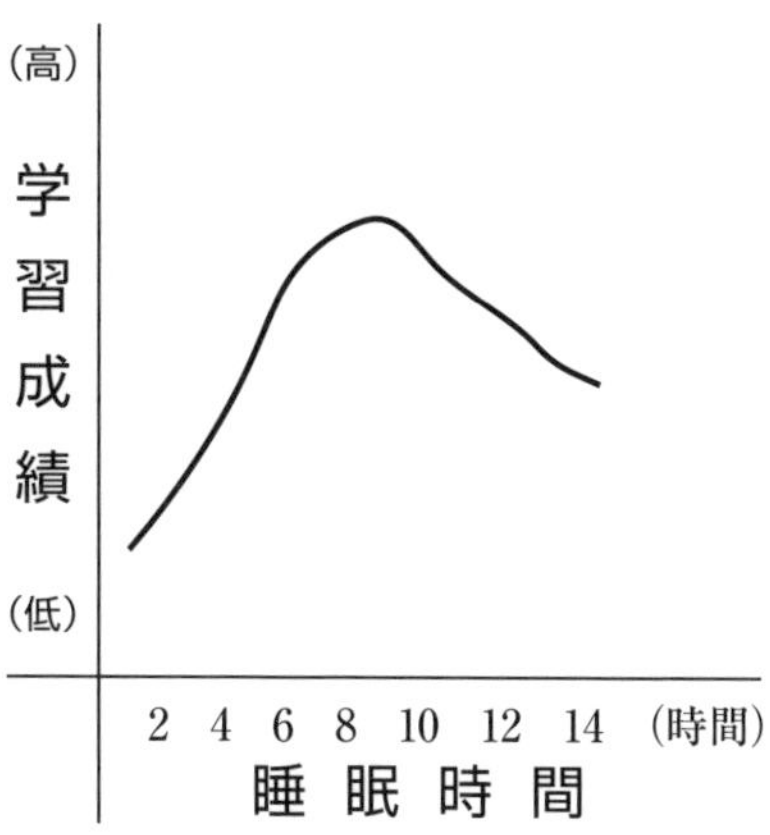

相関関係と因果関係ということばがあります。相関関係とは、二つのことがらが関わり合う関係のことです。「ライターの所持と肺がんになるリスク」はその典型です。ライターを所持する人が多い集団ほど肺がんになるリスクは高くなります。しかし、ライターを所持しただけで肺がんになるわけではありません。そこにはタバコの存在があります。つまり、ライターを所持している人は喫煙者である可能性が高いから、肺がんになるリスクも高い傾向にあるといえるのです。因果関係とは、原因とそれによって生じる結果との関係です。「喫煙と肺がんになるリスク」はよくいわれるように因果関係にあります。タバコに含まれるニコチンは体内で発がん性のある物質に変化することがわかっていて、またタールには多くの発がん性物質が含まれているからです。それではここで問題。次の三つは相関関係ですか、因果関係ですか。①アイスクリームの売り上げと溺死者数、②スマホの普及率と紅白歌合戦の視聴率、③時間の経過と顔のしわ。――①は有名な相関関係です。アイスクリームをたくさん食べると海で溺れる人が増えるから、アイスクリームを我慢しようというのは全くもって意味をなしません。なぜなら暑いからアイスクリームが売

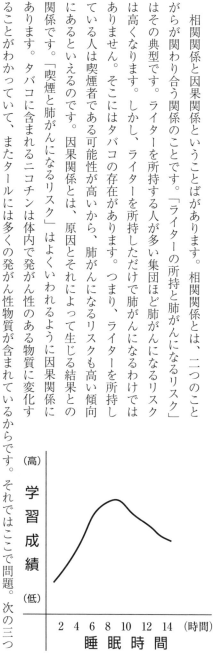

れるのであって、同様に暑いから海や川で泳ぐ人が増えるのです。泳ぐ人が増えれば当然、溺れるリスクも高くなるわけです。両者にかかわる「暑さ」の存在を見逃してはなりません。「暑さとアイスクリームの売り上げ」、「暑さと溺死者数」、これがまさしく因果関係にあるのです。②も相関関係にあって、スマートフォンの存在で紅白歌合戦の視聴率が下がるわけではありません。80％を超える視聴率のあった昭和の紅白は、年末の国民的行事でした。その後、他局の人気番組の登場やネット動画の普及に伴い、ここ数年の視聴率は30％台で落ち着いています。これは視聴者の嗜好の多様性が背景にあると思われます。③は因果関係にあります。顔のしわは老化現象で、老化現象は時間の経過と密接にかかわっているからです。

【62】の「睡眠時間と学習成績の関係」を表したグラフは、一見して確かな因果関係は認められません。そこには多分、睡眠の質や安定した就寝時間、日中の体調やストレスなどが微妙に影響するのでしょう。調査の対象も小学生か中学生か、それより上の学生かわかりません。こういう場合は推測で作文するより、確実にグラフから読み取れることで自分の思うことを書いた方がいいのです。つまり、①睡眠時間は8～10時間ぐらいが最も成績がよい。②睡眠時間が少ないと成績が悪い。③睡眠時間が多すぎても成績は上がらない。――この三つを中心に字数制限を考慮しながら「自分が思うこと」を書いていくのがよいでしょう。ここに書くのは「思うこと」だから、先述した採点基準に抵触しなければ減点対象にはなりません。たとえば睡眠時間の少ない人は夜遅くまで何をしているかとか、成績がよい人の睡眠時間が健康にもよいのかなどを自分の考えでまとめてもかまいません。

【解答例①】

このグラフからわかることは、睡眠時間が長いほど学習成績がよく、8時間から10時間をピークに睡眠時間がのびると成績は下がっていくということです。

このグラフを見て自分が思うことは、睡眠時間を減らしてまで勉強するより、8時間から10時間程度の睡眠時間

その他

をしっかりとり、規則正しい生活をした方が学習成績は上がるのではないかということです。（164字）

【解答例②】

このグラフから睡眠時間が5時間の人と14時間の人の学習成績がほぼ同じであることと、睡眠時間が9時間前後の人の学習成績が一番いいことがわかります。

私はこのグラフを見て「過ぎたるはなお及ばざるがごとし」ということわざは本当だと思いました。睡眠不足はよくないけれど、寝過ぎもまた成績にはよくないと思いました。（151字）

戯曲とは、演劇のために書かれた脚本（台本）のことです。かつては木下順二の『夕鶴』や安部公房《こうぼう》の『棒になった男』、宮本研《けん》の『花いちもんめ』などが教科書にありました。台詞《せりふ》の間に俳優の動きや照明・音響など演出の説明（ト書き）があったりしますが、誰の発したことばなのかは一目瞭然です。様々な文章スタイルに慣れるという意味からも、一度目を通しておくとよいでしょう。

【63】次の文章はジョージ秋山の『花の咲太郎』（講談社）第2巻第9話「母親の勲章」の後半部分を戯曲化したものです。時は幕末、江戸は神田のお玉が池を舞台に、呉服問屋「大黒屋」の跡取り息子、咲太郎を中心に友情や恋を描くヒューマンドラマです。これを読んで、あとの問いに答えなさい。

咲太郎のよく行く茶店に、お美代という娘が働きだしました。これが稀に見る美人で、当然咲太郎は恋に落ちます。ところが彼女には三波屋の息子という評判のよい彼氏がいました。三波屋の息子は結婚を前提にお美代の母親との面会を希望するのですが、お美代はなかなか首をたてに振りません。というのも、お美代の母親は、顔半分が醜《みにく》く焼けただれた、近所ではよく知られた山下長屋に住む化け物女だったからです。

外はかなり暗くなり、周囲はひっそり静まりかえっている。母娘は同じ部屋にいる。重苦しい雰囲気の中、お美代が口を開く。
お美代「お母さん！　お母さんはどうしてそんな顔なの？　お母さんのために私①……。」
母「ごめんね、お美代。もう②なるべく外には出ないようにするからね。」
お美代「どうして話してくれないの？　どうしてそんな顔になったの？　……何度聞いても教えてくれないのね。でも私、今夜はどうしても聞きたいの。教えて。」
母「いいえ。言いたくありません。」
お美代「私、いやよ。どうしても聞きたいわ。」
うつむく母を、さらに問い詰めるお美代。
お美代「お母さん！」
母親はお美代の熱意に根負けした様子で、
母「……お美代。お前には決して話すまいと思っていたのですけど、……お話しします。聞いてくれますか。」
お美代「はい。」
③行灯《あんどん》の火を消して、一つ大きく息を吸う母。
母「お前がまだ三歳の時でした。死んだお前のお父さんは、そのころおそば屋さんをしていたのです。」

〈回想シーン〉

かまち（玄関と仕事場の間を仕切る横木）に座って父親の仕込みの準備を見ている三歳のお美代。

父「お美代、ここへ入ってくると危ないぞ。」

火にかけた大鍋を下ろす父。

父「ん⁉」

床が揺れたのを感じた父。

その他

父「地震だな。」
〈現在の場面〉
お美代「地震⁉」
母「はい。かなり大きな地震でした。」
〈回想シーン〉
父「こりゃ大きいわ。」
　ハイハイしながら父親に近づくお美代。地震の揺れで大鍋がお美代の頭上に。これを見たお美代の母親が、
母「あっ、お美代‼」
〈現在の場面〉
お美代「煮えたぎったお湯が……。」
母「私は夢中でお前の上におおいかぶさったのです。」
〈回想シーン〉
　娘を助けるため大鍋のお湯をかぶった母親。
母「ぎゃー‼」
〈現在の場面〉
　目に涙を浮かべ
お美代「お母さん。私のために……。私を守るために……。私がまともな顔でいられるのはお母さんのおかげなのね。」
母「……。」
　号泣とともにことばを続けるお美代。
お美代「ごめんなさい。ごめんなさい。ごめんなさい。」

母「いいのよ、お美代。」
お美代「どうしていいの。ちっともよくないわ。」
母「だって……」
母親は再び行灯に火を付け、笑みを浮かべながら
母「私は ④ なんですもの。」
お美代「……お母さん、ありがとう。」
窓越しに二人の会話を聞いていた三波屋の息子と咲太郎。二人とも目に涙を浮かべている。
三波屋の息子「……咲太郎さん。」
声を上げて泣く咲太郎。
咲太郎「あー。」
三波屋の息子「素敵ですね。人間の心って。」
咲太郎「あいあーい。」
二人は山下長屋をあとにする。
三波屋の息子「――私は今、心から思っています。これからは人間の心を大切に生きていこうってね。」
食べ物では胸はいっぱいにならない。胸をいっぱいにするのは⑤感動です。

問一 「①……」にふさわしいことばを二十五字程度で考えなさい。
問二 ――線②とありますが、それはなぜですか。四十字程度で答えなさい。
問三 母が「③行灯の火を消し」たのはなぜだと思いますか。十五字以内で答えなさい。
問四 ④ にあてはまることばを文中より二字で書き出しなさい。
問五 「⑤感動」とありますが、二人（三波屋の息子と咲太郎）が涙を流したのはなぜですか。五十字程度で答えなさ

い。

漫画家ジョージ秋山の作品は『アシュラ』、『ピンクのカーテン』、『恋子《こいこ》の毎日』などが映画化されています。また代表作『浮浪雲《はぐれぐも》』をはじめ『女形《おんながた》気《き》三郎《さぶろう》』、『暮れ六つ同心』といった時代劇にも傑作が多いです。『花の咲太郎』（全七巻）もその一つで、多感な若者を描いた青春時代劇です。

問一の答えを導く前に、なぜお美代が発言を控えたのかを考えてみましょう。――お美代は不満なのです。怒っているとまではいいませんが、母親が醜い顔になったわけを「何度聞いても教えてくれない」から、不満なのです。まして近々夫になろうという人が母親との面会を希望しています。本来なら喜んで彼と引き合わせたいはずですが、お美代は母親が「山下長屋の化け物女」のためにためらってしまう。――こういう背景をふまえてお美代が口をつぐんだことばを考えてみましょう。問二は、お美代の母親が外に出たらどうなるかを考えてみるとよいです。ヒントは母親がお美代に「ごめんね」とあやまっているところにあります。問三の行灯の火を消すシーンは、ヘルマンヘッセの『少年の日の思い出』で「客」が少年の頃の思い出を語り出すシーンに似ています。その直前、彼はかさをランプに載せます。すると互いの顔は薄暗がりの中に沈みます。「行灯の火を消」すことは、これと同様の効果を発揮し、二人の顔が見づらくなります。相手の顔がはっきりしないことで、表情を悟られず素直な気持ちでことばを伝えることができるようになります。修学旅行の消灯後に、ついつい好きな異性をしゃべってしまう、あの雰囲気に近いものがあるかもしれません。問四は深く考えず、思いつくそのままのことば（二字）を見つけましょう。題名が大きなヒントになっています。問五も、また題名が深く関わっています。

時に母親は、自らを犠牲にして我が子のために尽くすものです。妻が子を身ごもったとき、私たち夫婦はひどい風邪をひいてしまいました。発熱と咳で夜も満足に寝られませんでした。私は医者に診てもらい数日で快方に向かったのですが、妻は病院はおろか飲み薬一錠も口にしませんでした。地道に毎日塗り薬のみで耐え抜いたのです。本人は何も言いいませんが、恐らく胎児への影響を配慮したのでしょう。

世の中に 思ひあれども 子を恋ふる 思ひに勝る 思ひなきかな（紀貫之）

【解答】

問一　例いろんな人からお母さんの悪口を聞くのよ。（20字）
問二　例好きな人をお母さんに会わせられないでいるのよ。（23字）
問三　例外に出ると化け物女が現れたとのうわさが広まり、お美代に迷惑がかかるから。（36字）
自分の表情を見せたくないから。（15字）
問四　母親
問五　例自分の身を投げうって娘を助けたことで顔に大やけどを負ったのに、母親として当然のことだと言ってのけたから。（52字）

【64】次のクイズに関する内容とその《解説文》を読んで、あとの問いに答えなさい。

一方は天国に通じ、もう一方は地獄に通じる二股に分かれている道で、三人の影にぶつかりました。そのうちの一人（アンリ）は必ず本当のことを言い、もう一人（バジル）は絶対に本当のことは言わず、三番目の人（クレア）は、時々本当のことを言います。三人の人影のうち、どれが誰かを見分けることはできません。
あなたには、「はい」か「いいえ」で答えられるような質問を二回だけすることが許されています。質問は二つとも同じ人影にしてもいいし、あるいは一つずつ別の人影に向かってしてもかまいません。

《解説文》
このクイズは、時々本当のことを言う人がいるために難しさが生じているので、最初の質問は、常に正直であるか、あるいは常に不正直であることがわかっている人に対して第二の質問ができるように、時々本当のことを言う人を①除外するようなものでなくてはなりません。

三人の影をA・B・Cと呼ぶことにします。最初の質問をAに向けて、「BはCより本当のことを言いますか?」と聞いてみます。もし答えが「はい」ならばAをアンリとすれば、Bは[②]、Cは[③]となります。Aをバジルとすれば、Bは[④]、Cは[⑤]となります。Aをクレアとすると、Bはアンリかバジルのどちらかとなり、Cもアンリかバジルのいずれかとなります。これでわかるように、これら三つのいずれの場合でも、Cは[⑥]ではありません。同様に、最初の質問に対する答えが「いいえ」であれば、いずれの場合でもBが[⑥]になることはあり得ません。したがって二番目の質問は、最初の質問の答えが「はい」か「いいえ」によって、CまたはBに対して行われます。質問している相手が誰なのか、あなたにはわかりませんが、それが[⑥]でないことだけは確かです。

二番目の質問は、「左の道が天国へ通じる道ですかと聞かれたら、あなたは「はい」と言いますか?」のように、⑦二重否定を使います。左の道が本当に天国に通じる道ならば、アンリもバジルも「はい」と答えるでしょう。もしそうでなければ、二人とも「いいえ」と答えるはずです。二重否定を使うことで、質問の相手が誰であっても、答えは同じになるのです。

アイヴァン・モリス『パズルブック①』

（便宜上登場人物の名前は変えてあります。）

問一　このクイズには問題文がありません。《解説文》やあとにある会話文を参考にして、問題文を作りなさい。

問二　「①除外」と同じ意味で使われているものを一つ選び、記号で答えなさい。

ア　消去　　イ　確保　　ウ　転換　　エ　無視

問三　《解説文》にある[②]〜[⑥]には、「アンリ」「バジル」「クレア」のどれかが入ります。よく考えてそれぞれの空らんをうめなさい。

問四　次の文のうち、「⑦二重否定」が使われていないものを一つ選び、記号で答えなさい。

ア　君の言っていることは正しくないこともない。
イ　こんな寒い日は、スープを飲まずにはいられない。
ウ　彼が風邪にかかった可能性は、なきにしもあらずだ。
エ　またとない仕事と思いきや、とんでもない仕事だった。

問五　次の文章は、このクイズに関するD君とEさんの会話内容です。これを読んで、あとの(1)〜(3)の問いに答えなさい。

D君	二番目の質問なんだけど、二重否定を使わなくても「あなたはどちらから来ましたか？」と聞けば、やっぱり答えが一つになるんじゃないかな。
Eさん	D君、その質問だと、正確な答えが期待できないと思うよ。第一、 A で答えられないし、 B 以外なら、天国でも地獄でもなく、来た方向を指差して、「こっちです。」という C な回答も考えられるよ。
D君	なるほど。たしかに、「どちらでもありません。」という答えでも天国には行けないもんね。

(1)　A にあてはまることばを、クイズに関する内容を参考に六字以上十字以内で書きなさい。
(2)　B には、「アンリ」、「バジル」、「クレア」のどれかが入ります。よく考えて空らんをうめなさい。
(3)　C には、《解説文》にある三字のことばが入ります。そのことばを抜き出しなさい。

アイヴァン・モリスはイギリス生まれの日本文学研究家です。また、熱心なパズルファンでもありました。【64】は

その他

ずいぶんポピュラーな問題ですが、この本には他にもおもしろいパズル（クイズ）がたくさん載っています。中でも特に印象的だったのが、「3人のテロリスト」と題された次の問題です。

「アルジャーノン、バージル、シリルの3人は、テロリストの容疑で逮捕され、クラックブラッド将軍を裁判長とする特別軍事法廷で、3人のうち2人を翌日銃殺刑に処するという判決が下りました。彼らは刑の執行まで、それぞれ独房に監禁されています。アルジャーノンは看守とおしゃべりをしていますが、看守は誰と誰が死刑になるか知っています。「少なくても他の2人のうちの1人は処刑されることがわかってるんだろ。誰なんだい、そいつは？ もしあんたが死ぬのはバージルなのかシリルなのか教えてくれたからって、俺自身の運命は全く変わらないだろ」とアルジャーノンが言います。「そうはいかないね」と看守はじっくり考えた末に言いました。「もしも私がバージルは間違いなく撃たれるとか、逆にシリルの死刑が確定しているとかあんたに知らせたら、あんたから見てあんた自身が生き残るチャンスはかなりよくなるはずだからね」――さて正しいのは誰でしょうか？ アルジャーノンか看守か、それともそのどちらでもないのでしょうか？」。これには補足問題もあって、「実際に看守がアルジャーノンに、死ぬのはバージルだと告げたと仮定しましょう。アルジャーノンは彼の監房の壁をたたいてシリルにこのことを伝えるという秘密の手段をもっていて、バージルの処刑が決まっており、したがって彼らは2人とも50%の生きるチャンスがあるのだとシリルに伝えます。もしシリルが論理学に優れているとしたら、バージルに関するこのニュースからどんな結論を引き出すでしょう？」。

最初の解答については意見が分かれています。アイヴァン・モリスはアルジャーノンを支持しています。彼ははじめからバージルとシリル、あるいはその一方が死ぬことを知っており、したがって看守の言う「あんたから見てあんた自身が生き残るチャンスという言い方は無意味だ」としています。一方解説には、看守の見解を支持する意見も載せています。「当初は3つの可能な処刑の組み合わせ（AB・AC・BC）があった（A＝アルジャーノン、B＝バージル、C＝シリル）。このうちの2つの組み合わせはアルジャーノンを含んでいた。しかしひとたびアルジャーノンが、バージルが確実に処刑されるということを知ってしまえば、あとは2つの可能な組み合わせ（ABとBC）しか残らない。

このうちの1つはアルジャーノンを含んでいる。処刑の対象は最初アルジャーノン、バージル、シリルの3人であった。今はそれがアルジャーノンとシリルだけに狭まってしまったのである」と。正解が分かれるクイズ問題はそう多くないので、印象に残っていたのだと思います。なお補足問題の答えは、「アルジャーノンの生存の確率が1／3と変わらないのに対し、自分（シリル）は今、2／3の生存の確率をもっている」ということでした。（TBSブリタニカ「アイヴァン・モリス『パズルブック②』」）。

問一のヒントは「二番目の質問」や問五のD君のことばにあります。問二は二字熟語の構成に関する問題で、これまでにも二回出題しました（【26】問一・【41】問二）。「除外」は「除く」と「外す」からできています。両方とも同じような意味をもつ漢字です。問三は人名を入れる穴埋め問題。「アンリ」、「バジル」、「クレア」の特徴はわかっていますから、仮のあだ名をつけておきます。アンリ＝A正直者（略して「A正」）、バジル＝B嘘つき（略して「B嘘」）、クレア＝C気まぐれ（略して「C気」）。そうするとAが「A正」なら②がクレアで③がバジルだとわかります。Aが「B嘘」なら④はクレアで⑤はアンリです。そして⑥に入る人物は「時々本当のことを言う人」でなければなりません。問四にある「二重否定」とは、否定したものをもう一度否定することで肯定を表すことになります。一文の中に否定表現（打ち消し）が二つ存在するので、結局は肯定しているのですが、二重否定を使うことで婉曲《えんきょく》表現（遠回しな言い方）になったり強調表現を作ったりします。エの「またとない」と「とんでもない」は「ない」が二つあるわけではない。問五の(1)の A には「答え方」が入るということを念頭に置くこと。(2)は結局、正直な人に聞かない限り、天国に行けないのです。(3)は「〜な（回答）」とあるので、形容動詞に狙いをつけましょう。

【解答】

問一 例 あなたが天国に行くには？

問二 ア

問三 ②＝クレア　③＝バジル　④＝クレア　⑤＝アンリ　⑥＝クレア

問四 エ

問五 (1)＝「はい」か「いいえ」　(2)＝アンリ　(3)＝不正直

《気留記》

あとがきに変えて

令和4年4月20日は、愛犬ヒン（ホワイトMシュナウザー）の16歳の誕生日でした。しかしこの日、私は家に帰ることができませんでした。勤務中に急性心筋梗塞を発症しそのまま入院、退院したのは9日後の4月29日でした。退院の前日、4月28日にヒンは星になりました。家族の一員として寝食を共にしたヒンを看取れなかったことは痛恨の極みでした。

これほどの大きな病気をしたのに、のど元過ぎればなんとやらで、あれから一年半、今では何事もなかったかのように、従前の生活に戻ってしまいました。これではいかん！　もう一回心臓がおかしくなったら、今度はホントに彼岸《むこう》に行ってしまうかもしれない……。でも、そんなふうに思えるのは、それだけ回復したということ。今のうちに食生活を改善し、しっかり運動しようと思ってはいても、なかなか行動に移せない。だから多分もう一回、救急車で運ばれないとダメなんだろうなあって思う、今日このごろです。

私の父も祖父も64歳で逝《い》きました。だからといって自分もそうなるなんて思いたくありません。「元気があればなんでもできる」のですが、いつまで元気でいられるのかはわからない。それが「人生だもの」。

ちょっと前置きが長くなってしまいましたが、こんなことを思うようになったのも、生きているうちになにか一つくらい、目に見えて形のあるものを残しておきたくなったからです。そこで思いついたのが、この『読む教室』でした。授業しかしてこなかった私が残せるものといえば、そんな自分の実践史しかありません。思えば最初の教え子（遙《はる》かなる昭和!!）は、もう53歳です。ああ、若いころの授業はホントにひどかったなあ。知識がない、経験もない。そのうえ全くテクもない……。ダメダメな授業の繰り返しで、ずいぶん生徒に迷惑をかけました。しかしながらそういう長年の失敗、圧倒的大多数の〝犠牲者〟の上に成り立つのが本書です。ですからこのクラス（本）の生徒（読者）は私にとってまぎれもない〝最終進化形〟であり〝最高傑作〟になるはずです。これから入試を控えている方であれば自信をもって入試に臨んでください。そして、胸を張ってこの教室から巣立っていってください。

最後に、人生には晴れの日もあるし雨の日もあります。帽子や傘を用意するのも大切ですが、時には日焼けしたりぬれたりしてもよい覚悟が必要です。ちっぽけでもいいから幸せを感じて生きていってください。

令和5年10月吉日

●**著者略歴**

金光 祐治（かねみつ ゆうじ）

昭和37（1962）年愛知県に生まれる。千葉市立小中台中学校、千葉県立検見川高等学校を経て昭和61（1986）年法政大学文学部卒業。千葉県市原市立市東中学校を初任校とし、千葉県匝瑳市立野栄中学校まで７校の中学校で奉職する。
令和５年３月定年退職。

読む教室

好きな時に、好きな場所で、授業を始めよう！

2024年７月17日　初版発行

著　　者　金光 祐治

発行・発売　株式会社 三省堂書店／創英社

〒101-0051　東京都千代田区神田神保町1-1
TEL：03-3291-2295　FAX：03-3292-7687

印刷・製本　大盛印刷株式会社

ISBN 978-4-87923-269-4　C6081
落丁・乱丁本はお取替えいたします。
定価はカバーに表示されています。